퇴계의 진리정신과 영성(靈性)세계

김기현 지음

퇴계의 진리정신과 영성(靈性)세계

김기현 지음

철학과현실사

책 머 리 에

재작년(2021)에 『마음의 성찰』이라는 졸저를 낸 바 있다. 그것은 조선의 유학자들이 사서(四書: 『대학』, 『논어』, 『맹자』, 『중용』)에 못지않게 중요시해 마지않았던 『심경(心經)』의 본문을 해석하고 그 함의를 이 시대의 정신으로 해설한 것이었다. 그 후 나는 『심경』을 다시 읽으면서 옛날과는 다른, 새로운 감동을 느꼈다. 이상한 일이었다. 『마음의 성찰』을 쓰면서 대했던 『심경』은 기껏 글쓰기의 자료에 지나지 않았고, 게다가 그 책의 구성상 몇몇 허점들이 눈에 띄기까지 하였다. 이러한 책을 선현들은 어째서 그토록 소중히 여겨 탐독했을까? 퇴계가 그 책을 "신령처럼 믿고 엄한 아버지처럼 공경했다"고 한 것은 어떤 이유에서였을까?

곰곰이 생각해보니 나의 '무감동'과 퇴계의 '공경'은 학문정신의 차이에 기인하는 것이었다. 오늘날 학문이란 고작 책상 앞에 앉아 글을 읽고 그 결과를 연구물로 내는 전문직종의 하나에 지나지 않는다. 이를테면 옛날의 문헌을 토대로 책을 저술하려면 그 내용과 일정한 거리를 유지하면서 객관적으로 서술해야 한다. 그 거리 속에서 본인의 논리적 분석과 이성적 판단이 이루어진다. 이러한 학문 활동에는 참자아의 발견과 성취라고 하는 주체적 성찰과 수행의 정신이 작동될 여지가 별로 없다. 언어문자 위에서 매끄럽게 '지적 스케이팅'이나 하면서 관념적으로 만족하면 될 일이다. 나의 머리만 동원하면 되지, 책을 읽으면서 되돌아 자신을 성찰하고 수행하며 실천하는 일은 학문의 요건이 아닌 것이다.

퇴계는 물론 선현들의 학문정신과 오늘날의 그것을 가르는 분기점이 바로 여기에 있다. 그들은 우리처럼 연구업적을 쌓고 드러내기 위해 학문을 한 것이 아니었다. 그들에게 학문은 '위기지학(爲己之學)', 즉 참자아의 실현을 위한 노력이었다. 거기에는 글쓰기의 목적의식이 없으며 자아의 성찰과 수행의 정신이 주조를 이룬다. 달리 말하면 그들은 과거 성현들의 철학사상을 객관적으로 분석하고 정리하는 데 그치지 않고, 성현들과 무언의 대화를 나누고 공감하며 우러르면서 자아를 성찰하고 참삶을 성취하려 하였다. 한마디로 삶에 절실한 의문을 갖고서 나 자신의 존재를 성찰한다는 '절문근사(切問近思)'(『논어』)의 정신이 지배적이었다.

사실 퇴계가 『심경』을 그토록 존신했던 것도 자신의 덕성을 함양하여 참자아를 실현하기 위한 노력의 일환이었다. 그는 사서오경을 비롯한 고전들을 객관적 연구와 관념적 유희의 대상으로 취급하지 않고, 그 내용을 '온몸으로' 인식하고 성찰하며 실험하고 실천하려 하였다. 그가 되풀이하여 책을 읽을 때마다 감동할 수 있었던 것은 바로 이에 연유한다. 삶의 연륜이 깊어감에 따라 매번 그 뜻이 새롭게 다가올 수밖에 없었던 것이다.

그가 숙독하고 편집까지 했던 『주자서절요(朱子書節要)』를 후에 다시 읽으면서 "창자 속의 비린내 나는 피를 확 씻어버리고서 남들이 맛보지 못한 것을 맛보았던" 것도 위와 같은 학문정신에 기인할 것이다. 그러므로 그 책의 문제점 같은 것은 그에게 그리 중요한 일이 아니었다. 설사 성현들의 글에 논리적 허점이 있다 하더라도 그것이 자신의 마음 수행과 인격 향상에 도움이 되면 그 내용을 깊이 공감하고 음미하며 실천하였다.

선현들의 학문을 연구하는 데에는 이러한 학문정신을 염두에 둘 필요가 있다. 그들은 공맹정주(孔孟程朱)의 사상을 객관적으로 연구하는 것을 오히려 경계하였다. 그들은 공맹정주의 사상을 주체적으로 자신의 시대와 삶 속에 용해하여 음미하고 활용하였다. 이는 그들이 학문의 목표를 무슨 기발한 이론의 창출이 아니라, 참자아의 발견과 실현에 둔 데에 기인한다. 삶은 결코 관념이나 이론으로 완성될 수 있는 것이 아니며, 참자아를 찾아 실현하는 데에서만 참다운 의미와 보람을 얻을 수 있음을 그들은 알았던 것이다.

단절과 극복의 사상사적 특징을 보이고 있는 서양과 달리, 동양(유, 불, 도)의 사상사가 연속과 계승의 정신을 주조로 했던 이유가 여기에 있다. 서양인들은 과거의 사상을 비판하면서 자신의 창의적인 이론을 확립하는 데에 학문의 목표를 두지만, 우리의 선현들은 참자아를 찾아 실현하는 구도의 정신을 공부의 핵심으로 여겼다. 그러한 그들에게 참자아의 모델인 공자와 석가모니의 사상을 '극복'한다는 것은 어불성설이었으며, 당연히 '계승'할 수밖에 없었다. 물론 그들은 그분들의 말씀을 앵무새처럼 외우는 것에 그치지 않고, 자신의 시대와 삶 속에서 '온몸으로' 주체적으로 인식하고 성찰하며 실험하고 실천하였다.

우리는 그 전형을 퇴계에게서 본다. 그의 학문은 시종 '절문근사(切問近思)'의 정신을 토대로 하고 있다. 즉 자신의 실존 문제를 풀고자 하는 절실한 의식으로 가까운 일상에서부터 생각해나가는 학문정신을 그는 견지하였다. 이러한 정신은 그가 특히 제자들에게 보낸 편지글들에서 절절하게 드러난다. 오늘날의 연구자들은 이 점을 유념하면서 그의 철학사상을 고찰할 필요가 있다. 우리 역시 '절문근사'의 마음으로 퇴계의 저술을 읽으면서 그 내용을 우리 자신의 시대와 삶 속에 용해시켜 새롭게 구성해야 한다. 글쓰기도 이러한 주체적 공부정신의 결실이어야 한다. 저술이 연구자의 독백에 그치지 않고 독자의 공명을 얻을 수 있는 길이 여기에 있다. 이 또한 퇴계 철학의 진면목을 드러낼 관건이 될 것이다.

이렇게 생각하니 그동안 행해온 나 자신의 공부와 글쓰기에 주체적인 학문정신이 과연 얼마나 작용했는지 마음 한구석에서 은근히 자괴감이 일어났다. 그리하여 이제는 지적 유희의 글쓰기를 그만두고 '절문근사'의 마음으로 선현들의 글에 침잠하리라 마음먹었다. 『심경』이 그 일차적 대상이었다.

그런데 그 책을 다시 읽으면서 새로운 감동 속에서 지금까지 생각하지 못했던 세계에 눈이 뜨였다. 영성(靈性, spirituality)의 세계였다. 처음에 그것은, 그동안 불분명했던 '도(道)'의 개념을 정확하게 파악하려는 문제의식 속에서 출발하였다. '도'란 평범하게는 진리와 도의를 뜻하는 말로 풀이된다. 하지만 그것만으로는 도저히 풀리지 않는 무언가가 그 안에 있었다. 지하철역에서 "혹시 도에 관심 있으십니까?" 하면서 접근하는 사람의 '도'도 있으니 말이다.

나는 이러한 의문을 풀기 위해 『심경』에 더하여 사서오경과 『주자서절요』, 그리고 퇴계의 저술들을 다시 한 번 음미하면서 그 해답을 영성에서 발견하였다. 그것은 영적인 진리로서, 퇴계가 열어낸 진리의 궁극지평에 해당되는 것이었다. 이에 앞서 서양의 영성 관련 서적들을 참고하였으며, 논의의 전개과정에서 부분적으로 그동안 발표했던 글들을 끌어다 쓰면서 진리와 영성의 관점에서 재구성하였다. 이 또한 객관적 학문정신의 습성이 발동된 결과일까?

'영성'은 서양의 사상사 속에서는 흔히 쓰이는 말이지만, 전통적으로 우리에게는 매우 생소한 개념이다. 이 때문에 퇴계의 영성을 거론하는 이 책에 대해 무언가 거부감을 일으키는 사람도 있을지 모른다. 그렇다면 영성이 서양인들에게만 있고, 퇴계나 우리에게는 없는 것일까? 당연히 그렇지 않다. 이에 관해서는 본론에서 자세히 논의하겠지만, 인간의 정신세계는 심연을 알 수 없는 깊이를 갖고 있다. 거기에는 감성과 이성만으로는 도저히 헤아릴 수 없는 의식의 심층세계가 있다. 일상의 모든 의식이 샘솟아 나오는 가장 밑바닥의 원천으로서 퇴계의 이른바 '허령(虛靈)'한 정신세계가 그것이다.

사실 서양의 학자들은 불교와 도가의 철학을 말하면서 영성을 거론하곤 한다. 그렇다면 유독 유학에서 그것을 배제해야 할 이유가 없다. 퇴계의 철학으로 말하면 감성과 이성 너머 영성으로밖에는 해명할 수 없는 넓고 깊은 정신세계가 있다. 그러므로 그가 열어낸 정신지평을 엿보기 위해서는 영성의 개념을 동원할 필요가 있다. 퇴계와, 나아가 유학자들의 영성세계에 관해서는 앞으로 많은 학자들이 관심을 갖고 밝혀내면 좋겠다. 그것은 우리 전통사상의 지평을 넓힐 뿐만 아니라, 오늘날 정신의 빈곤 속에서 방황을 면치 못하고 있는 우리의 삶에 빛을 뿌려줄 하나의 횃불이 될 수도 있을 것이다.

이 책을 쓰면서 큰손녀로부터 무언의 응원을 얻었다. 미국에 유학 중인 작은아들 집에 한 달 보름간 머물면서 글을 쓰는 동안, 초등학교 4학년에 재학 중인 하정이는 할아버지의 글에 관심을 보이면서 이것저것 묻곤 하였다. 할아버지가 저녁마다 퇴계의 글을 성독(聲讀: 스님들의 독경처럼 소리 내어 읽는 것)하는 모습을 신기하게 바라보기도 하면서 저도 옆에 앉아서 덩달아 책을 읽기도 하였다. 아이들 공부의 기풍과 인성의 함양이 이렇게 자연스럽게 이루어지는 것 아닐까? 안타깝게도 핵가족사회에서 서로 떨어져 남남처럼 사는 할머니와 할아버지가 이제는 그러한 역할을 거의 할 수 없게 되고 말았다. 하정이는 자기들이 읽을 수 있는 책도 한 권 써 달라고 부탁하기도 하였다. 정말 선현들의 삶의 정신과 철학을 아이들의 말로 쉽게 재구성하여 그들의 마음에 닿게 전할 수 있으면 좋겠다. 하지만 그건 차치하고, 부질없는 생각이지만, 훗날 손주들이 할아버지의 책을 읽으면서 마음속 깊은 울림을 얻을 수 있을까? 사랑하는 하정, 이정, 정우의 책상에 이 책을 올려놓는다.

2023년 8월
전주 근교의 취도(翠濤)산방에서
김 기 현

차 례

책머리에 · 4

학문정신

1. 구도자의 삶 · 13

2. 위기지학(爲己之學) · 22

3. 참자아의 실현 · 36

4. 체험과 실천 · 49

진리정신

1. 진리의 유형 · 65

2. 퇴계의 진리관 · 73

3. 진리정신의 함양 · 83

4. 진리의 도덕적 형상 · 103

　　1) 진리의 규범화 · 103

　　2) 가치 합리적 정신 · 134

　　3) 생명애의 정신 · 149

진리의 궁극지평

1. 영성(靈性)의 세계 · 171

2. 유학 일반의 경우 · 185

3. 퇴계의 영적 각성 · 203

　1) 영성의 체험 · 203

　2) 상제신앙 · 208

　3) 하늘 섬김[事天]의 정신 · 216

　4) 물아일체의 심흉 · 232

　5) 초월의 정신 · 241

　6) 직관과 관조의 눈빛 · 270

4. 세상의 연민과 삶의 열락 · 279

참고문헌 · 297

찾아보기 · 300

학문 정신

1. 구도자의 삶

삶은 매 순간, 모든 자리가 선택의 기로에 놓여 있다. 아침에 일어나는 시간, 먹고 싶은 음식, 하루 일과의 예정, 또는 직장의 선택과 배우자의 결정 등 크고 작은 일들이 모두 우리에게 많은 선택지 가운데 하나를 고를 것을 요구한다. 그 선택은 물론 자유다. 하지만 그 자유는 불안을 수반한다. 그것은 사방으로 열린 미래에 한 걸음을 내딛는 모험의 측면을 가지며, 행로의 선택에 따라서 삶은 엄청난 차이를 드러내기 때문이다. 예를 들면 결혼을 앞둔 많은 남녀가 미래의 행복 여부를 알고 싶어서 점쟁이를 찾는 것도 자신들의 선택에 불안을 느껴서다. 불안한 나머지 자신의 미래를 스스로 결정할 자유를 포기하고 남(신)에게 의지하는 것이다. 사르트르가 실존의 자유를 (축복이 아니라) '저주'라고 극언한 것도 이 때문이었다.

이는 문학적 수사이긴 하지만, 인간은 자신의 삶의 길을 스스로 선택해야 할 고통스러운 운명을 타고났다는 것이다.

퇴계(退溪) 이황(李滉, 1501-1570) 역시 선택의 기로 앞에서 겪을 수밖에 없는 실존의 불안을 분명히 자각하고 있었다. 그는 읊조린다. "동서남북 어디로 향할지 그 누가 정해주나 / 문을 나서면 발 닿는 데마다 갈래 길이 많구나."[1] 이처럼 예민한 실존의식 속에서 그는 행위와 사려, 심지어 한순간의 감정에서까지 사람됨의 길[도]을 추구하였다. 그의 학문은 바로 이러한 구도의 여정이었다. 그리하여 평생 구도의 정신으로 삶을 영위했던 그에게는 행위의 선택 하나하나가 존재론적인 또는 인간학적인 의의를 갖고 있었다. 그는 읊조린다. "닭 울면 일어나서 제각기 노력하라 / 손에 닿는 모든 일이 선과 악에 열려 있나니."[2] 여기에서 말하는 선과 악을 굳이 도덕적인 뜻으로 한정할 필요는 없다. 그의 '선악'은 자아의 향상과 전락을 함의한다. 아래의 시를 한번 음미해보자.

명리에 휩쓸리고 세속에 이끌려서
고금의 영웅호걸 얼마나 전락했나
천만의 갈래길에 양주(楊朱)의 눈물을
뿌리며 가는 이가 다시는 없구나
聲利紛拏俗尙驅
古今英雄幾遷渝
無人更把楊朱淚
灑向千岐萬轍衢[3]

---

1) 『退溪先生文集 八』(학민문화사 영인본), 「次東軒韻示季珍求和」, 393쪽.
2) 『退溪全書 一』(성대 대동문화연구원 영인본), 「東齋感事十絶」, 98쪽.

이 시에서 '양주의 눈물'은 옛날 양주라는 사람이 잃어버린 양을 찾아 나섰다가 여러 갈래의 길 앞에 당도하여 어쩔 줄 모르고 울어버렸다는 우화를 끌어다 쓴 말이다. 여기에서 퇴계는 '고금의 영웅호걸'을 넘어 모든 실존이 당면하는 '천만의 갈래길'을 상념하고 있다. 사람들은 삶의 현장에서 매 순간 존재의 향상과 전락의 갈래길에 직면한다. 그 가운데 어느 길을 선택하느냐에 따라 그들은 각자 자신의 자아를 달리 만들어나가게 될 것이다. 그 극단적인 예를 퇴계는 옛글(『서경』)을 인용하여 말한다. "성인이라도 생각이 없으면 미치광이가 되고, 미치광이라도 생각을 가지면 성인이 된다."4) 위의 시는 이러한 실존의 현장의식을 갖지 못하고 '명리에 휩쓸리고 세속에 이끌려' 살아가는 사람들의 '개념 없는' 삶을 개탄한 것이다.

뒤에서 살피겠지만 퇴계가 경건 또는 외경[敬]의 정신을 그토록 중요시한 것도 이러한 까닭에서였다 "도(道)란 한순간도 우리의 삶에서 떠날 수 없는"(『중용』) 터에 매 순간, 모든 자리에서 경건한 정신을 견지하는 것이야말로 도를 지키는 관건이었다. 성인도 외경의 정신을 놓는 순간 미치광이가 되고 만다. 이는 한 사람의 구도의 정도와 성패가 그의 외경의 정신 여부에 달려 있음을 일러준다. 외경의 정신은 구도자의 삶에서만 긴요한 것이 아니다. 그것은 모든 사람들이 견지해야 할 중요한 덕목이다. "인생은 페르시아의 양탄자"(서머싯 몸)라면, 삶이라는 양탄자의 품질은 우리가 행위의 한 땀 한 땀에 얼마나 경건한 마음으로 정성스럽게 나서는가에 달려 있다. 『소학』은 말한다. "경건함이 게으름을 이기는 자는 복을 받

---

3) 위와 같음.
4) 위의 책, 「戊辰經筵啓箚 二」, 195쪽.

고, 게으름이 경건함을 이기는 자는 망한다."

퇴계의 구도정신은 '성인'이 되겠다는 유교 전형의 목적의식에 이끌린 것이라기보다는 그의 실존의 거부할 수 없는 향상의지에 기인하는 것이었다. 우리는 그의 학문을 이러한 관점에서 접근할 필요가 있다. 흔히들 생각하는 것처럼 그는 공맹정주(孔孟程朱)의 아류에 불과한 학자가 아니었다. 그가 그들의 이론과 철학을 앵무새처럼 외우기만 했다면 그의 학문은 그들의 아류라는 비판을 면할 수 없을 것이다. 하지만 학자로서 그의 문제의식은 무슨 이론체계의 학습에 있지 않았다. 그는 시종 참자아의 발견과 성취에 학문의 목표를 두고 평생 매진하였다.

그러한 그에게 공맹정주의 사상은 자신의 구도 여정에 빛을 밝혀준 선각자들의 횃불일 뿐이었다. 그는 실존적인 문제의식 속에서 자신의 참자아를 진지하게 찾아 나선 구도자였다. 이는 그가 유학자들뿐만 아니라 도연명(陶淵明, 365-427)과 갈홍(葛弘, 283-343), 도홍경(陶弘景, 456-536)과 같은 선가풍(仙家風)의 사람들까지 흠모했던 사실에서도 잘 드러난다. 심지어 그는 장자까지도 섭렵하였다. 그러므로 우리는 그를 어느 한두 가지 관점에서 이기심성의 이론가로서, 치국평천하의 경세가로서, 수신제가의 도덕가로서, 또는 일락자족의 은둔가로서만 살펴서는 안 되며, 그 모든 면모를 종합 판단해야 한다. 그의 끊임없는 구도의지를 보여주는 「도산십이곡」의 시를 한 편 읽어보자.

청산은 엇뎨하야 만고에 푸르르며
류수는 엇뎨하야 주야에 긋디 아니난고
우리도 그치디 마라 만고상청호리라

여기에서 '만고상청'의 존재는 어떠한 인간의 형상을 갖고 있을까? 이를 퇴계의 구도 여정 속에서 헤아려보자. 일반적으로 '도'는 진리라고 간단하게 정의되지만 사실 그것은 진, 선, 미, 성의 가치 가운데 하나인 진리가치에 한정되지 않으며 그 밖의 가치들까지 모두 내포한다. 다시 말하면 도는 인류가 평생 추구해야 할 사람됨의 길로서, 거기에는 인식론상 협의의 진리뿐만 아니라, 도덕과 예술과 종교상의 진리를 포함하여 인격의 전면적인 완성을 위해 요구되는 모든 가치가 내포되어 있다. 도란 그러한 광의의 진리를 뜻한다.

그러므로 퇴계의 도(道)의 세계와 삶의 전모를 파악하기 위해서는 그가 이룩한 모든 가치를 함께 검토할 필요가 있다. '만고상청'의 모습은 이를 통해서만 드러날 것이다. 아래에서 그중 한 가지 사례를 들어본다. 퇴계는 『주자서절요(朱子書節要)』의 편집기준으로, 진리와 도의의 정밀함을 탐구하기 위한 독서자료의 용도 이외에 주목할 만한 내용을 덧붙인다. 그는 주자의 "한가롭고 안락하며", "기침하고 담소하며", "인사말과 정담을 나누며", "산수를 유희하고 세상을 탄식하며", "스승과 제자 사이에 의리와 정분을 나누는" 등 일상생활의 품격과 기풍을 음미하고 제고하기 위한 자료로 활용하기 위해 그 책을 편집하였다고 말한다.5) 예컨대 주자의 「답여백공서(答呂伯恭書)」 가운데 "요 며칠 사이 더욱 맑은 매미 소리를 들을 때마다 그대의 고상한 풍모가 정말 그리워집니다"라는 글을 수록하였다.

그러나 이에 대해서는 제자들의 비판이 만만치 않았다. 그와 같은 한담을 무엇 때문에 취하느냐는 것이었다. 이에 퇴계는 다음과

---

5) 『朱書節要 附 講錄刊補』(태학사 영인본), 「附退溪李先生答李仲久書」, 3쪽.

같이 응대한다. "절요의 중점이 학문에 있으므로 글을 취하는 데에는 당연히 학문적 훈계와 면려의 뜻을 위주로 해야겠지요. 하지만 한결같이 그러한 내용만 취한다면 자칫 사람을 속박하고 위축시켜, 여유롭고 안락하며 흠모하고 감발케 하는 마음을 갖지 못하게 하지 않겠습니까?"[6] 한편으로 그는 다른 제자에게 다음과 같이 말한다. "나는 평소에 이런 대목들을 몹시 좋아했습니다. 그래서 여름철 녹음이 어우러지고 매미소리가 귀에 가득 들려올 때에는 마음속으로 두 선생의 기풍을 정말 그리워하며 우러르게 됩니다."[7]

우리는 여기에서 퇴계와 제자들 간에 학문정신의 차이를 목격한다. 그에게 학문은 선현들의 사상이나 탐구하고 의리나 담론하는 지식의 공간이 아니었다. 그의 학문은 삶의 품격을 높이고 참자아를 성취하기 위한 구도의 여정이었다. 그리하여 그는 여름날 매미소리를 들으면서 심미적 쾌감을 누리는 데 그치지 않고, 거기에서 선현들의 교제를 상념하면서 그들의 청량한 인격을 배우려 하였다. 이처럼 그는 자신의 인격을 향상시켜주고 덕성을 계발시켜주는 것이라면 겉으로 보기에 아무리 하찮은 일이라도 취하였다.

퇴계의 구도정신은 삶에 겸허한 자세를 촉진했을 것이다. 구도의 정신과 겸허한 자세는 동전의 양면이다. 진정한 구도자라면 자신이 높은 학문적 경지를 얻고 자아를 성취했다는 자부심과 자만심을 결코 가질 수 없으며, 오히려 무지와 무능을 자각하면서 겸허한 마음으로 삶에 나설 것이다. 그러한 자각은 구도의 노력을 아예 포기하게 만들 수도 있지만, 그것은 구도의 의지를 더욱 자극하는 계기로

---

6) 『退溪全書 一』, 「答南時甫」, 366쪽.
7) 『朱書節要 附 講錄刊補』, 「附退溪李先生答李仲久書」, 4쪽. '이런 대목' 이란 위에 인용한, 주자의 「답여백공서」의 글을 말한다.

작용할 수도 있다. 퇴계가 그 전형이다. 그는 무한한 진리와 도의의 세계 앞에서 자신의 지적, 실천적 한계를 자각하면서 향상의 의지를 더욱 곧추세웠다. 먼저 겸허했던 그의 모습을 살펴보자. 앞의 세 인용문은 제자들의 기록이며, 마지막의 것은 그가 제자에게 보낸 편지글이다.

선생님은 제자들과 학문을 강론할 때 의심나는 곳에 이르면 자신의 의견을 주장하지 않고 반드시 중론을 경청하셨다. 설사 자구나 따지는 하찮은 사람의 말이라도 유념하여 경청하고 마음을 비워 받아들였으며, 반복하여 참고하고 수정하여 끝내 올바른 답을 얻고서야 그만두었다.

사람들과 논변을 하다가 의견이 서로 합치하지 않는 부분이 있으면 혹시라도 자신의 소견에 미진한 점이 있을까 염려하여, 선입견을 주장하거나 상대방과 대립의식을 갖지 않고 텅 빈 마음으로 문제의 실마리를 찾아 풀어나갔는데, 이치를 따라 탐구하고 경전의 주석을 참고하여 바로잡았다.

누가 무얼 물으면 비록 하찮은 내용이라도 반드시 잠깐 마음속으로 생각해보고 대답하였으며, 묻자마자 대답하는 법이 없었다.8)

진리는 무궁한데 사람들의 생각에 편견이 있어서, 자기의 소견만 정론이라 고집하고 남들의 견해는 아예 부정해버리려 하기 때문에 끝내 한편으로 치우치는 병폐에 빠지는 것을 면치 못합니다. 나의

---

8) 『退溪全書 四』, 「言行錄」, 37쪽.

주장도 역시 그러한 것은 아닐는지요.9)

우리는 여기에서 겸손을 넘어 겸허의 정신을 엿볼 수 있다. 겸손과 겸허는 흔히 동의어로 사용되지만, 글자의 뜻을 들여다보면 겸허의 뜻이 훨씬 깊다. '(겸)손(遜)'은 자기를 낮추고 한발 물러서는 태도에 그치지만, '(겸)허(虛)'는 자신을 완전히 비운다는 뜻을 함축한다. 그러므로 겸손은 여전히 자타 분별과 대립의 자의식을 버리지 못하는 데 반해, 겸허는 그것을 완전히 벗어난다. 겸허한 사람은 자신의 학문적 식견이나 사회적 위상, 나이의 고하 등으로 남들에게 행세할 수 있는 힘이나 권위의 의식을 갖지 않는다.

퇴계가 그 모습을 잘 보여준다. 그는 제자들과의 관계에서 '(가르치는) 스승과 (배우는) 제자'라는 위계의식을 전혀 갖지 않고 학문의 길을 함께 걷는 구도자로 나서고 있다. 아니 오히려 그는 자신의 문제점을 지적, 비판해주지 않는 제자들에게 종종 서운해 하는 마음을 토로하곤 한다. 사례를 하나 들어보자. 그는 제자 정유일(鄭惟一, 1533-1576)에게 다음과 같은 글을 보낸다. "예전에 내가 자신을 돌아보지도 않고 그대의 문제점을 함부로 지적한 일이 많았는데, 답장에 어째서 나를 한마디도 비판하고 충고하지 않는 것입니까? 내가 마음을 텅 비워 그대의 도움을 바라지 않거나, 또는 나 자신의 잘못에 대한 지적을 기꺼이 받아들여 고치려는 뜻이 없다고 여겨서 그러는 것입니까?"10)

그런데 주목할 것은 그 제자의 나이가 퇴계보다 32살 연하였다는 사실이다. 당시 최고의 학덕에다 나이까지 많은 스승이 어린 제

---

9) 『退溪全書 一』, 「答李仲久」, 300쪽.
10) 『退溪全書 二』, 「答鄭子中」, 26쪽.

20

자에게 어떻게 그런 불만을 토로할 수 있을까? 예나 지금이나 일반
인으로서는 상상하기 어려운 그 모습은 역시 그의 겸허한 정신에서
비롯된다. 물론 그 근저에는 역시 진리를 향한 열망이 깔려 있었다.
이처럼 '마음을 텅 비운' 구도자로 삶에 나섰던 그의 아름다운 모
습을 아래의 글에서 한번 상상해보자.

  높고 넓은 땅을 얻어 서재를 새로 지어서 거기에다 학문의 즐거
  움을 부치고, 또 그 서재의 이름을 낙암(樂庵)이라 지었다 하니, 참
  으로 적절하고 또 좋아 보입니다. 거기에 한 번 가서 며칠간이나마
  정답게 지내면서, 그곳의 즐거움이 어떠한지 더불어 함께 느껴보지
  못하는 것이 한스럽습니다. 독서 중에 마음의 함양이나 학문의 증진
  과 관련하여 깨달음이 있어서 혹 시부(詩賦)로 그 뜻을 펼쳐 보인
  것이 있으면, 아끼지 말고 인편에 부쳐주어서 이 늙은이의 어둡고
  막힌 점을 씻어주길 바랍니다.11)

이는 그가 70의 나이에 26살 연하의 고봉(高峰) 기대승(奇大升,
1527-1572)에게 보낸 편지글이다. 퇴계는 그해에 세상을 떠났다.
그러고 보면 일본의 어느 학자가 퇴계를 일러, "숨을 거두는 마지
막 순간까지 구도의 발걸음을 거두지 않았다"고 말한 뜻이 실감 난
다. 우리는 이러한 퇴계의 행적을 통해 '도(道)'로 교우하고 인정을
나누며 부단히 자아의 향상을 꾀했던 지난날 선비들의 아름다웠던
전통을 본다. 오늘날 우리는 어떠한가? 학문 활동은 물론 일상생활
의 현장에서, 교우의 자리에서 구도의 정신을 얼마나 갖고 있는가?

---

11) 『退溪全書 一』, 「答奇明彦」, 462쪽.

2. 위기지학(爲己之學)

사물을 관찰하려면 나의 삶부터 성찰하라
『주역』의 깊은 이치 소강절(邵康節)이 밝혀놓았으니
나를 버리고 사물만 관찰하려 한다면
솔개 날고 물고기 뛰는 모습도 마음을 번거롭게 하리라
觀物須從觀我生
易中微旨邵能明
若敎舍己惟觀物
俯仰鳶魚亦累情[12]

이 시는 퇴계의 한 제자가 중국의 유학자 소옹(邵雍, 1011-
1077)의 「관물(觀物)」이라는 글을 차용하여 자기 집의 당호(堂號)
로 삼은 것에 대해 선생이 충고의 뜻을 담아 지어 보낸 것이다. 퇴
계는 그 제자가 자기 성찰을 소홀히 하면서 바깥 사물의 관찰과 탐
구에만 열중할까 염려했던 것으로 보인다. 그는 그 폐해에 대해
"솔개 날고 물고기 뛰는" 연비어약(鳶飛魚躍)의 풍경을 사례로 들
었다. 『중용』에서 인용된 저 시구는 솔개가 하늘을 날고 물고기가
연못 위로 뛰어오르는 순간에도 자연의 섭리[道]가 활발하게 유행
함을 은유한 것이다.

이는 단순히 자연의 섭리를 노래하려 한 것이 아니다. 그것은 사
람들이 섭리의 편재성을 깨달아 자신의 일거일동에서 섭리(에 입각
한 삶의 진리)를 실천하여 자아를 향상케 하려는 뜻을 담고 있다.

---

12) 『退溪全書 三』, 「寄題權章仲觀物堂」, 44쪽. '강절(康節)'은 소옹의 호
다.

이러한 학문정신을 저버리고 사물 앞에서 객관적 관찰의 태도만 앞세운다면 자아의 향상은커녕 '마음만 번거로워져' 피로감만 쌓일 것이다. 오늘날 학자들이 나이 들어가면서 연구 활동에 게을러지는 것도 이의 한 양상이다. 주자는 한 지인이 드러내고 있는 객관적 학문정신의 병폐를 다음과 같이 지적한다.

지금 한결같이 문자만 탐닉하여 마음이 온통 책 속에 내달릴 뿐 정작 '나'가 있음을 알지 못하는군요. 이는 감각능력이 마비되어 아픔과 가려움을 느낄 줄 모르는 사람이나 다름없습니다. 그러니 책을 읽는다 한들 우리의 일에 무슨 유익함이 있겠습니까?[13]

여기에서 '우리의 일'이란 위기지학을 뜻한다. '위기지학'이란 공자의 탄식을 어원으로 한다. "옛날 학자들은 자신을 위해 공부했는데, 오늘날 학자들은 남을 위해 공부하는구나!"(『논어』) 문장 자체로만 보면 '자신을 위한 공부'인 위기지학(爲己之學)은 입신출세를 목표로 하는 이기적인 학문이요, '남을 위한 공부'인 위인지학(爲人之學)은 세상을 구원하기 위한 이타적인 학문이라는 말처럼 들린다. 그러나 공자가 탄식한 뜻은 전혀 다른 데에 있었다. '남을 위한 공부'는 자기 성찰과 자아의 향상에는 무관심한 채 오직 남에게 보이기 위한 공부를 뜻한다. 이는 당시 학자들이 순수한 학문정신을 벗어나 권력이나 재물, 명예 등을 얻어 남들에게 과시하고 행세하려 한 타락한 학문적 행태를 탄식한 말이었다. 이에 반해 위기지학은 참자아를 성찰, 성취하는 유학 본연의 학문정신을 핵심으로 갖는다.

---

13) 『朱書節要』(태학사 영인본), 「答呂子約」, 251-252쪽.

위기지학은 학문의 객관성과 과학성을 표방하는 이 시대의 풍토에서는 발을 붙일 수 없을 것처럼 보인다. 오늘날 학문은 책상머리나 실험실에서 종사하는 전문직종일 뿐, 자신의 삶을 성찰하고 자아의 향상을 도모하는 실존적 문제의식을 전혀 갖지 않는다. 연구활동의 의의는 기껏 사회적 기여와 활용 정도에서만 평가될 뿐이다. 이 또한 '남에게 보이기 위한 공부'의 한 양상이다. 거기에서는 자아의 성찰과 인격의 수양이라고 하는 위기지학의 정신을 찾아볼 수 없으며, 학자들은 기껏 연구비와 명예와 업적에만 관심을 둔다. 오늘날 학자들이 일반 대중에게서 과거처럼 존경을 받지 못하는 까닭이 여기에 있을 것이다.

오늘날의 학문은 위기지학의 관점에서 살피면 또 다른 문제점을 갖기도 한다. 학자들은 과학적 탐구를 기치로 내걸고서 사물의 객관적인 원리만을 탐구하고, 또 그것을 순전히 전문적이고 기술적인 언어로 요약하면서 정작 인간의 실존과 윤리도덕의 문제는 소홀히 하고 있다. 퇴계의 말대로 학자들은 '나를 버리고 사물만 관찰하려' 한다. 이 또한 위인지학의 현대적 양상이다.

물론 그들 역시 "인간이란 무엇인가?"라는 질문을 던지지만, 거기에서 인간은 생동적인 인격이 아니라 단지 '무엇'이라는 사물로 취급될 뿐이다. 한편으로 생물학, 심리학, 인류학, 신학 등 여러 학문분야에서 인간의 본질을 규명하지만, 그렇게 밝혀낸 인간의 모습은 제각각이어서 통일적인 인간상을 얻을 수 없다. 예컨대 생물학의 진화론과 기독교의 창조론이 각기 주장하는 전혀 다른 인간관을 어떻게 조정해야 할까? 오늘날 사람들이 인간관에 혼란을 겪을 수밖에 없는 이유가 여기에 있다. 가히 인간관의 무정부시대라 할 만하다.14) 인간관의 혼란은 당연히 삶의 혼란을 초래한다. 무릇 인생은 각자의 인간관을 해석해나가는 과정이기 때문이다.

인간학상 이처럼 혼란스러운 상황은 어쩌면 학문 발전의 자연스러운 결과이기도 하다. 학문이 역사 속에서 다양하게 핵분열되어 학자들이 제각기 자기주장에 매몰되면서 공통의 구심점을 잃고 만 것이다. 그 구심점이란 다른 것이 아니다. 모든 학문은 어느 분야든 참자아를 발견하여 실현하는 것을 궁극의 과제로 삼아야 한다. 이러한 과제의식을 갖지 못한 학문 활동은 아무리 탁월한 지식과 이론을 내놓는다 한들 실존의 '아픔과 가려움'을 달래주지 못할 것이다. 이를테면 과학기술의 발달로 사람들이 우주비행선을 타고 달나라까지 여행을 할 수 있다 하지만, 그렇다고 해서 그들의 인격이 고매해지고 영혼이 고결해지며 참자아가 깨어나는 것은 아니다. 이는 학문의 발달이 인간성을 계발해주기는커녕, 오히려 어지럽고 흐리게 만들 것이라는 암울한 전망까지 하게 만든다.

이러한 학문풍토 속에서 우리는 위기지학의 현재적 의의를 발견한다. 위기지학의 독자적 분과를 주장하려는 것이 아니다. 그것은 모든 학문분야의 토대가 될 수 있고, 또 되어야 함을 말하려는 것이다. 위기지학은 "인간이란 무엇인가?"라고 질문하는 대신, "나는 누구인가?" 하는 실존적 문제의식 속에서 전개된다. 그것은 '절문

---

14) 20세기 철학적 인간학의 흐름을 연 막스 셸러는 말한다. "인간은 인지 발달의 그 어느 다른 시기에서도 우리 자신의 시대만큼 자기 자신을 문제시한 적은 없었다. 우리는 과학적 인간학, 철학적 인간학 및 신학적 인간학을 가지고 있으나, 이것들은 상호간에 아무것도 알지 못하고 있다. 그러므로 우리는 이제 인간에 관한 그 어떤 명료하고 조리 있는 관념도 가지고 있지 않다. 인간 연구에 종사하는 특수과학이 자꾸 늘어감으로써 우리의 인간관은 밝혀지는 것보다 오히려 더욱 혼란스럽고 모호하게 되었다."(에른스트 카시러, 최명관 옮김, 『인간이란 무엇인가』(서광사, 1991), 45쪽)

근사(切問近思)'(『논어』), 즉 실존에 절실한 의문을 갖고서 나 자신의 존재부터 성찰하는 데에서부터 시작한다. 사람들은 때로 현기증 나리만치 자문을 되풀이한다. 나는 누구인가? 어디서 와서 어디로 가는가? 이 세상에서 나의 역할은 무엇인가? 어떻게 하면 참자아를 찾아 성취할 수 있는가? 생로병사의 곡절 속에서 안심입명(安心立命)할 삶의 길은 어디에 있는가? 남(사람, 만물, 자연)과의 관계를 어떻게 맺을 것인가? …

"사물을 관찰하려면 나의 삶부터 성찰하라"는 퇴계의 충고는 이러한 위기지학 정신의 산물이다. 다시 말하지만 이는 그가 공맹정주(孔孟程朱)를 추종했던 아류에 불과하다는 세간의 편견을 불식시켜준다. 그가 경모했던 저 성현들은 '나(의 삶)'의 성찰에 빛을 밝혀주는 등불이었을 뿐이다. 그들은 자신들의 삶을 진지하게 성찰하고 참자아를 성취하여 위대한 삶의 족적을 남긴 선각자들이었기 때문이다. 퇴계는 그들의 언행을 단순히 모방했던 것이 아니다. 그들의 언행을 숙고하면서 자신의 시대와 사회 속에서 자아를 성찰하고 진리의 길을 찾아 그로써 삶을 성취하였다. 석가모니와 예수의 삶의 길을 뒤따랐던 많은 현자들이 그러했던 것처럼 말이다. 그러므로 퇴계를 공맹정주의 아류라고 말하는 것은 오해요 편견일 뿐이다. 그것은 학문을 사료나 수집하고 정리하며 이론이나 개발하는 작업으로 여기는 자신의 사고방식이 그렇게 투영된 것에 지나지 않는다.

퇴계의 위기지학의 모습을 상징적으로 보여주는 사례가 하나 있다. 그는 학문(공부)을, "깊은 산 숲속에서 종일토록 맑은 향기를 뿜으면서도 제 스스로 그 향기를 알지 못하는" 한 떨기 난초의 꽃 피움에 비긴다.15) 난초는 자신의 아름다움을 남들에게 보여주기 위해, 그리고 자신의 향기에 남들이 감탄하고 칭송하도록 하기 위해 꽃을 피우는 것이 아니다. 학문도 마찬가지다. 그것은 오직 하늘의 뜻을 자신 안에서 깊이 자각하면서 참자아의 '꽃'과 '향기'를 피우기 위한 수양의 노력일 뿐이다.

퇴계가 제자들에게 "천명을 항상 되돌아보고", "천명을 확립할 것"을 강조한 것도 이러한 학문정신에서 나온 것이었다. 그러므로 남들에게 자신을 드러내 보이기 위해 학문을 한다면, 즉 학문으로 부귀영화를 얻어 그것을 남들에게 과시하려 한다면 그것은 위인지학에 지나지 않는다. 그는 한 제자에게 말한다. "학문을 통해 명예를 훔치려 한다면 그를 학자라 할 수도 없습니다."16) 또한 자신의 학문적 향기에 도취되는 사람은 자만 또는 오만에 빠져 더 이상 구도의 길을 걷지 않을 것이다.

이는 퇴계의 학문정신에 세속적 목적의식이 끼어들 여지가 없었을 것임을 짐작케 해준다. 그는 부귀의 무상함을 여러 자리에서 말한다. "벼슬이란 바람 따라 지나가는 허공중의 한 조각 구름과도 같은 것으로서 애당초 내 것이 아닌데, 그대는 그것을 자신의 소유라고 여깁니까?"17) "부귀는 나에게 뜬구름과도 같은 것 / 어쩌다 얻은 거지 구한 것은 아니라네."18) "영욕은 구름 같아 본래가 허망한 것 / 부귀가 핍박하니 참으로 두렵구나."19)

퇴계의 학문정신은 이처럼 세속과 거리를 두고 자신의 본래적 존

---

15) 『退溪全書 四』, 「言行錄」, 32쪽.
16) 『退溪全書 二』, 「答李宏仲」, 220쪽.
17) 『退溪全書 一』, 「與李大成」, 390쪽.
18) 위의 책, 「送金厚之修撰乞暇歸覲仍請外補養親恩許之行」, 56쪽.
19) 위의 책, 「湖堂曉起用東坡定惠院月夜偶出韻」, 57쪽.

재됨, 또는 참자아의 실현에 집중한다. 이는 그가 어려서 집안 어른에게서 들어왔고, 또 자기 손자에게 전한 가훈에서 잘 드러난다. "성현의 공부를 벼슬의 수단으로 삼지 말고, 내밀히 갈고 닦아서 자아를 확립하고 도(道)를 실천하여 역사에 이름을 남겨라."[20] 그가 학문을 숲속 난초의 꽃피움에 비유한 것도 이러한 가훈과 맥락을 같이한다. 그렇다면 그는 세상과 담을 쌓고 오직 자신의 내면으로만 파고들었을까? 그는 왜 관료생활을 뒤로하고 은거의 삶을 고집했을까? 여기에서 잠시 그의 거취 내력을 들여다보자.

다 아는 것처럼 '치국평천하'는 유교의 간판 이념이다. 유학자들은 학문의 궁극목표를 거기에 두었다. 그러므로 그들에게 정치관료의 길은 필수과정이었다. 저 이념을 실현하는 데 관료조직만큼 수월하고 효과적인 자리가 없기 때문이다. 물론 역사가 잘 보여주는 것처럼 유학자들 가운데에는 본분의 이념을 내던지고 명예와 이권에만 골몰하는 사람도 많았지만, 그것은 자신의 존재됨을 스스로 부정하는 '소인유(小人儒)'의 행태일 뿐이었다. '군자유(君子儒)'에게 명예와 이권은 오히려 경계의 대상이었다.

퇴계 또한 치국평천하의 이념을 품은 전형적인 유학자였다. 하지만 관료사회에 진출하여 그가 맞닥뜨린 현실 상황은 결코 녹록지 않았다. 여러 차례의 사화를 겪은 이후 퇴폐해진 정치적 풍조 속에서 그는 자신의 사회정치적 이념이 실현 불가능함을 뼈저리게 자각하였다. 그는 벼슬길에 나가 있는 한 제자에게 말한다. "외람된 말을 한마디 하렵니다. 세상에 나가면 꼭 살펴야 할 것이 있습니다. '정도(正道)를 지키면 자신을 가로막는 것이 많고, 남들이 하는 대

---

20) 위의 책, 「先第三兄第四兄少時讀書龍壽寺先叔父松齋府君寄詩一律云」, 138쪽.

로 따라 하면 제 몸을 버리게 된다'는 점입니다."21) 또 아래와 같이 탄식한다. "벼슬은 메기가 대나무에 오르는 것과도 같고 / 봉황새가 가시나무에 깃들이는 격이네."22)

위기지학의 학문정신과 사회정치적 이념의 실종은 관료사회에만 국한된 것이 아니었다. 그러한 현상은 관리 양성 기관인 성균관(成均館)과 사학(四學)에도 널리 퍼져 있었다. 퇴계는 젊어서 성균관에 입학했을 때 "학생들이 모두들 학문하기를 기피하고 날마다 희학질이나 하는" 것을 직접 목도했으며,23) 대사성(大司成)으로 재직하던 시절에는 학생들의 퇴폐한 기상에 절망하기도 하였다. 그가 사학의 학생들에게 유시한 글의 일부를 한번 읽어보자. 길지만 당시 학생들과 학교의 기풍을 적나라하게 보여준다.

내 들으니 사학의 유생들이 스승 보기를 마치 길거리 사람들 대하듯 하고, 학사(學舍)를 여관방처럼 생각하며, 평소 예복을 입고 있는 자는 열 명 중에 두세 명도 못 되며, (중략) 스승이 학사에 들어오면 수업을 더 요청하지 않는 것은 말할 것도 없고, 심지어 인사하는 예를 꺼리고 수치로 여기면서 서재 안에 벌렁 드러누워 스승을 흘겨보며 나오지도 않는다고 한다. (중략) 스승들이 이러한 병폐를 바로잡으려 학생들에게 인사의 예를 요구하면, 학생들은 이를 해괴하게 여기면서 서로들 떼 지어 스승을 비난하고 욕하는가 하면, 혹자는 옷 입고 나가면서 말하기를, "이는 우리를 괴롭혀서 학교를 나가게 한 다음 우리의 식량을 착복하려고 하는 짓"이라 하기도 하고,

---

21) 위의 책, 「答黃仲擧」, 490쪽.
22) 위의 책, 「黃星州仲擧挽詞二首」, 120쪽.
23) 『退溪全書 四』, 「言行錄」, 23쪽.

또 혹자는 학생들 앞에서 큰 소리로, "우리는 이 핍박을 견딜 수 없으니 모두들 학사를 비우고 떠나야 한다"고 떠들면서 스승들을 협박하기도 한다고 한다.24)

오늘날을 사는 우리의 눈으로 보기에도 참으로 놀랍고 또 개탄스러운 지경이다. 이처럼 학생들의 타락상을 자세하게 지적하면서, 한편으로 시험문제로 도의의 회복 방법을 물었는데, 퇴계는 오히려 학생들의 비난과 반발을 받았다. 결국 그는 직무를 감당할 수 없음을 절감하고는 병을 이유로 출근하지 않았다.25) 우리는 여기에서 그가 왜 그토록 한사코 벼슬길을 벗어나려 했는지 일차적으로 짐작할 수 있다. 그의 치국평천하의 이념의 고답성 문제는 차치하고, 뒤틀어진 현실 상황을 바로잡기가 불가능했던 것이다.

한편 퇴계는 자신에게 주어지는 '헛된 명망(명예)'을 매우 불편해하였다. 여기에서 '헛된 명망'이란 명망 자체를 부질없는 것으로 부정하는 말이 아니다. 그것은 실상을 넘어 과도하게 주어지는 명망을 이른다. 그는 임금에게 은퇴의 허락을 요청하면서 다음과 같이 말한다. "선비는 실상이 없는 헛된 명망을 제일 부끄러워합니다."26) 저 '실상'은 이를테면 학문적으로, 또는 사업상에서 어떤 사람이 실제로 이루어놓은 업적을 뜻한다. 명망은 그러한 실상에 대한 대중적 평판의 산물이다.

하지만 우리가 일상에서 목격하는 것처럼, 명망은 실상과 부합하

---

24) 『退溪全書 二』, 「諭四學師生文」, 339-340쪽.
25) 『退溪全書 四』, 「言行錄」, 79-80쪽 참조. 학생들은 퇴계의 「책문(策問)」에 어느 누구도 답안을 내지 않았다고 한다. 집단 보이콧을 한 것이다.
26) 『退溪全書 一』, 「乞致仕歸田箚子」, 216쪽.

지 않는 경우가 흔하다. 양자의 부합 여부를 객관적으로 판단하기가 어렵기는 하지만, 뛰어난 실상에 걸맞은 명망을 얻지 못하는 사람이 있는가 하면, 턱없는 명망을 누리는 사람들이 허다하다. 그러므로 단지 명망만으로 사람을 판단하는 것은 옳지 않다. 물론 위기지학의 학자에게 명망은 학문의 목표가 아니었다. 오히려 그는 명망을 염두에 두지 않고 참자아의 수행과 완성을 평생의 과제로 여겼다. 퇴계가 칭송했던 당시의 몇몇 은둔 선비들27)이 그 예에 해당된다.

그러면 퇴계 자신이 '실상이 없는 헛된 명망'을 부끄러워했던 까닭은 무엇일까? 그것은 일차적으로 자신의 어리석음에도 불구하고 주어지는 사람들의 찬사와 기대에 부담을 느껴서였을 것이다. 하지만 그 이상으로 그는 실상과 명망의 괴리가 빚어낼 부정적인 결과를 매우 염려하였다. 이 점은 그가 고봉에게 보낸 편지에서 잘 드러난다.

나의 소망과 공부를 아직 제대로 성취하지 못했는데, 놀랍게도 사람들이 나를 성현의 경지로 추앙하거나, 아니면 나에게 성현의 사업을 책임지우고 있습니다. 만약 내가 이를 두려워할 줄 모르고 받아들여 성현으로 자처한다면, 명망과 실상이 부합하지 않는 곳에서 자기를 거짓 꾸미고 감추어 나 자신을 속이며 남도 속이고 말 테니, 이것이 사세의 필연입니다. 그렇다면 그 종말의 실패가 이상할 게 무엇 있겠습니까?28)

---

27) 퇴계는 당시 은둔생활을 한 성운(成運, 1497-1579), 성수침(成守琛, 1493-1564), 이지번(李之蕃, ?-1575), 이지함(李之菡, 1517-1578)과 같은 학자들을 매우 칭송하였다. 『退溪全書 一』, 「答李仲久」, 307쪽. 「答黃仲擧」, 470쪽, 「與黃仲擧」, 477쪽 참조.

사실 이러한 문제점은 우리 자신의 내부에서 쉽게, 그리고 일상적으로 확인된다. 사람들은 누구나 남들에게 좋은 평가를 받고 싶어 한다. 게다가 크거나 작거나 어떤 업적이라도 성취하면 남들의 박수와 찬사를 기대하면서 자신을 실상 이상으로 과장되게 '꾸미고', 한편으로 자신의 부족한 점을 '감추려' 한다. 명망의식에 갇혀 삶에 진실하고 정직하게 나서지 못하는 것이다. 이처럼 명망은 허영심과 허구적인 자아의식을 불러일으키며 부풀린다. 남들의 칭송을 들으면서 그것이 바로 자신의 참모습이라고 착각하면서 우쭐하는 것이다.

　　퇴계는 이러한 문제점을 확실하게 인식하고 있었다. 게다가 당시 사람들이 그를 '성현의 경지'에 이른 학자로 추앙하면서 그에게서 '성현의 사업'(치국평천하)을 기대했던 칭송에 그는 매우 곤혹스러워 하였다. 만약 그가 이러한 '명망'을 업고 사람들 앞에 적극적으로 나섰다면 과연 그들의 추앙과 기대에 부응하여 소기의 성과를 이룰 수 있었을까? 그의 말대로 '종말의 실패'를 면할 수 없었을 것이다. 당시의 뒤틀린 정치 상황은 둘째 치고, 체질적으로 학자였던 그에게 '성현의 사업'은 감당하기 어려운 과제였기 때문이다.

　　게다가 사람들이 그를 두고 '성현의 경지' 운운하는 것을 그는 도저히 받아들일 수 없었을 것이다. 과거 성현들의 고매한 학덕 앞에서 항상 자신의 어리석음을 자각했던 그에게 그러한 찬사는 정말 경악스러운 일이었겠기 때문이다. 일례로 그는 자신의 학문과 덕망을 칭송하는 한 지인의 시문을 읽고는 다음과 같이 심경을 토로한다.

---

28) 『退溪全書 一』, 「答奇明彦別紙」, 405쪽.

뱁새와 나방을 대붕에 견주면 그것들의 왜소한 모습만 보이게 되고, 못생긴 여자를 화장하여 미녀 옆에 세워봐야 그 못생긴 얼굴만 드러나는 법입니다. 그래서 나는 부끄러움과 두려움으로 마치 술에 취한 듯 깬 듯, 3일 동안을 몽롱한 상태에서 벗어나지 못했습니다.29)

결국 그가 마지막으로 선택할 수 있는 길은 하나였다. 타락한 정치 현실을 뒤로하고 고향으로 돌아가는 것이었다. 벼슬이 그의 체질에 맞지 않았던 것은 물론, "둥근 구멍에 모난 막대를 박을 수 없다"30)는 사실을 절감했기 때문이다. 자신이 평소 갈고 닦아온 '모난 막대'의 사회정치적 이념을 버리고 두루뭉술하게 살 것을 요구하는 '둥근 구멍'의 현실에 발을 들일 수가 없었던 것이다. 그는 읊는다. "벼슬바다 물결이 수없이 뒤집히니 / 은거생활 공부의 뜻을 어떻게 잊으리오."31) 물론 그에게 고향은 그저 병든 몸이나 요양하면서 여생을 보낼 노년의 휴식처에 불과한 장소가 아니었다. 그가 관료생활을 하면서도 잊지 못했던 은거의 꿈은 그 이상의 소망을 담고 있었다. 그것은 위기지학에 전념하는 일이었다. 하늘의 뜻을 자신 안에서 깊이 자각하면서 심산유곡의 난초와도 같이 참자아의 '꽃'과 '향기'를 피우는 일이었다. 「도산십이곡」의 두 편을 읽어보자.

당시에 걷던 길을 몇 해를 버려두고

---

29) 위의 책, 「與林士遂」, 324쪽.
30) 『退溪全書 三』, 「次韻權生應仁山居」, 42쪽.
31) 『退溪全書 一』, 「次韻答禹景善 二首」, 154쪽.

어디 가 다니다가 이제야 돌아왔나
이제사 돌아왔으니 딴 데 마음 두지 않으리

옛사람도 날 못 보고 나도 옛사람 못 보네
옛사람을 못 보지만 가셨던 길 앞에 있네
가셨던 길 앞에 있는데 아니 가고 어찌할까

하지만 한 가지 의문이 여전히 남는다. 그의 은거생활은 달리 살펴보면 어지러운 세상과 담을 쌓고 혼자서 삶의 일락을 누리려는 은둔주의자와 다를 게 없지 않은가. 당시 사람들이 그를 두고, 숲속으로 도망치는 산새와 같다거나, 또는 '위아주의자(爲我主義者)'라고 비난한 것도 이러한 의문에서 나온 것이었다. '위아주의자'란 자기만을 위하는 이기적인 공부를 하는 사람을 두고 하는 말이다. 이에 대해 퇴계는 다음과 같이 자신을 해명한다.

근자에 들으니 남시보(南時甫)가 나를 두고 위아지학을 한다고 했답니다. 내가 위아지학을 하는 것은 아니지만 드러난 행적상에서만 살펴보면 일견 그렇게 보이기도 합니다. 그래서 그의 말을 듣고는 식은땀이 흘러 옷을 적셨습니다. 그러나 만약 바깥 행적만 보고 사람을 판단한다면, 옛날 양주(楊朱)를 비난하면서도 자신이 위아지학을 하는 것처럼 보였던 사람이 어찌 한둘이겠습니까?32)

---

32) 위의 책, 「答奇明彦」, 448쪽. '양주'는 중국 전국시대의 사상가로, 세상을 위해 자신의 다리 터럭 하나도 뽑지 않겠다는 이기주의자로 알려져 있다.

사실 퇴계의 입장에서는 하고 싶은 말이 많았을 것이다. 그는 은거를 통해서만 위기지학을 통해 자신의 참자아를 회복할 수 있다고 여겼다. 원래 참자아는 세상을 향해 열려 있다. '위아주의자'와의 결정적인 차이가 바로 이 점에 있다. 참자아는 일상의 비본래적 자아와 크게 다르다. 갖가지의 이해타산 속에서 일신의 영리영달만을 추구하는 자기중심적이고 이기적인 일상적 자아와 달리, 참자아는 하늘의 뜻을 깊이 자각하면서 하늘과도 같이 세상 만물과 만민을 사랑으로 보듬어 안는 열린 마음을 갖고 있다. 인간에게는 일상적인 자아의 심층에 그러한 본래적 자아가 도사리고 있다. 보통사람들도 그것을 어렵지 않게 자각할 수 있다. 어느 순간 욕망과 정념이 사라지면서 만민과 만물을 까닭 없이 사랑하고 싶은 열망의 자아가 바로 그것이다. 그것이 인간의 원형적인 자아다. 다만 사람들이 그것을 무지르면서 일상적 자아에 집착하는 것일 뿐이다.

퇴계는 학문과 수양을 통해 그러한 참자아의 회복과 실현을 평생의 과제로 여겼다. 그는 심산유곡의 난초처럼 참자아의 꽃을 아름답게 피우고 향기를 고결하게 발하고자 하였다. 이는 물론 남들이 알아주기를 바라서가 아니었다. 사람들의 감동과 감화는 그의 안중에 없었다. 그는 다만 참자아의 회복과 실현을 하늘의 소명으로 여기면서 평생의 과제로 삼았다. 그러한 학문의 여정에서 하늘의 뜻을 깊이 자각하면서 참자아의 수행에 전념할수록 만민과 만물에 대한 연민과 애정은 오히려 깊어져갔다.

3. 참자아의 실현

위기지학의 토대로 자기 성찰을 강조했던 퇴계는 평소 자신의 삶 속에서 일상적 자아와 참자아의 갈등을 수시로 겪었을 것이다. 양 자는 상호 부정적인 성질을 띠고 있어서, 일상적인 자아의식이 조 금이라도 자리 잡고 있는 한 참자아는 은폐되고 말리라는 사실을 그는 깊이 자각했을 것이다. 그런데 양자를 어떻게 구별할 수 있을 까? 자아가 어떤 형상을 갖고 있는 물건이 아닌 터에 양자를 분명 히 구별하기란 사실상 불가능한 일처럼 보인다. 보통사람들은 이러 한 문제의식조차 갖지 않는다. 아니 그들도 자아의 계발과 성취를 위해 부단히 노력한다고 적극적으로 주장하기까지 한다. 하지만 그 들의 자아는 부귀공명 등 각종 유무형의 '힘'을 쟁취하고 유지하려 는 세속적인 욕망으로 채워져 있다는 점에서 참자아와 전혀 다르 다. 정자는 말한다. "군자는 사물을 지배하지만 소인은 지배를 당한 다."[33] 군자와 소인의 분기점이 여기에서 비롯된다. 군자는 부귀공 명에 휘둘리지 않고 진리의 정신으로 그것을 취사하고 또 이용하는 데 반해, 소인의 삶은 그것의 노예가 되어 이리저리 끌려 다닌다.

한마디로 일상적 자아는 권력과 재물과 명예 등 외재적인 힘에서 자신의 정체성을 찾는 데 반해, 참자아는 자신의 존재 내부에서 본 래 면목을 발견한다. 맹자는 양자의 다른 점을 천작(天爵: 하늘이 준 벼슬)과 인작(人爵: 사람들끼리 주고받는 벼슬)으로 대비시켜 말 한다. 그에 의하면 사랑과 의로움, 진실과 믿음의 정신이 전자의 예 에 해당된다. 그는 말한다. "구하면 얻으리라. (중략) 구하는 것이

---

33) 『心經 近思錄』(경문사 영인본), 255쪽. 이하에서는 두 책을 따로 인용한 다.

내 안에 있기 때문이다. 구한다 해서 반드시 얻을 수 있는 것은 아니다. (중략) 그것이 내 밖에 있기 때문이다."(『맹자』) 사람들이 번민과 고통, 그리고 삶의 허무에 빠지는 커다란 요인이 여기에 있다. 그들이 '내 밖에 있어서' 득실이 무상한 것에서 자아의 정체성을 찾아 헤매기 때문이다.

동서고금을 막론하고 인류의 스승들은 사람들에게 참자아를 각성하고 회복하도록 일깨워왔다. 그들에 가르침에 의하면 참자아란 천부의 본성이나 신의 뜻을 따르는 인간 본연의 존재며, 일상적인 자아는 세속적인 욕망과 의지에 매몰되어 살아가는 타락한 존재다. 전자는 존재의 근원으로 돌아가려 하며 속세를 초월하려는 의지를 강하게 갖는 데 반해, 후자는 자신의 존재 근원을 망각하고 속세의 현실에 매몰되어 살아간다. 불교의 청정한 불성과 유교의 밝은 덕성과 기독교의 고결한 영혼의 존재가 전자의 대표적인 예에 해당된다. 성 아우구스티누스는 이렇게 이야기한다. 이 '자아'는 일상적인 자아를 뜻한다.

자아를 경멸하는 상태일 정도로 신을 사랑하는 것이
신의 도시를 만든다.
신을 경멸하는 상태일 정도로 자아를 사랑하는 것이
세속적인 도시를 만든다.[34]

퇴계는 참자아의 근원을 하늘(의 소명: 천명)에서 찾았다. 그는 세계만물의 생성과 변화의 근본 바탕으로 하늘을 상념하였고, 섬기기까지 하였다. 당연히 인간도 하늘이 빚어낸 존재다. 그는 임금에

---

34) 올더스 헉슬리, 조옥경 옮김, 『영원의 철학』(김영사, 2014), 303쪽.

게 진언한다. "하늘과 땅은 세상 만물의 큰 부모입니다."35) 이는 임금에게 만민과 만물을 사랑으로 품어야 할 이유를 말한 것이다. 그러므로 사람들은 (큰 부모인) 하늘(과 땅)의 소명을 경건히 읽어 그에 따라 삶을 성실하게 영위하지 않으면 안 된다. 퇴계는 한 제자에게 강조한다. "하늘의 밝은 소명을 항상 잊지 말고 살펴야 합니다."36) 공자 또한 말한다. "천명을 모르면 군자라 할 수 없다."(『논어』)

인간에게 내려진 하늘의 소명[천명]은 어떤 내용을 담고 있을까? 하늘의 소명을 타고난 인간의 본래 면목, 즉 참자아는 어떤 모습을 띠고 있을까? 퇴계의 다음 글은 그 실마리를 보여준다. "초목금수는 천명을 넓힐 수 없지만 사람은 그것을 넓혀나갈 수 있습니다. (중략) 그렇게 해야만 사람이 초목금수보다 존귀한 이치를 저버리지 않게 될 것입니다."37) 여기에서 '천명을 넓힐 수 있음과 없음'은 생명정신의 개폐 능력을 지적한 말이다. 초목금수나 인간이나 하늘(자연)의 보편적인 생명정신을 공히 타고났지만, 그것의 행사 방식은 제각각 다르다는 것이다. 초목금수는 생명정신을 제 안에 폐쇄시켜 행사할 줄 밖에 모르는 이기적 존재다. 이에 반해 인간은 그

---

35) 『退溪全書 四』, 「言行錄」, 74쪽.
36) 『退溪全書 二』, 「答申啓叔」, 281쪽.
37) 위와 같음. 이러한 뜻은 그의 「천명도」에도 피력되어 있다. 그는 초목과 금수, 인간의 본성을 각각 다르게 도시해놓고는 그 옆에 다음과 같이 적는다. "완전히 막혀 통하지 않음(全塞不通)", "부분적으로 통함(或通一路)", "인의예지신 오성(五性)이 전면으로 통함(五性旁通)". 여기에서 '통함' 여부는 생명정신의 개폐를 뜻한다. 금수의 경우 새끼 보호의 본능 같은 것이 있으므로 자신의 생명정신을 부분적으로 개방할 줄 안다. 그러므로 "부분적으로 통한다." 초목은 생명정신이 완전히 자기 안에 폐쇄되어 있으므로 "완전히 막혀 통하지 않는다."

것을 개방하여 타자를 성취시켜줄 수 있는 이타의 능력을 천부적으로 타고났다.

그것이 바로 인간에게 부여된 하늘의 소명이요, 참자아의 실상이다. 인간은 천부적으로 타자(만민과 만물)를 향해 열린 존재라는 것이다. 이는 사람이 자신의 생존과 관계없는 일, 예컨대 밤하늘의 별이나 심층 해저의 생물까지도 인식할 수 있다는 뜻만이 아니다. 인간은 이웃과 만민, 만물까지도 따뜻하게 배려하고 보살필 줄 아는 연민과 자애의 마음을 갖고 있다. 이는 생물학적 진화의 결과라고 말할 수도 있겠지만, 그것을 하늘의 소명으로 여기는 사람에게 배려와 보살핌, 자애의 정신은 보다 강력한 힘을 발휘한다. 하늘의 소명은 일상의 자기중심적인 자아의 유혹을 뿌리칠 수 있는 종교적 권위를 갖고 있기 때문이다. 달리 말하면 배려와 보살핌의 사랑은 순전히 양심의 발로로 펼쳐질 수도 있지만, 하늘의 소명이라는 믿음은 그 사랑에 자신의 온 존재를 싣게 하는 추동력으로 작용할 것이다. 퇴계의 참자아 정신에는 그러한 천명의식이 바탕에 깔려 있다.

퇴계는 참자아의 핵심을 일차적으로 도덕성에서 살폈다. 참자아의 개방적 생명정신은 도덕정신에 다름 아니겠기 때문이다. 생명의 개방이란 타자를 아우르면서 그를 배려하고 또 성취시켜주고자 하는 노력인 만큼, 거기에는 시비선악의 판단과 도덕 실천의 의지가 뒤따를 수밖에 없다. 여기에서 '도덕'이란 소소한 예절이나 몇몇의 윤리규범에 불과한 말이 아니다. 거기에는 나의 존재를 열어 남들을, 더 나아가 만물까지 아우르고, 또 그들을 보살피기 위해 나의 온 존재를 기울이려는 뜻이 담겨 있다.

인의예지는 이러한 개방적 생명정신을 네 가지로 범주화한 것이다. 사람이라면 누구나 생명을 사랑하고[인], 생명 부정적인 사태에 분노하면서 그것을 척결하려 하며[의], 자타 간 생명 교류의 관계질 서를 맺고[예], 어떤 일의 생명성 여부를 판단할 줄 아는[지] 마음 을 생래적으로 타고났다는 것이다. 이는 사람들에게 각종의 판단과 행위의 지표를 알려주기 위한 방편적 교설이다. 더 나아가 인간의 개방적 생명정신은 섭리정신(천명) 또는 신의 눈빛으로 우주만상을 바라보면서 자아를 그만큼 확장하려는 초월의 의지까지 품고 있다.

퇴계의 도덕정신의 우주적 국량이 여기에서 드러난다. 그러므로 그의 인의예지를 단순히 사람들이 사회생활상 준수해야 할 네 가지 의 요청적 윤리규범 정도로 이해해서는 안 된다. 또한 그것은 맹자 이래 사단으로부터 추론된 소박한 수준을 훨씬 넘어선다. 퇴계에게 그것은 천명의 형이상학 속에서 지엄한 소명으로 주어진 사람됨의 참다운 이치와 삶의 진리를 담고 있다. 생명을 자기 안에 폐쇄시켜 이기적으로 살지 말고, 널리 개방하여 타자를, 만물까지도 자신의 존재 깊이 보듬어 안으라는 것이다. 퇴계가 품었던 우주적 대아의 이상이 그것이었다. 인의예지는 일상생활상 이의 도덕적 지침일 뿐 이다.

더 나아가 그의 진리정신은 그 이상의 지평을 열어 보여준다. 『주 역』은 말한다. "진리를 탐구하고 도덕성을 온전히 밝혀 천명에 이 른다." 그러므로 진리와 도덕의 수행으로 천명의 경지에 가까울수 록 그 안목은 높아지고 심흉은 넓어지면서 물아일체와 초월과 관조 의 삶을 영위하게 될 것이다. 영성의 세계가 여기에서 열린다. 이에 관해서는 항목을 달리하여 상론하려 한다.

이상으로 참자아의 본래 면목을 천명과 관련해서 살펴보았다. 이 제 그 모습을 현실적 관점에서 그려보자. 그것은 '이름'(일상의 호칭)과 관련되어 있다. 뒤에 살피는 것처럼 퇴계는 '이름'에 대해 남다른 생각을 하고 있다. 그는 이름에 대해 이중적인 태도를 보이고 있다. 그는 이름의 중요성을 인정하면서도, 한편으로 이름을 흐리고 이름에서 벗어나기를 염원하였다. 이처럼 이름에 대해 상반적인 태도를 보인 것은 그것의 양면성에 대한 그의 깊은 인식에 기인할 것이다. 특히 후자에 대한 주목은 퇴계 특유의 정신세계를 엿보게 해주는 단서가 될 수 있다. 먼저 이름의 중요성을 생각해보자.

퇴계는 말한다. "예(禮)에는 이름[名]만큼 중요한 것이 없다. 이름이란 무엇인가? 실상을 반영한 것이다."[38] 이는 그가 미개한 소국(小國)의 일본에게 이름과 실상에 걸맞은 사대(事大)를 요구한 글의 일부다. 예는 이름에 따라 정해진다. 이를테면 선생과 학생 간의 예의는 바로 '선생'과 '학생'이라는 그 이름에서 생겨난다. 그러한 이름을 갖지 않은 사람에게는 그와 같은 예의가 요구될 여지가 없다. 아니 이름을 얻지 못한 존재는 아무런 의미도 갖지 못하며, 나의 머릿속에 하나의 의문부호로만 떠돌 것이다.

그러므로 이름은 사회생활상 매우 중요한 의의를 갖는다. 우리의 자아는 일반적으로 이름들로 규정된다. 나는 남자나 여자, 남편이나 부인, 아버지나 어머니, 그 밖에 각종의 사회적 직함들 속에서 존재의미, 자아의 정체성을 얻는다. 그리하여 그러한 이름들로 규정된 총체적인 모습을 바로 '나'라고 여긴다. 이를테면 '나'라는 존재는 한국인, 전북 출신, 전주 시민, 전직 교수, 누구의 자식, 아버지, 남편 등등으로 조합된 모습을 반영한다. 이렇게 살피면 우리의 삶은 각종의 이름들로 규정된 존재의미의 실현과정이라 할 수 있다. 우

---

38) 『退溪全書 一』, 「禮曹答日本國左武衛將軍源義淸」, 259쪽.

리는 그러한 이름들의 역할을 연기하면서 살아간다.

하지만 그것이 우리의 참자아일까? 우리는 자신이 얻고 있는 이름들의 허실을 꼼꼼히 따져볼 필요가 있다. 그중에는 일시적이고 비인격적이며, 실상에 맞지 않는 것들이 많이 있기 때문이다. 예컨 대 대통령, 국회의원, 사장, 부장, 과장 등 조직생활에서 얻는 수많은 직함들이 그 일상적인 예에 해당된다. 그것들은 일정한 기간에만 불리기 때문에 일시적이며, 또한 업무상에서만 통용되기 때문에 비인격적이기도 하다. 게다가 자격 없는 자들도 있기 때문에 실상에 안 맞기도 한다. 그러므로 그것들은 인간적 관점에서 살피면 덧없으며 비본래적이다. 그럼에도 불구하고 이름을 앞세워 남들에게 행세하려 한다면 그는 자기 스스로 존재의 빈곤을 폭로하는 것이나 마찬가지다.

게다가 이름은 자타 간 분별의 정신에 입각하여 고안된 것이므로 이름에 집착하는 한 나와 너의 인격적 교감과 생명적 합일은 불가능하다. 예컨대 인간관계에서 (연령상, 직함상) 위아래의 이름을 의식하고 내세우는 한 양 당사자의 심리적, 나아가 존재론적 거리는 결코 좁혀지지 않는다. 아닌 말로 "찬물도 위아래가 있다"고 주장하는 자리에서 어떻게 화해로운 만남과 교류가 이루어질 수 있겠는가. 사실 예의 한 가지 문제점이 거기에 있다. 그것은 서로 다른 이름에 입각하여 정해진 자타 분별적 도덕규범이기 때문이다.

그러므로 명함상의 이름에 만족할 일이 아니다. 거기에서 자아의 정체를 찾아서는 안 된다. 이름에 집착할수록 자타 간의 분별 대립으로 인한 긴장과 외로움이, 한편으로 그것의 박탈과 상실 염려로 인한 자아의 불안과 두려움이 커진다. 이름(이 규정하는 자아의 모습)을 의심할 필요가 있다. 이름을 의심하는 순간 참자아가 깨어날

42

것이다. 그 의심을 되풀이할수록 이름과 자아를 동일시하는 습관이 사라지면서 인간의 본래적인 밝은 성품을 자각할 것이며, 자타 분별을 넘어선 참자아의 넓은 세계에 점점 깊이 들어설 것이다. 달리 말하면 자타 간 분별과 대립 속에서 자신을 존재의 불안과 외로움에 빠트리는 개체적 소아(小我)가 소멸되면서 타자를 향해 무한히 열린 우주적 대아(大我)가 깨어날 것이다.

퇴계는 이름의 이와 같은 문제점을 확실히 인식하고 있었다. 그가 관직에서 물러나려 한 것은 그처럼 덧없고 비본래적인 이름들을 떨쳐버리기 위한 계책이었다. 그는 벼슬길에서 주어진 여러 직함들이 참자아를 핍박하고 은폐하는 덧없는 것들이었음을 뼈저리게 체험하였다. 그는 말한다. "부귀는 공중에 뜬 연기나 다름없고 / 명예 역시 날파리와 같은 거라네."[39] 여기에서 날파리처럼 모여들었다 이내 사라지고 마는 '명예'는 말할 것도 없고, '부귀' 또한 덧없는 이름을 당연히 수반한다. 부귀공명이 이름(의 힘)을 동반하지 않는다면 어느 누구도 그것을 추구하려 하지 않을 것이다. 사람들은 그처럼 비본래적인 이름들로 자신의 존재를 채우려 하며, 헛되게도 거기에서 자신의 정체성을 찾는다.

퇴계는 벼슬길에서 주어지는 이름에 대해서만 부정적인 것이 아니었다. 뒤에 초월의 정신을 말하는 자리에서 상론하겠지만 그는 이름 자체를 회의하면서 그로부터 벗어나고자 하였다. 자타 분별적인 이름에 머무르는 한 물아일체의 세계에 들 수 없음을 그는 깊이 자각했기 때문이다. 그리하여 그는 이름들의 가면을 벗어던지고 삶에 나섰다. 그가 노소귀천을 막론하고 모든 사람들을 공경의 정신

---

39) 위의 책, 「秋懷十一首讀王梅溪和韓詩有感仍用其韻」, 91쪽.

으로 대면한 것은 이러한 문제의식이 작용한 결과였다. 사람들을 이름으로 만난 것이 아니라 순수존재로 마주했던 것이다. 사람들에 대해서만 그러했던 것이 아니다. 그는 들사슴이나 새, 대나무, 소나무, 매화, 국화 앞에서 인간이라는 이름조차 잊고서 그들과 교감하며 우정을 나누기도 하였다.

베개 위의 꿈속에선 선경(仙境)에서 노닐고
창문을 열어놓곤 『주역』을 읽노라
녹봉과 벼슬은 손으로 잡을 수 없으니
여섯 벗이 있어서 내 마음이 흐뭇하다
已著游仙枕
還開讀易窓
千鍾非手搏
六友是心降[40]

하지만 덧없는 이름들을 모두 다 털어버린 뒤에 드러나는 나는 누구인가? 나는 어떤 이름도 갖지 않은 몸뚱어리로 살아야 하는가? 이렇게 생각하면 광대한 우주 속 좁쌀 한 알과도 같은 단독자의 외로움에 몸을 떨 수도 있을 것이다. 그러나 이는 올바른 성찰이 아니다. 나의 태어남과 성장과 현존에는 공기와 물과 땅을 비롯하여 나의 조상과 가족과 이웃과 사회와 우주만물이, 근원적으로는 천명이 내재해 있다. 지금 이 순간에도 그 모든 것들이 나의 존재를 형성하고 또 활동케 하는 요소로 작용하고 있다.

---

40) 위의 책, 「溪堂偶興十絶」, 77쪽. 퇴계는 제목의 아래에, "소나무, 대나무, 매화, 국화, 연꽃, 내가 벗이 되었다"라고 부기하고 있다.

44

퇴계는 이러한 뜻을 한 제자에게 다음과 같이 비유적으로 말한다. "솥은 쇠[金]로 주조되지만, 거기에는 반드시 흙[土]을 물[水]로 개서 그 모형을 만들고, 나무[木]로 불[火]을 때서 쇠를 녹여 부어 솥을 만드는 것처럼, 쇠그릇에는 오행(五行: 목, 화, 토, 금, 수)이 다 갖추어져 있습니다."41) 마찬가지로 인간의 심신도 그러한 것들로 '주조'된다. 말하자면 "만물이 모두 나의 존재 안에 내재되어 있다."(『맹자』)

이처럼 퇴계는 한 사물의 존재 안에서 타자와, 더 나아가 만물을 들여다보았다. 나의 존재도 마찬가지다. 나의 존재의 뚜껑을 열어보면 그 안에 우주만물이 다 내재되어 있다. 과학자들이 말하는 것처럼 내 몸의 세포 하나하나에는 지구상 생명체의 탄생 이래 그 모든 활동의 정보가 집적되어 있다. 아니 지구를 넘어 온 우주의 현황이 다 나의 존재 안에 녹아들어 있다. 그러므로 나는 본질적으로 우주적 존재다. 퇴계는 한 지인에게 말한다. "이치상으로 말하면 천하의 일이 내 밖의 일이 아닙니다."42) 외형적으로 살피면 나와 타자가 분리되어 있지만, 존재의 이치상 만사만물이 모두 내 안에 내재되어 있다는 것이다. 서양의 M. 셸러 또한 이렇게 말한다.

모든 개인에게는 의식의 본질적인 부분에 이미 사회라는 것이 내면화되어 있다. 그리고 인간은 사회의 일부일 뿐만 아니라, 또한 사회는 관련 영역으로서 그 인간의 본질적인 부분이다. '나'가 '우리'의 일부일 뿐만 아니라, '우리'가 또한 '나'의 필연적인 구성요소다.43)

---

41) 『退溪全書 二』, 「答趙起伯大學問目」, 274쪽.
42) 『退溪全書 一』, 「與宋台叟」, 276쪽.

나의 존재는 그처럼 사회와, 나아가 우주만물을 품고 있다. 그것이 인간의 본래적인 모습이요 나의 참자아다. 다만 사람들은 육체적 존재성에 매몰되어 자신의 우주적 자아, 참자아를 잃어버리고 있다. 자타의 분별과 대립 속에서 일신의 생존과 안락만을 추구하고 부귀공명을 쫓는 사람들의 일상이 그 현장을 잘 보여준다. 이로 인한 존재의 빈곤과 삶의 황량함을 그들은 종교생활 속에서 면하려 하지만, 우주만물을 내재하고 있는 자신의 참자아를 성찰하고 회복하려 하지 않는 한 존재의 빈곤을 면할 수가 없다. 신(하늘)은 바로 참자아 안에 있기에 말이다. 퇴계에게 학문이란 이러한 참자아를 회복하기 위한 수행의 노력이었다.

이를 다시 이름의 관점에서 생각해보자. 일상생활 속에서 사람들이 서로 주고받는 이름들은 참자아를 거의 담아내지 못한다. 이름은 원래 나의 존재를 남과 구별하기 위해 고안된 것이기 때문이다. 이를테면 어머니, 아버지, 선생, 학생, 한국인, 인간 등의 이름 속에서 나는 타자와 구별되는 어느 한 부분의 모습만 드러낸다. 그러므로 이름에 갇히고 집착하는 한, 나는 그들을 품은 우주적인 자아를, 달리 말하면 참자아를 망각하게 된다. 참자아를 회복하기 위해서는 이름의 이와 같은 한계를 넘어야 한다. 이름을 벗어나는 만큼 나는 넓어진 존재감을 얻게 될 것이다. 예컨대 한국인과 외국인이라는 자타 분별적인 이름을 벗어나면 다 같은 인간이라는 깨달음 속에서 상대방을 나의 존재 깊이 사랑으로 보듬어 안을 것이다. 퇴계가 초목들과 벗할 수 있었던 것도 이름 너머에 존재하는 그의 참자아의 산물이었다.

---

43) 이규호, 『사람됨의 뜻』(좋은 날, 2000), 152쪽.

하지만 의문이 있다. 그는 "예(禮)에는 이름만큼 중요한 것이 없다." 하지 않았던가? 아무리 그가 이름의 한계를 인식했다고 하더라도 이름을 회의하고 벗어나려 했다는 사실은 곧 예를 부정하는 결과를 초래하지 않을까? 이는 유학자로서의 그의 철학과 삶에 엄청난 파문을 일으킬 수도 있다. 이러한 의문은 역으로 그의 예 의식을 더듬어봄으로써 풀릴 수 있다. 그의 예 의식은 범상한 유학자들과는 다른 데가 있었다. 먼저 아래의 사례를 한번 살펴보자. 그는 향촌의 모임에 노소귀천의 자리 배치를 어떻게 해야 할 것인가 하는 문제로 제자들과 종일토록 갑론을박하였다. 신분의 '귀천'을 기준으로 해야 함을 우기는 제자들에 반대하여 그는 나이의 '고하'에 입각할 것을 주장하면서 다음과 같이 말한다.

제군들은 '천한 사람들보다 아래에 있는 것이 수치'라는 주장을 고집하면서 남들보다 위에 있으려는 뜻을 관철하려 합니다. 그것이 전적으로 그른 것은 아니지만, 그러나 예의는 현자에게서부터 나오는 법입니다. 제군들은 모두 이 시대 향촌의 현자들로서 이러한 당면의 문제에 대해 마땅히 옛 뜻을 깊이 탐구하고 예문(禮文)을 자세히 살펴 올바른 처신 방법을 통찰해야 할 것입니다. (중략) 그런데 단지 마음 내키는 대로 남들을 이겨먹으려고만 하면서 한 때, 한 자리의 편치 못함을 이유로 자신의 편안함만을 찾을 뿐, 옛 뜻이 어떠한가, 향촌의 예가 어떠해야 하는가 하는 문제를 더 이상 자문하지 않는군요. 이는 현인군자가 처신하는 기상과 전혀 다르니 참으로 개탄스럽습니다.44)

---

44) 『退溪全書 一』, 「與趙士敬」, 573쪽.

제자들은 이에 대해, "선생님은 태곳적을 논하시는데 / 제자들은 말세를 말하는구나." 운운하는 시를 한 수 지어 선생에게 올렸다고 한다.45) 퇴계는 귀천의 신분질서가 사회의 안정과 평화를 위해 부득이함을 인정하면서도, 한편으로 거기에 내재된 '귀한' 신분의 지배의지를 간파하고 이를 문제시하였다. 사실 예의 문제점 한 가지가 거기에 있었다. 그가 내세운 '(현인군자의) 예의'는 그러한 문제점을 예방하고 '귀천' 사이에 화해로운 만남을 조성하려는 인간적인 방책이었다. 그는 인간관계의 기저를 귀천의 신분이 아니라 순수 인격에 두었다. 이 점은 그가 노소귀천을 막론하고 사람들에게 공경과 예의를 다했다는 제자들의 기록에 잘 드러난다. 그는 이산서원(伊山書院)의 한 규약으로, "서원의 관리와 학생들은 항상 하인들을 사랑으로 대하여, 서원과 서재의 일 이외에는 그들을 사적으로 부리지 말 것이며, 그들에게 사사롭게 화를 내거나 벌을 주지 말 것"46)을 정하기도 하였다.

이러한 사실은 그가 신분상 노소귀천의 이름에서 벗어나 있음을 일러준다. 그의 예의는 그처럼 자타 분별적인 이름에 입각한 것이 아니라, 그것을 넘어 사람들을 동일한 인격으로 마주하는 참자아의 정신에서 발로되었다. 물론 그가 이름의 의의를 전적으로 부정했던 것은 아니다. 그는 이름의 중요성을 인정했지만 그것이 야기하는 존재 왜곡(폭력)성을 경계하였다. 이를테면 선생이라는 이름에 담긴 과제와 의무를 다하면서도, 제자들 앞에 권위로 나서지 않고 동일한 인격으로 대면하였다.

'작은' 이름과 '큰' 이름의 변증법이 여기에서 펼쳐진다. 예를 들

---

45) 『退溪先生文集考證』(학민문화사 영인본), 457쪽 참조.
46) 『退溪全書 二』, 「伊山院規」, 346쪽.

어보자. 남자와 여자가 '작은' 이름이라면 양자를 아우르는 '큰' 이름은 인간이요, 동식물과 분별되는 인간이 '작은' 이름이라면 양자를 모두 아우르는 생명은 '큰' 이름이다. 여기에서 퇴계는 '작은' 이름의 본분을 다하면서도 거기에 갇히지 않고 그것을 넘어선 '큰' 이름으로 나섰다. 그리하여 노소귀천의 인간관계 속에서 차별과 유무형의 폭력을 야기하는 높은 신분의 '작은' 이름을 벗어나, 모두가 동일한 인격이라는 '큰' 이름에 입각하여 모든 사람들에게 공경과 예의를 다하였다. 나아가 초목과 분별하는 인간이라는 '작은' 이름을 벗어나 저들과 동일한 생명이라는 '큰' 이름의 정신으로 그들과 우정을 나누기도 하였다. 이는 역시 만민과 만물을 자신의 존재 깊이 사랑으로 보듬어 안는 그의 참자아의 정신에서 발로된 것이었다. 그의 영적인 세계가 여기에서 펼쳐진다. 이에 관해서는 뒤에서 다시 논의하려 한다.

4. 체험과 실천

오늘날 많은 사람들은 퇴계 하면 곧 이기심성론의 대가라는 생각을 반사적으로 떠올린다. 이는 그의 이기심성론이 조선시대 성리학계에서 초유의, 가장 정밀한 이론이었다는 점을 고려하면 틀린 생각이 아니다. 하지만 퇴계의 학문이 그것으로 끝날까? 그것이 그의 학문의 핵심일까? 지금까지의 논의를 통해 짐작할 수 있는 것처럼, 추상적인 이기심성론은 따뜻한 생명애를 품고 있는 그의 참자아를, 세계만물을 널리 아우르고 있는 우주적 대아의 심흉을 전혀 잡아낼 수 없다. 이기심성론은 인간과 삶의 생동하는 실상을 몇몇의 암호언어로 간단히 박제화해버리기 때문이다. 그의 한 제자가 살핀 선생의 모습을 이기심성의 언어로 어떻게 그려낼 수 있을까?

선생님의 학문은 평이하고 명백하였으며, 도(道)는 정대(正大)하고 빛났으며, 덕은 따스한 봄바람에 상서로운 구름 같았으며, 글은 무명처럼 질박하고 콩처럼 담백했으며, 투명한 마음속은 가을 달과 얼음병과도 같았으며, 온화하고 순수한 기상은 순금과 아름다운 옥과도 같았으며, 침착하고 중후하기로는 높은 산악과도 같았으며, 고요하고 심원하기로는 깊은 샘과도 같았다. 그래서 바라보면 덕을 이룬 군자임을 바로 알 수 있었다.47)

그런데 우리 연구자들은 이와 같은 학문과 도(진리), 덕행의 세계를 그동안 얼마나 밝혀왔는가? 우리가 퇴계 철학에 대해 상투적인 방법을 벗어나 새로운 안목으로 접근해야 할 이유가 여기에 있다. 영성(靈性)의 관점이 그중 하나다. 이에 관해서는 뒤에서 자세히 고찰하려 한다.

오늘날 연구자들이 이기심성론을 마치 퇴계 철학의 핵심인 양 그토록 부각시켜온 것은 다음의 두 가지 이유에 기인하는 것처럼 보인다. 첫째, 퇴계의 이기심성론이 그의 사후 조선시대 성리학파 형성의 단초를 이루고, 또 그 전개과정에서 계속 논쟁거리가 되어왔다는 사실이 암암리에 연구자들로 하여금 그것을 퇴계 철학의 대주제로 간주케 했을 것이다. 그러나 후대의 학문 경향을 미루어 퇴계 철학을 단정하려는 것은 옳지 못하다. 사실 그는 자신이 고봉과 행했던 이기심성의 논쟁이 후학들을 오도할까 염려하면서 자신의 그

---

47) 『退溪全書 四』, 「言行錄」, 44쪽.

러한 뜻을 고봉에게 여러 차례 피력하기도 하였다. 그의 친제자들에게서 이기심성에 관한 논의가 적었던 것도 이에 대한 선생의 경계와 훈시에 힘입은 결과일 것이다.

둘째, 퇴계 철학 가운데에서 이기심성론이 유난히 부각되게 된 것은 오늘날 우리 연구자들의 학문적 구미와도 연관이 있을 것이다. 명료한 개념과 이론의 정합성을 바탕으로 일련의 지식체계를 수립할 것을 목표로 하는 서양철학과 현대학문의 분위기 속에서 학문정신을 익혀온 우리 연구자들에게 조선 성리학의 대가인 퇴계(와 그 밖의 조선 성리학자들)의 이기심성론은 더없이 좋은 연구거리가 되었다. 그(들)의 저술 표면에 쉽게 노출되는 이기심성론이 연구자들의 안목에 즉각 잡히기 때문이다.

그런데 여기에는 어떤 열등의식이 도사리고 있을 수도 있다. 종래 서양의 철학자들이 동양의 학문을 '철학'으로 인정하지 않았던 풍토 속에서, "우리에게도 당신들처럼 정치한 존재론과 형이상학이 있다"고 주장하고 싶은 것이다. 이렇게 시작된 성리학 연구가 그동안 학계의 지배적인 경향이 되었다. 하지만 이기심성론이 과연 퇴계 철학의 간판이며 핵심이라고 말할 수 있을까? 이에 대해 퇴계 자신의 말을 들어보자. 그는 이기심성론으로 갑론을박하는 한 제자에게 아래와 같이 충고한다.

학문하는 사람들이 진리를 탐구하는 데 심오하고 은밀한 것만 찾으려 힘쓸 뿐 평이하고 분명한 일상의 세계에 주의를 기울여 자신의 삶에 절실한 공부는 하지 않고, 자신의 식견이 이미 고매하다고 여겨 더 이상 진리를 추구하려는 뜻을 갖지 않는군요. 또 자신의 삶에 절실한 공부를 하지 않기 때문에 결국은 진리의 참맛과 기쁨을 모르고서 학문을 도중에서 그만둡니다. 이것이 이른바 "학자들이 지식의 지나친 추구 속에서 진리의 실천을 소홀히 하는" 사례에 해당됩니다."48)

사실 '진리의 참맛과 기쁨'은 '자신의 삶에 절실한 공부'를 통해서만 주어질 수 있다. 그 공부는 책상머리에 앉아 책이나 읽고 글이나 쓰는 오늘날의 학문과는 유형이 다르다. 책갈피에서 접하는 진리는 '참맛과 기쁨'을 주지 못한다. 일상의 세계에서 실천을 부대하지 않는 그것은 관념 유희의 수준을 넘지 못하며, 수박 겉핥기나 마찬가지다. 정자는 말한다. "오늘날 경서를 읽는 사람은 많지만 그들은 모두, 진주를 사는데 그 상자만 취할 뿐 정작 진주는 되돌려주는 것과 같은 어리석음을 범하고 있다. 경서는 도(道)를 담아두고 있는 책인데, 그 말들만 외우고 자구나 해석하면서 도에는 미치지 못하니, 그것은 도의 찌꺼기만 쓸모없이 노닥거리는 것에 지나지 않는다."49)

따지고 보면 이기심성의 철학은 본질적으로 공맹은 물론, 퇴계의 학문정신에서 상당히 벗어난, 아니 오히려 상반되는 측면을 갖는다. 이기심성론은 인간과 사회, 세계를, 공맹의 실천정신이 애당초 추구했으며 그리고 퇴계 역시 끊임없이 지향했던 체험과 실천 대상으로부터 사고와 이론의 대상으로 바꿔놓고 있기 때문이다. 앞서 살폈던 퇴계의 학문정신 상에서 살펴보자. 그가 평생 추구했던 구도의 삶과 위기지학, 그리고 참자아의 성취에 이기심성론이 어떠한 의의를 갖고 있을까? 우주만물을 이와 기의 개념으로 조리정연하게 설

---

48) 『退溪全書 二』, 「答申啓叔」, 283쪽.
49) 『近思錄』, 82-83쪽.

명하는 그 철학은 참자아의 길을 찾는 학문의 여정에서 잘 그려진 지도처럼 유용하게 쓰일 수도 있다. 우주 안에 만물과 인간의 위상을 이와 기 등의 범례로 표시해놓은 철학적 지도 말이다.

하지만 학자들이 깊이 유의하고 경계해야 할 점이 있다. 이기심성론은 세계만물과 인간을 지극히 추상적인 개념들로 분해하고 재조립해놓은 것이기 때문에, 우리는 거기에서 인간과 세계에 관한 고도의 지식과 논리의 유희는 맛볼 수 있을지언정, 정작 살아 있는 인간과 생동하는 세계를 감각하고 경험할 수가 없다. 그것은 마치 산천경개를 수많은 등고선과 부호들로 그려놓은 지도와 다름없다. 우리는 거기에서 철따라 변화하는 식물들의 색깔과 냄새, 또는 다채로운 모습을 얻을 수가 없다.

마찬가지로 이기심성론은 세계만물을 몇몇의 암호언어로 바꾸어 추상적인 인식과 논리의 대상으로만 취급할 뿐, 인간을 경험과 실천의 주체로서 바라보지 못하게 만든다. 그것이 고도의 추상 개념으로 조립하고 분해하는 인간과 만물은 이미 삶의 현장으로부터 벗어나 단지 이론적인 도식의 자료, '그것'으로만 남게 된다. 우리는 거기에서 인간의 심성이나 사단칠정 등 '나'에게 감각적이고 경험적이며 친숙한 의미들을 체감하지 못한다. 그것은 마치 물을 두고 산소 두 개와 수소 하나의 결합이라고 설명하는 것이나 다름없다. 예컨대 "마음은 이(理)와 기(氣)의 합(合)"이라는 명제에서 천변만화의 마음을 어떻게 감각하고 경험할 수 있을까? 세계만물 역시 발랄하고 역동적인 모습을 잃고 메마른 개념으로만 인식되게 된다. 그러므로 거기에서 "나는 누구인가?"라는 절박한 실존의 물음은 찾아볼 수 없고, 단지 "인간이란 무엇인가?" 하는 추상적인 문제의식만 범람하게 된다. 인간이 '그것'으로 사물화되고 마는 것이다.

결국 성리학의 이기론과 심성론은 인간과 세계를 명료하게 밝혀 주기보다는 오히려 몇몇의 암호언어로 분해하고 조립함으로써 사람들을 혼란 속에 빠트리기가 쉽다. 우리는 거기에서 지식의 증대와 논리의 정밀화는 기약할 수 있을지언정, 덕성의 함양이나 인격의 향상, 참자아의 회복은 기대할 수가 없다. 오히려 참자아의 모습이 이기심성의 추상 개념들 속에서 분해되어 사라지고 만다. 당연히 그것은 일상의 세계에서 진리의 실천이 주는 참맛과 기쁨을 생산하지 못한다. 퇴계가 한 제자에게 지적하고 충고한 뜻이 여기에 있다. 아래의 글을 한번 읽어보자.

오늘날 학문하는 사람들 가운데에는 평범한 일상의 세계 속에서 진리를 찾으려 하지 않고 일상을 떠난 알기 어려운 데에 먼저 발을 들여놓았다가 끝내는 진리에의 입문을 기대할 수 없게 되었을 뿐만 아니라, 도리어 색은행괴(索隱行怪: 심오한 세계만 추구하고 유별나게 행동하는 것)에 빠진 사람들이 많으니 매우 개탄스럽습니다.50)

마치 오늘날의 학문풍토를 예견이나 한 듯한 지적이다. 그러므로 이기심성론 자체를 부정할 일은 아니지만 그것을 단지 지적인 유희의 대상으로만 여겨서는 안 된다. 이, 기, 심, 성 등의 암호언어를 논리적으로 분해하고 조립하는 일에 만족하지 말고, 그것들이 지시하는 현실의 세계로 내려가서 그것들을 '온몸으로' 인식하고 성찰하며 체험하도록 해야 한다. 예컨대 퇴계의 '주리(主理)' 철학의 실존적이고 실천적인 의미를 찾아야 한다. 퇴계가 제자에게, "평이하고 분명한 일상의 세계에 주의를 기울여 자신의 삶에 절실한 공부

---

50) 『退溪全書 二』, 「答李平叔」, 260쪽.

를 하지 않는다"고 비판한 것은 이와 같은 이기심성론의 함정을 잘 알고 있었기 때문이었다. 그러면 거기에서 어떻게 하면 벗어날 수 있을까? 그 방법은 역시 퇴계의 학문관에서 드러난다. 아래의 글을 읽어보자.

무릇 선비의 학문은, 마치 높은 곳에 오르는데 낮은 곳에서부터 출발하듯이, 먼 곳을 가는데 가까운 곳에서부터 발걸음을 시작하듯 해야 합니다. 낮은 곳, 가까운 곳에서부터 시작하는 것이 우둔하고 더딘 것처럼 보이지만, 그러나 이렇게 하지 않고서는 어떻게 높고 또 먼 데를 가겠습니까? 힘써서 차츰차츰 나아가면 이른바 높고 먼 것을 낮고 가까운 곳에서 떠나지 않고도 얻어내게 될 것입니다.51)

퇴계가 한 제자에게 보낸 글이다. 이기심성론의 함정에서 벗어날 길이 여기에 있다. 그것은 '낮고 가까운' 일상의 삶의 정신을 잃지 않는 것이다. 이기심성론의 '높고 먼' 추상세계도 일상의 정신만 굳게 견지한다면 참자아를 찾는 구도의 길에 훌륭한 지도이자 나침반이 될 수 있다. 그러므로 이기심성론에 마음이 쏠릴수록 온몸의 성찰과 체험의 정신을 더더욱 다잡아야 한다. 퇴계가 고봉과의 사단칠정 논쟁에서 고봉에게 '말의 숨바꼭질'을 일삼지 말 것을 충고한 것도 이 때문이었다. 결국 그는 논쟁을 일방적으로 중단하였다.

위의 인용문에서 말한 '낮고 가까운' 일상의 삶의 정신은 곧 체험과 실천의 정신을 뜻한다. 무릇 진리는 비근한 일상의 현장에서 체험되고 실천되어야 한다는 것이다. 퇴계는 말한다. "이치를 탐구하여 그것을 실천의 장에서 체험해보아야만 참다운 앎을 얻게 되니

---

51) 『退溪全書 一』, 「答黃仲擧論白鹿洞規集解」, 479쪽.

다."52) 사실 진리의 생명성은 체험과 실천에 있다. 언어문자는 진리의 세계에 이르기 위한 지시등이요 이정표일 뿐이다. 그러므로 체험과 실천이 실리지 않는 진리의 논의는 최후의 목적지에 이를 생각은 않고 그 방향이나 거리, 경유지 등만 따지는 것이나 다름없다. 오늘날 학문의 근본적 한계가 여기에 있을 것이다. 일상의 실천으로 나아가지 못하고 연구실과 강단과 저술에서만 펼치는 학자들의 장광설은 진리의 핵심에 이르지 못할 뿐만 아니라, 사람들의 생각을 어지럽게 만들기까지 한다. 일상의 현장에서 살피면 진리란 많은 논의를 요하는 복잡한 문제가 아닌데 말이다.

학자들이 나이가 들어가면서 공부와 연구에 게으른 까닭도 여기에 있을 것이다. 노쇠해진 기력의 문제도 있지만, 현실과 괴리된 채 공허한 추상세계에서 개념이나 유희하는 것이 무미건조하여 점점 싫증나는 것이다. 이 역시 퇴계의 이른바, "학자들이 지식의 지나친 추구 속에서 진리의 실천을 소홀히 하는" 사례에 해당된다. 만약 일상의 삶 속에서 진리를 체험하고 실천하면서 그것이 주는 즐거움을 안다면 그처럼 중도이폐(中道而廢)하는 일은 없을 것이다. 오히려 그는 진리에의 열망을 더욱 강하게 가질 것이다. 그것이야말로 참자아 실현의 길임을 온몸으로 깨달으면서 거기에서 참다운 즐거움을 얻을 것이기 때문이다. 공자는 이를, "힘껏 분발하느라 밥 먹는 것도 잊고, 즐거움으로 근심 걱정도 잊으면서, 늙어가는 것도 모르는"(『논어』) 삶의 기쁨으로 말한다.

퇴계가 진리의 체험과 실천을 강조한 것은 단지 지행합일을 주장하려는 뜻에 불과한 것이 아니었다. 그 저변에는 진리란 언어문자

---

52) 위의 책, 「答李叔獻」, 370쪽.

만으로 얻어질 수 있는 것이 아니라는 인식이 깔려 있다. 원래 말과 글은 대상 사물을 일정한 개념과 문법 안에 가두어버림으로써 정작 그것들이 지시하는바 현실 속의 생동하는 실상을 박제화시키고 만다. 그러므로 "글로는 말을 다 표현할 수 없으며, 말로는 뜻을 다 드러낼 수 없다."(『주역』) 퇴계는 한 제자에게 말한다. "글을 읽을 때에는 그 의미를 몸으로 체득하고 마음으로 체험하여 한가롭고 고요한 가운데 말과 글 밖의 뜻을 묵묵히 깨달아야 합니다."53) 아래의 훈계도 한번 읽어보자.

인의예지의 의미를 이해하는 데 만약 그것들의 글자 뜻만 본다면 비록 아무리 잘 외우고 또 정확하게 해석한다 하더라도 필경 무슨 도움이 되겠습니까? 모름지기 네 글자의 의미를 각각 정밀하게 성찰하고 연구하고 음미하며, 몸소 체험 속에서 깨달아야만 할 것입니다.54)

사실 사랑과 의로움 등의 사전적 개념은 건조하기 짝이 없다. 경험적 사례들을 요약된 언어로 추상화한 그것은 '현실의 빈곤화'를 초래하여 사람들에게 감각적 울림과 여운을 전혀 주지 못한다. 이는 마치 "대추를 통째로 삼켜 그 맛을 모르는 것"55)과도 같을 것이

---

53) 『退溪全書 二』, 「與金而精」, 77쪽.

54) 위의 책, 「答李平叔問目」, 258쪽.

55) 이는 원래 주자가 '하학(下學)'은 무시하고 '상달(上達)'의 세계만 추구하는 어떤 학자를 겨냥해서 쓴 말이다. 『朱書節要』, 「答許順之」, 155쪽 참조. 퇴계는 리(理)와 기(氣), 사단과 칠정을 구분하지 않으려는 고봉의 태도에 대해 이를 원용하여 비판하고 있다. 『退溪全書 一』, 「答奇明彦」, 401쪽 참조.

다. 하지만 사랑을 직접 체험해본 사람은 그 깊고 풍요로운 맛을 안다. 그는 사랑의 개념을 조리 있게 설명하지 못해도 '사랑'이라는 말을 듣는 순간 그 의미를 온몸으로 깨닫는다. 참다운 앎은 정말 체험을 통해서만 이루어질 수 있다. 퇴계의 진리 탐구는 그처럼 온몸의 체험이 실린 것이었다. 그의 진리는 박제화되고 정형화된 개념의 껍질을 깨트리고 나와서 일거일동의 현장에서 생동하는 삶 자체였다. 이는 그의 학문이 문자로만 부스럭거리는 건조함을 벗어나 일상의 삶에서 진리의 정신으로 빛났을 것임을 짐작케 해준다. 아래의 글을 읽어보자.

나는 몇 달간 병을 앓는 중에 주자의 편지들을 한 번 읽었는데, 그의 말씀들 가운데에서 절실 통쾌하고 사람들에게 아주 긴요한 부분들을 접할 때마다 미상불 세 번씩 되풀이 읽으면서 나 자신을 성찰했습니다. 그것은 마치 바늘로 내 몸을 찌르는 것과도 같았고, 잠자는 사람을 깨우는 것과도 같아서, 그동안 자신의 공부가 표피적이고 또 삶에 절실하지 못하여 정자의 이른바, "발이 가려운데 구두를 긁는 것"과 같은 병통을 갖고 있음을 더욱 알게 해주었습니다.56)

이는 퇴계가 한 제자에게 보낸 자책의 글이다. 그는 주자의 글들을 수없이 읽고 또 제자들에게 가르쳤으며, 『주자서절요(朱子書節要)』를 편집까지 했으므로 그 글들을 눈 감고 외울 수 있을 정도로 숙지하고 있었을 것이다. 그런데도 '자신의 공부가 표피적이고 또 삶에 절실하지 못했음'을 저와 같이 절절하게 토로하고 있다. 그것도 64세의 노학자로서 32살 연하의 제자에게 말이다. 독서와 연구

---

56) 『退溪全書 二』, 「與鄭子中」, 23쪽.

에 온몸의 체험을 실어 일상의 삶 속으로 깊이 들어가지 못했다는 것이다. 그는 이를 '발이 가려운데 구두를 긁는 것과 같은 병통'으로 비유한다. 세계와 사물을 온몸으로 접촉하지 못하고 언어문자의 표면에서 지적 유희만을 일삼았다는 말이다. 이는 참자아의 회복과 실현이라는 학문적 과제를 망각한 것과도 같을 것이다. 참다운 독서와 공부는 언어문자의 표피나 긁어대는 것이 아니라, 실존의 가려움을 해소시켜 참자아를 성취하는 데 있기 때문이다. 퇴계의 편지를 또 한 통 읽어보자.

> 요즘 사람들은 학문을 하는 데 자구(字句) 해석과 암송에 골몰하지 않으면 반드시 문장을 아름답게 꾸미는 일에 현혹되니, 이 책에 마음을 두고 창자 속의 비린내 나는 피를 확 씻어버리고서 남들이 맛보지 못한 것을 맛볼 사람이 몇이나 될까요?[57]

여기에서 '이 책'이란 『주자서절요』를 뜻한다. "학문을 하는 데 자구 해석과 암송에 골몰하지 않으면 반드시 문장을 아름답게 꾸미는 일에 현혹되"는 것은 예나 지금이나 학자들의 일반적인 병폐인 것 같다. 이는 아마도 학자들의 주지주의적 성향에서 비롯될 것이다. 학문을 하다 보면 언어문자의 세계에 빠져 관념적 유희로 만족하는 것이다. 하지만 체험과 실천을 동반하지 않는 그것은 현학(衒學)의 수준에 그칠 뿐 진리의 참맛과 즐거움을 알 수 없으며, 따라서 인간성의 향상과 참자아의 실현에는 전혀 도움이 되지 않는다. 학문은 진리의 체험과 실천을 통해 '(세속에 오염된) 창자 속의 비린내 나는 피를 확 씻어' 참자아의 실현에 봉사하는 것이어야 한다.

---

57) 『退溪全書 一』, 「答黃仲擧別紙」, 473쪽.

그것이 퇴계가 주장하고 또 몸소 실천했던 참다운 학문정신이다.

체험으로 성숙된 퇴계의 학문정신은 삶이나 세계와 거리를 두고서 언어문자상에서 유희만 즐기는 관념적 태도와 달리, 자연스럽게 삶과 세계 속으로 들어가 진리를 실천하려 하였다. 체험과 실천으로 이어지지 않는 진리는 참자아의 실현에 아무런 도움도 되지 못한다는 사실을 그는 잘 알고 있었다. 그중에서도 그는 특히 사랑과 의로움, 예의의 정신에 깊이 유념하였다. 인간관계와 사회생활로 이루어지는 삶의 현장에서 그 이상으로 중요한 진리의 덕목이 없기 때문이다. 물론 그가 그것을 도덕적인 의무로 여겨 행했던 것은 아니다. 그것을 본성으로 여겼던 것은 차치하고, 그는 부단한 체험학습을 통해 그러한 덕목들을 일상생활 속에서 자연스럽게 실천해나갔다. 더 나아가 그의 참자아의 정신은 도덕생활을 넘어 영성(靈性)의 세계까지 열어냈다. 이에 관해서는 후술하려 한다.

퇴계의 학문의 여정과 진리정신에는 자연스럽게 삶의 열락이 뒤따랐을 것이다. 그 기쁨은 진리에 대한 관념적 유희를 넘어 체험과 실천 속에서 온몸의 울림과 여운을 주는 것이었다. 이를테면 그는 사랑의 의미를 제자들에게 조리 있게 설명해주는 강학의 기쁨에 불과한 것이 아니고, 삶의 현장에서 그들과 생명을 교감하고 소통하며, 또 그들의 사랑을 일깨워주는 기쁨을 누렸을 것이다. 그는 한 제자로부터 사랑에 관해 질문을 받고는 체험과 실천의 정신을 강조하면서, 사람의 생동어린 맥박과 어린 병아리의 생기발랄한 모습을 들어 답변하고 있는데, 그의 사랑은 그처럼 생명정신으로 충만한 삶의 기쁨이었다. 그러한 비유는 생명적 사랑을 직접 체험한 사람만이 할 수 있는 일일 것이다. 그 글을 읽어보자.

맥박이 쉼 없이 고동치는 현상에 인(仁)을 비유한 것은 인의 마음이 충만하고 흘러넘쳐 생동하는 뜻을 말하려 한 것이요, 또한 예쁘고 어린 병아리에 비유한 것은 생명을 사랑하는 마음이 가득하여 만물을 연민과 자애로 대하는 뜻을 말하려 한 것입니다. (중략) 그러나 이러한 뜻을 모름지기 자신의 심성 상에서 공부하고 일상 속에서 체험하여 그 공부와 체험이 오랫동안 쌓이고 아주 깊어져야 합니다. 그래야만 인(仁)의 의미가 자신의 삶에 절실하게 다가옴을 실제로 깨닫게 될 것입니다. 그렇지 않고 언어문자나, 또는 근사한 모습으로만 상상하고 생각한다면 그 의미를 끝내 터득할 수 없을 것입니다.58)

공자가 제자 안자(顔子)에 대해 "한 그릇 밥과 한 바가지 물로 누추한 곳에 살면서도 그 즐거움을 바꾸지 않는다"고 칭찬했을 때, '그 즐거움'도 사실 이러한 차원의 것이었다. 그것은 안자가 '한 그릇 밥과 한 바가지 물'을 즐거워했다는 뜻이 아니다. 그것은 가난한 삶 속에서도 잃지 않는 '도(道)', 즉 진리가 주는 즐거움이었다. 물론 그것은 그가 책갈피 속에서 얻은 것이 아니라 일상의 실천 속에서 얻은 것이었다. 뒷날 선비들이 "안자가 즐긴 것이 과연 무엇이었는지", 그리고 '그 즐거움'에서 '그'라는 글자의 뜻이 무엇인지 깊이 음미해야 한다고 말한 것도59) 이러한 문제의식에서였다. 정이천은 말한다. "만약 안자가 도를 즐거움의 대상으로 여겨 즐겼다면 안자가 아니다."60)

---

58) 위의 책, 「答李剛而問目」, 515쪽.
59) 『經書』(四書: 성대 대동문화연구원 영인본), 165쪽 주 참조.
60) 『近思錄釋疑』(正文社 영인본), 181쪽.

안빈낙도(安貧樂道)의 세계가 여기에서 열린다. 진리의 실천이 주는 삶의 즐거움은 그처럼 가난의 고통을 능가하고 초월한다. 말하자면 "나의 몸과 마음이 도와 하나가 되어 그 가운데 편안히 지내면, 비록 한 그릇 밥과 한 바가지 물로 누추한 곳에 살더라도 자신이 가난한 줄 모를 것이요, 고대광실에서 살더라도 자신이 부귀한 줄 모를 것이다."[61] 그처럼 그는 부귀의 소유의식을 저 멀리 떨치고 진리로 충만한 존재의 삶을 산다. 퇴계의 삶은 이 점을 구체적으로 예증한다. 그의 한 제자는 선생의 일상생활을 눈여겨보면서 다음과 같이 전한다.

선생님은 집이 가난하여 식량을 겨우 장만하면서 매우 어렵게 사셨다. 사람들은 선생께서 그 생활을 못 견디실 줄 알았는데 선생님은 여유가 있으셨다. 선생님이 도(道)를 절실하게 깨달으시고 심오하게 통찰하셔서 스스로 즐기실 뿐, 세속적인 숭배거리를 안중에 두지 않으셨기 때문에 곤궁한 가운데서도 태연자약하셔서 늙어가는 줄도 모르셨다.[62]

이렇게 살피면 퇴계의 진리정신은 학문 활동에 입문의 길잡이가 될 수 있다. 그것은 이미 밝혀졌다기보다는 여전히 탐구되어야 할 과제다. 그 핵심적인 방법은 역시 체험과 실천에 있다. 체험과 실천 속에서만 비로소 진리의 참다운 의미와 즐거움을 알 수 있으며, 그 가운데에서만 참자아의 회복과 존재의 풍요를 이룰 수 있다. 그것이 결여된 개념적 논의는 진리에 대한 지식은 더해줄지언정 진리의

61) 위의 책, 183쪽.
62) 『退溪全書 三』, 「年譜」, 584쪽.

삶에 하등 도움이 되지 않는다. 게다가 진리는 학자들의 전유물이 아니다. 그것은 모든 사람들이 일상의 현장에서 끊임없이 체험하고 실천해야 할 삶의 덕목이다. 그러므로 퇴계의 진리정신은 오늘날에도 개개인의 삶에서 개별적으로, 그것도 매번 새롭게 체험되어야 할 중요한 주제다.

진리정신

1. 진리의 유형

　"아침에 도를 들으면 저녁에 죽어도 괜찮으리라(朝聞道 夕死可
矣)."(『논어』) 일반인들에게도 널리 알려진 공자의 유명한 말이다.
여기에서 '들으면'이란 단지 귀로 듣는다는 뜻이 아니다. 이에 관해
서는 뒤에서 상론하겠지만 그것은 일상적인 구도의 노력을 통해 궁
극적으로 이르게 되는 인격의 최고 경지를 함축한다. 그러므로 그
것은 단순히 머리로만 인식하고 이해하는, 그리하여 실제의 삶에서
는 여전히 도와 거리를 갖는 관념적 수준과는 차원을 달리한다. 거
기에는 지(知), 정(情), 의(意) 상 한 치의 의심도 없이 온몸으로 터
득하여 도와 하나가 되는 이상적인 인격이 자리하고 있다.

　그러면 죽음도 이겨낼 '도'란 어떠한 삶의 정신을 말하는 것일
까? 원래 '도'의 사전적 의미는 다양하지만, 공자가 '듣고자' 했던

그것은 포괄적인 의미로 진리를 뜻한다. 일상생활 속에서 만인이 추구해야 할 사람됨의 참다운 이치[眞理]요, 그로부터 연역되는 삶의 길이다. 그것은 일견 자명해 보이지만 결코 그렇지 않다. 인류사상사가 여실히 보여주는 것처럼 종교인과 철학자를 비롯하여 수많은 사람들이 진리에 관해 수많은 주장을 하고 또 갑론을박해왔던 사실이 이 점을 잘 말해준다.

우리는 그 다양한 실상을 동서고금의 인류사상사에서 여실히 목격한다. 이는 진리의 올바른 인식이 그만큼 어려움을 일러준다. 그럼에도 사람들이 진리 탐구의 정신을 놓지 않는 것은 범속하고 비루한 세상에서 그것만큼 삶에 의미와 가치를 부여해주는 것이 없기 때문이다. "아침에 도를 들으면 저녁에 죽어도 괜찮다"면, 죽음까지도 초월하게 해줄 만큼 "진리가 너희를 자유케 한다"면 정말 진리를 필생의 과제로 삼아 매진할 만도 할 것이다.

사람들의 진리 이야기는 헤아릴 수 없을 만큼 다양하고 복잡하지만 논의의 편의상 그것을 네 가지의 방면에서 접근해보자. 자연과학과 종교와 문학(예술)과 철학이 그것이다. 먼저 자연과학상 진리는 우리의 삶을 둘러싼 객관적 사물세계에 관해 수많은 실험과 검증을 통해 확립된 명제라고 요약할 수 있다. 이러한 과학의 각 분야에서 산출된 결과는 놀라움을 넘어 찬탄을 금할 수 없을 정도다. 그것은 각종의 이기(利器)를 개발하여 사람들의 물질생활의 개선을 주도함은 물론, 이제 우주여행까지 기대하게 만들고 있기 때문이다. 아니 인공지능의 개발과 생체공학의 발달은 기계화된 인간, 인간화된 로봇을 만들어내고, 심지어 미래 언젠가는 '호모 데우스', 즉 영원히 죽지 않는 인간을 창조할 수 있을 것이라고 예측하는 학자도 있다. 그야말로 섬뜩하게도 '포스트 휴먼' 또는 '트랜스 휴먼'의 '신

인간(신인류)’ 시대가 도래하고 있다. 그쯤 되면 인류역사상의 모든 인간관과 삶의 진리가 온통 무용지물이 되어 역사의 화석으로 묻히고 말 것이다.

하지만 과학기술의 발달이 빚어내는 현대문명의 현란함에서 눈을 거두고 지금, 이 자리의 나 자신에게 절박한 삶의 의미와 가치의 문제를 되돌아 살펴보자. 그처럼 위대한 과학적 진리가 우리의 실존적 고민거리인 사람됨의 이치와 삶의 길에 대해 어떤 조언과 응답을 주고 있는가? 실존적 절박성을 띤 그러한 문제를 외면한 채 수명의 연장과 우주의 정복에만 열을 올린다면 그게 무슨 의의가 있을까? 게다가 과학만능의 이 시대가 사람들에게 끼친 부정적인 영향이 거기에 가세한다. 과학이 표방하는 객관적이고 기술적인 합리성에 경도된 나머지 정작 내면의 주체적인 성찰과 진리 추구의 정신은 점점 약화되어간다는 사실이다. 이러한 문제점은 처음부터 과학 자체에 이미 예정되어 있는 것이기도 하다. 아래의 두 글을 읽어보자.

과학은 모든 현상에 통용되는 언어, 자연을 계산할 수 있고, 자연을 보다 용이하게 지배할 수 있게 하는 공통의 암호언어를 창안해내려는 시도이다. 그러나 관찰된 모든 법칙을 요약한 이 암호언어는 아무것도 설명하지 않는다. 그것은 사실을 가능한 한 간결하게 추린 일종의 기술(記述)이다.[1]

과학은 추상을 의미하고 추상은 언제나 현실의 빈곤화이다. 과학

---

1) 니체의 글이다. 앙드레 베르제즈 · 드니 위스망, 남기영 옮김, 『지식과 이성』(삼협종합출판부, 1999), 408-409쪽.

적 개념에서 기술되고 있는 바와 같은 사물의 형태는 더욱더 한갓 공식이 되어가는 경향이 있다. 공식은 놀라울 정도로 단순하다. 뉴턴의 인력 법칙처럼, 단 하나의 공식이 우리의 물질적 우주의 구조 전체를 그 속에 담고 또 설명하는 것처럼 보인다. 마치 현실이 우리의 과학적 추상에 의해 접근되고 다루어질 수 있을 뿐만 아니라, 또한 남김없이 파악될 수 있는 듯하다.[2]

사람들이 자신의 정서와 인격, 인간관계, 사회생활 등에서 필요로 하는 삶의 진리(의미와 가치)를 과학의 세계에서 찾지 못하는 까닭이 여기에 있다. 세계와 사물을 추상적 이론과 간결한 공식들로 요약하고 몇 마디의 '암호언어'로 단순화해버리는 과학은 복잡다단하고 변화무쌍한 감정과 의식의 세계에 대해 침묵을 지킬 수밖에 없다. 그야말로 '현실의 빈곤화'다. 예를 들면 사랑과 우정, 성실, 겸손, 정의 등 인간 생활에 긴요한 덕목이나, 삶과 죽음의 절박한 문제를 과학이 어떻게 실험하고 검증해서 사람들에게 응답할 수 있을까?

이렇게 해서 과학의 언어가 침묵을 지키는 자리에서 종교와 문학(예술), 철학의 목소리가 울려 나온다. 먼저 종교는 특히 죽음 앞에서 불안과 공포에 떨 수밖에 없는 인간의 실존을 달래주는 강력한 힘을 갖고 있다. 아니 심지어 죽음 이후 미지의 어두운 세계를 끄집어내어 사람들을 위협하기도 한다. "믿음은 천국이요 불신은 지옥이다." 여기에서 이성은 속수무책이다. 그것은 사후의 세계에 관해 한마디도 할 수 없기 때문이다.

그리하여 거기에서는 신의 계시만이 최고의 유일한 진리로 떠받

---

2) 에른스트 카시러, 최명관 옮김, 『인간이란 무엇인가』, 223쪽.

들어진다. 물론 신을 부정하고 인간의 본래적 성품에 주목하면서 사람들에게 세계와 인간의 참모습, 즉 진리를 자신의 내면 깊은 곳에서 스스로 깨치도록 설법하는 불교도 있다. 어쨌든 종교상의 진리는 사람들이 일상생활 속에서 목격하고 체험하는 죽음이나 운명 등 이성 밖의 영역에서 강력한 위세를 발휘한다. 그것은 우리의 무력한 실존이 거부하기 어려운 흡인력을 갖는다.

그런데 종교상의 진리는 어떤 문제점을 갖기도 한다. 권위주의적인 성향을 띠고 있다는 점이다. 그 진리는 인간의 심성에서 발로된 것이 아니라 신의 계시로 신앙되는 것이기 때문이다. 말하자면 신의 말씀이 곧 진리이기 때문에 사람들은 그것에 무조건 복종해야 한다. 그것을 조금이라도 회의하고 따지는 것은 불경한 짓이며 이단의 행실이다. 여기에서 인간의 자주적이고 독립적인 판단력은 당연히 저하될 수밖에 없다. 최상의 삶은 신의 말씀을 따르는 데 있을 뿐이다. 하지만 그것은 자칫 자기 자신을 스스로 소외시킬 수도 있다. 진리를 자신의 존재 내부 또는 깊은 본성에서 자각하여 수행하지 않는다면 말이다.

종교상의 권위주의는 독선적이고 배타적인 태도를 낳기도 한다. 그는 남의 의견을 헤아리거나 존중하려 하지 않고 자신이 신앙하는 진리만을 고집한다. 자신만이 옳고 남은 틀렸으며, 그러므로 남은 타도되고 격멸되어야 한다. 옛날 서양에서 빈번했던 종교전쟁이 그 전형적인 사례에 해당된다. 이는 유아적이고 자폐적인 세계관을 드러낸다. 세상은 넓고 넓은데 자신이 머물고 있는 성 안이 우주 전체인 양 여기면서 성 밖의 이야기를 외면하고 부정하는 격이다. 이는 마치 베토벤의 음악이 최고라 하면서 바흐나 모차르트, 그 밖의 위대한 음악가들을 무시하는 것과도 같다. 그처럼 그는 다른 종교와 사상, 자기와 다른 의견에 귀를 막고서 자기 목소리에만 도취되어 산다. 그러므로 그는 우물 안의 개구리나 다름없다.

한편 문학과 예술은 특유의 방식으로 각종의 이야기와 은유, 상징을 통해 세계와 인간의 본질, 그리고 삶의 진리를 밝히려 한다. 작가들은 진리를 메마른 추상 개념이 아니라 감성적으로 생생하게 전달하면서 사람들에게 상상적으로나마 동참하도록 만든다. 물론 작가들이 동원하는 감성은 일반인들처럼 표피적인 것이 아니라 인간과 삶의 깊은 내면을 포착할 줄 아는 창조적인 것이다. 세계의 '고전'으로 평가되는 위대한 작품들이 시공을 넘어 만인에게 감동을 주는 까닭이 여기에 있다. 작품들에 담겨 있는 삶의 진리가 사회정치체제와 문화 전통의 상이성을 뛰어넘어 모든 사람들의 심금을 울리는 것이다. 위에 인용했던 글의 저자 카시러는 과학의 빈곤성과 대비하여 예술의 풍요성을 다음과 같이 말한다.

그러나 우리가 예술 분야로 나아가자마자 이것은 하나의 착각이 되고 만다. 이는 사물들의 양상이 헤아릴 수 없을 만큼 많고 또 순간마다 달라지기 때문이다. (중략) 우리의 미적 지각은 우리의 일상적 감각 지각보다 훨씬 큰 다양성을 보여주며 또 더욱더 복잡한 질서에 속한다. 감각 지각에 있어서 우리는 우리 주위에 있는 사물들의 공통적이고 불변하는 성질을 이해하는 것으로 만족한다. 미적 경험은 이것과 비교가 안 될 만큼 풍부하다. 그것은 일상의 감각 경험에서 깨우쳐지지 않은 채로 있는 무한한 가능성으로 충만해 있다. 예술가의 작품에서 이 가능성이 현실태가 되며, 또 표면에 나타나 일정한 형상을 가지게 된다. 사물의 양상의 이 무진성을 밝혀 드러내는 것이야말로 예술의 최대한 특권의 하나요, 또 가장 깊은 매력

의 하나다.3)

한편 철학은 서양의 경우로 말한다면 순수이성의 작업 현장이다. 철학자들은 감각적 체험을 믿을 수 없는 것으로 여기면서, 이성만이 구성해낼 수 있는 보편적 개념을 통해 세계와 인간의 본질을, 삶의 진리를 밝히려 한다. 그것이 고대 이래 철학자들의 본업이었다. 물론 그렇게 해서 모든 사람들이 공히 인정하는 진리를 찾아낸 것은 아니다. 다양한 양상의 서양철학사가 잘 보여주는 것처럼 학자들은 자신들의 철학이론을 주장해왔을 뿐이다.

이는 근본적으로 보편적인 진리 인식의 어려움에 기인한다. 세계와 인간의 본질은 어쩌면 이성적 사유가 넘볼 수 없는 영원한 불가사의의 영역이며, 학자들의 관점에 따라 달리, 그리고 일시적으로 답변될 수밖에 없는 논의 주제이겠기 때문이다. 게다가 진리의 정확한 의미가 과연 무엇인가를 따지게 되면 문제가 더욱 복잡해진다. 그러므로 인류에게 보편적인 모범답안을 철학자들에게서 기대하기는 어려운 실정이다.

(서양)철학적 진리는 어떤 한계를 갖는다. 무엇보다도 위에서 지적한 과학의 경우와 마찬가지로 추상적 개념과 이론으로 인해 '현실의 빈곤화'를 면할 수 없다는 사실이다. 일반 사람들이 철학사상을 난해하게 여기는 한 가지 이유도 여기에 있다. 괴테가 "사색하는 자가 아니라 시인이야말로 참된 인간"이라고 말한 것도 이를 겨냥해서였다. 그는 이성에 대한 (창조적) 감성, 철학에 대한 시의 우월성을 그렇게 이야기하였다. 시인과 달리 철학자는 우리에게 중요

---

3) 위와 같음.

한 삶의 터전인 생동적이고 감각적인 현실을 추상 개념들로 박제화 시켜버리기 때문이다.

사실 이는 철학의 특성상 피할 수 없는 본질적 한계일 것이다. 세계와 인간, 존재의 진리를 규명하기 위해서는 다양한 현상들을 아우르고 종합할 수 있는 추상적이고 형이상학적인 개념들을 강구하지 않으면 안 되겠기 때문이다. 첨언한다면 우리의 전통 철학에서의 사단(四端)과 칠정(七情)에 관한, 이발(理發)이니 기발(氣發)이니 하는 논쟁도 이의 한 양상이었다. 그것은 인간의 생동적인 감각을 이기(理氣)의 '암호언어'로 박제화시켜 '현실의 빈곤화'를 초래하였다.

하지만 이러한 한계에도 불구하고 철학은 여전히 사람들의 성찰 활동을 촉진시키고 사고 영역을 넓혀주는 중요한 의의를 갖는다. 세계와 사물, 인간과 삶에 대해 표피적인 경험에 만족하지 못하고 그 본질을 찾고자 하는 사람들의 열망에 철학은 크게 부응한다. 인류의 지성사 속에서 위대한 철학자들의 작품들이 후대의 사람들에게 그처럼 수없이 읽혀온 것도 이 때문이다. 그러므로 시와 철학을 우열로 나눌 일만은 아니다. 양자는 진리의 세계에 이르는 길을 달리할 뿐이다. 양자는 서로 교류함으로써 자신의 세계를 더 넓고 깊게 만들 수 있다.

그렇다고 해서 철학자가 종래의 본업에만 머물러 자족해서는 안된다. 메마른 추상 개념의 세계에 안주할 일이 아니다. 일상의 현실로 되돌아와서 사람들의 자기 성찰과 자아 향상에 기여하지 못하는 철학은 공염불에 지나지 않는다. 아니 그것은 철학자 자신조차 변화시키지 못할 것이다. 철학이 그처럼 세계와 자아, 삶의 변화를 이끌지 못한다면 그게 무슨 의의가 있을까? 그러므로 추상적 사고의 활동이 아무리 불가피하다 하더라도, 한편으로 현실세계에 기여할 방법을 모색해야 한다. 철학적 진리가 공허한 관념이나 이론에 그치지 않고 일상의 세계에서 체험될 수 있도록 해야 한다. 여기에 철학자의 또 다른 과제가 있다.

그러면 우리의 사상사적 터전인 전통 철학의 경우는 어떠할까? 아래에서는 그중에서도 우리의 삶에 다대한 영향을 끼쳐온 유학의 진리관을 들여다보려 한다. 앞서 살핀 퇴계의 학문정신에서 이미 드러난 것처럼 그것은 동서양의 여타의 철학이나 사상과는 다른 특유의 모습을 띠고 있다. 유학은 문학과 사학, 철학을 하나로 뭉뚱그린 학문으로서, 위에서 살핀 인문학적 진리관의 장단점을 함께 갖는다. 이를 퇴계의 학문정신의 바탕에 깔려 있는 진리관에서 살펴보자.

2. 퇴계의 진리관

퇴계에게 진리란 어떤 의미를 띠고 있을까? 먼저 '(진)리(理)'의 문자적 함의부터 들여다보자. 구슬 '옥(玉)'의 변에 마을 '리(里)'의 음을 차용하고 있는 그것은 원래 옥의 '결', 즉 구슬의 물리적 구조를 뜻한다. 어원상 이와 같은 관념은 '이치'라고 하는 추상적인 의미로 발전하면서 일상의 언어로 다양하게 응용되었다. 조리(條理), 생리(生理), 물리(物理), 지리(地理), 사리(事理) 등이 그 예에 해당된다. 만사만물은 그렇게 제각각 고유한 존재(생명)의 결, 즉 천부적으로 주어진 참다운[眞] 이치[理]를 갖고 있다. 인간의 영역에서 말하면 그것은 사람됨의 이치[理]요 삶의 길[道]이며 언행의 지극한 표준[太極]이기도 하다. 그것에 어긋나면 존재질서의 혼란과 삶의 파탄을 면치 못한다. 맹자는 이에 입각하여 지혜를 '순리(順理)'의 것과 '천착(穿鑿)'의 것으로 나눈다. 그의 말을 들어보자.

내가 지혜를 이용하는 사람들을 미워하는 이유는 그들이 사물을 천착하기 때문이다. 만약 지혜를 이용하는 사람들이, 우(禹)임금이 물길을 내듯이 한다면 그들을 미워할 이유가 없다. 우임금이 물길을 낸 것은 그것의 자연스러운 흐름을 따른 것이다. 만약 지혜를 이용하는 사람들이 자연의 이치를 따른다면 그 지혜는 또한 위대할 것이다. (『맹자』)

잘 알려진 것처럼 우임금은 치수(治水)를 하는 데 무리하게 물길을 막거나 바꾸지 않고, 땅의 형세와 물의 흐름을 잘 이용했던 성군(聖君)으로 이름이 높다. 말하자면 그는 물길의 이치를 알아 그것을 적절히 이용했던 사람이다. 훗날 유학자들은 이처럼 자연의 이치를 존중하는 것을 '순리의 지혜'라 칭송하고, 그 이치에 역행하여 무리하게 파고드는 것을 '천착의 지혜'라 비난한다. '천착'이란 그처럼 부정적인 뜻을 원래 갖고 있었다. 이를테면 오늘날 산을 뚫고 강과 바다를 막는 등 개발의 이름 아래 저지르는 많은 정책들이나, 또는 동식물의 유전자를 조작하는 행위가 이에 해당된다. 이렇게 생각하면 이전에는 겪어보지 못했던 인류의 위기는 오늘날 사람들이 자연의 사물들을 무분별하게 조작해대는 '천착의 지혜'에 기인한다고 할 수 있을 것이다. 그것은 인류의 멸종까지 초래할 수 있다. 맹자는 경고한다. "순천자(順天者)는 살고 역천자(逆天者)는 망한다."(『맹자』)

퇴계(유학자)의 학문정신과 서양의 그것과의 특성적인 차이 한 가지를 우리는 여기에서 찾아볼 수 있다. 양자가 다 같이 사물의 이치, 즉 진리를 탐구하지만, 그것에 접근하는 방식은 크게 다르다. 간단히 말하면 전자는 '순리적'이요, 후자는 '천착적'이다. 전자는 인문적 가치의 관점에서 사물의 이치를 헤아려 순리적인 삶의 지혜를 개발하지만, 후자는 가치중립적으로 그것을 천착하여 객관적인 지식과 이론체계를 만들어낸다.

유학자들이 서양류의 자연과학을 발전시키지 못하고 기술문명의 개화에 더뎠던 한 가지 이유가 여기에 있다. 그들은 학문생활에서 '천착'적인 태도를 '순리' 정신으로 억제하였다. 공자의 제자 자하(子夏)는 말한다. "아무리 조그만 기술이라도 거기에는 틀림없이 들여다볼 만한 것이 있겠지만, 깊이 탐구하다 보면 거기에 빠지고 말 것이다. 그래서 군자는 그것을 하지 않는다."(『논어』) 여기에서 '조그만 기술'이란 옛날로 말하면 의술, 점성술, 농업기술 등이요, 오늘날로 따지면 의학, 천문학, 농학 같은 것이 그 예에 해당된다. 이는 과학적 탐구에 몰두하는 나머지 인문학적 진리의 정신이 쇠퇴할 것을 염려한 말이다. 대신 그들은 인문학적 진리의 정신을 학문의 핵심과제로 여겨 끊임없이 계발하였다.

진리 탐구의 노력은 학자뿐만 아니라 보통사람들에게도 아주 중요한 의의를 갖는다. 진리가 책갈피 속에서나 발견될 수 있는 고도의 관념과 이론에 불과한 것이 아니라, 사람이라면 누구나 따라야 할 일상적인 삶의 이치이기 때문이다. 그러므로 인간과 삶을 도외시하는 객관적인 지식과 진리는 아무런 의미를 갖지 못한다. 그러한 진리 탐구의 학문 활동은 자신의 삶을 비진리의 세계에 버려두는 것이나 다름없다. 『중용』은 말한다. "도(道)는 삶에서 한순간도 떠날 수 없는 것이다. 만약 떠날 수 있는 것이라면 그것은 도가 아니다." "도는 사람에게서 멀리 떨어져 있지 않다. 사람들이 도를 추구하면서 사람을 멀리한다면 그러한 도는 도라 할 수 없다." 퇴계가 한 제자에게 충고한 편지글을 읽어보자.

리(理)는 일상의 세계에 충만하여 일거일동의 순간과 윤리 실행의 즈음에 있습니다. (중략) 그런데 초학자들은 이를 버리고 성급하게 추상적이고 심오한 것만 일삼아 재빨리 그 뜻을 파악하려 하니, (중략) 그래서 탐구하는 데 쓸데없는 수고로움만 더할 뿐 실행하는 데에는 망연해져서 실제로 착수할 데를 갖지 못하는 것입니다.[4]

퇴계는 진리를 일상의 세계에서부터 찾아 행하려 하였다. 그는 "땅에 물 뿌리고 비를 쓸며, 사람들과 응대하는"(『소학』) 순간이나, 심지어 남들이 보지 않는 '신독(愼獨)'의 자리에까지 실천해야 할 진리가 있음을 알아 몸가짐을 조신하게 하였다. 그렇다고 해서 그가 추구했던 진리가 겨우 일상의 윤리도덕의 수준에 머물렀던 것은 물론 아니다. 공자가 "일상의 현장에서부터 배워 천리(天理)를 통찰한다(下學而上達)"(『논어』)고 한 것처럼, 퇴계 역시 궁극적으로는 인간과 세계의 근원적인 진리를 탐색하였다. 그는 거기에서 이기(理氣)의 형이상학을 넘어 영성(靈性)의 세계까지 열어나갔다.

퇴계의 진리정신은 단순히 인식론적인 차원에 머물지 않는다. 그것은 도덕적이고 심미적이며, 나아가 종교적인 가치까지 내포한다. 도덕가치는 말할 것도 없고, 초월과 관조의 정신에서 발로되는 심미적 가치와, 나아가 상제 또는 천명의 신앙을 바탕으로 하는 영적

---

4) 『退溪全書 一』, 「答南時甫別紙」, 365쪽.

인 가치가 모두 그에게는 참자아의 회복과 실현을 위해 추구해야 할 참다운 진리였다. 그러므로 그는 단순히 훌륭한 도덕군자에 불과한 학자가 아니었다. 그는 도덕적 자아와 심미적 자아와 종교적 자아를 모두 아우르는, 전인적이고 우주적인 대아를 평생의 이상으로 지향하였다. 그의 학문생활은 이를 위한 여정이었으며, 진리는 이의 지표였다.

이 점에서 퇴계의 진리관은 오늘날 학자들의 그것과 극명한 대조를 이룬다. 우리는 진리를 기껏 언어문자상의 것으로만 여긴다. 참자아의 실현을 위한 진리 탐구의 학문적 과제의식이 우리에게는 없다. 아니 진리는 앎의 대상일 뿐이어서 실천과 멀리 동떨어져 있다. 학자들은 '삶에서 떠나 있으며, 사람에게서 멀리 떨어져 있는' 사이비(似而非) 진리만 찾는다. 교수와 학생 사이에서 진리를 상품으로 주고받는 대학사회가 이의 적나라한 현장이다. 그러므로 학자들이 전문지식을 가졌다는 점 말고는 보통사람들과 하등 다를 것이 없다. 주자의 말대로 "담론만 무성할 뿐 실천에 힘쓰지 않아 말이나 행동거지가 일반인들과 다를 게 없는"[5] 사람들이다. 옛날과 달리 오늘날 학자들이 사회적으로 존중받지 못하는 까닭도 여기에 있을 것이다. 그들이 삶과 사회를 진리로 선도하는 선각자의 모습을 더 이상 보여주지 않기 때문에 사람들이 그들을 우러러보지 않는다.

진리의 탐구는 올바른 삶과 참자아 실현의 첫걸음이다. 진리에 몽매한 사람은 어두운 밤을 등불도 없이 혼자서 헤매는 것이나 다름없다. 그는 삶의 의미도 모른 채 일생을 허무하게 마감하고 말 것이다. 한편 잘못된 진리 인식은 삶의 의미를 왜곡하면서 자신은

---

5) 『朱子書節要, 地』(학민문화사 영인본), 「答蔡季通」, 828쪽.

물론 남들에게까지 해악을 끼친다. 오늘날 사람들이 너나없이 학업과 사회생활에서 내세우고 있는 자아의 성장과 실현이라는 신조만해도 그렇다. 그 '자아'는 대체로 자기 능력의 개발과 사회적 성공, 영달을 목표로 하는 존재를 뜻한다. 하지만 하늘(신)의 소명을 자신의 내부에서 깊이 자각하고 있는 참자아의 눈으로 보면 그는 일상의 현실에 붙박여 살아가는 세속적인 존재일 뿐이다.

퇴계의 진리정신은 그러한 세속적 자아의 목표를 갖지 않는다. 그에게 진리는 세속적 자아의 성취를 위한 도구가 아니라, 참자아 실현의 여정을 밝혀주는 등불이었다. 그것은 "나는 길이요 진리요 생명"이라는 말처럼, 천부의 참생명을 실현해나갈 길이었다. 퇴계는 그러한 진리정신에 입각하여 한 제자에게 아래와 같이 충고한다. "학문을 하는 데 사리의 탐구를 행하지 않으면 알지 못하는 일도 마치 아는 것처럼 여기게 되어, 그 결과 사실무근의 말들을 지어내고 의미가 닿지 않는 일들을 합리화하여 자기 자신과 남들을 속이기까지 하게 될 것입니다."[6] 이는 인간과 자신의 존재에 대한 잘못된 사리 판단이 결과를 초래할 것임을 지적한 말이다. 여기에서 '사리'란 일상의 삶에서 당면하는 사사물물의 이치를 넘어 사람됨의 참이치, 즉 진리까지 함의한다. "너 자신을 알라"는 것이다. 자아에 대한 잘못된 인식은 그릇된 진리관을 낳아 삶을 오류에 빠트리고 만다.

성악설을 예로 들어보자. 인간의 본성이 이기적이고 투쟁적이라고 주장하는 사람에게 진리란 기껏 주위의 사나운 사람들로부터 자신을 보호하기 위해 마련되고 강제된 지침에 지나지 않는다. 그러

---

6) 『退溪全書 二』, 「答金彦遇 問目」, 59쪽.

므로 진리는 결코 참자아를 성취하고 고결한 삶을 이루기 위한 좌표가 되지 못한다. 그에게 진리란 자신의 삶과는 무관하게 책에서나 읽히는 추상적 원리 정도일 뿐이다. 설사 삶에서 진리의 중요성을 인정한다 하더라도 그는 그것을 기껏 요청적인, 또는 강요된 도리로만 받아들인다.

오늘날 사람들에게 진리의식이 부재한 한 가지 이유가 여기에 있을 것이다. 그들은 사회가 "만인의 만인에 대한 투쟁"의 자리라고 여기면서 어느 자리에서나 "파이팅(투쟁)!"을 외쳐댄다. 자신을 '스트리트 파이터'로 자처하는 그러한 마음속에는 진리의식이 생겨날 수 없다. 아니 오히려 그들은 진리를 생존과 부귀영화의 가도에 걸림돌이라 여긴다. 하지만 이는 자신의 사람됨을 스스로 경멸하고 부정하는 어리석음에 다름 아니다. 이와 관련하여 맹자의 '자포자기(自暴自棄)'론은 오늘날의 사람들에게도 매서운 채찍으로 들려온다.

　자신을 해치는[自暴] 사람과는 이야기를 나눌 수 없고, 자신을 버리는[自棄] 사람과는 일을 함께할 수 없다. 말끝마다 예절과 의로움을 비난하는 것을 일러 '자신을 해친다'고 하고, "나는 사랑과 의로움을 행할 능력이 없다"고 여기는 것을 일러 '자신을 버린다'고 한다. 사랑은 사람의 편안한 집이요, 의로움은 사람의 올바른 길인데, 편안한 집을 비워둔 채 거기에서 살지 않고, 올바른 길을 버려둔 채 걷지 않으니, 딱하구나! (『맹자』)

이 글에서 예절과 의로움과 사랑은 진리의 도덕적 형상이다. 유학자들이 진리를 도덕에서 찾은 까닭은 다른 데 있지 않다. 진리가 사람됨의 참다운 이치요 참자아를 구현하는 도리라는 말만 가지고는 너무 막연하여 보통사람들로서는 일상생활에서 준거할 지침을 얻기가 어렵기 때문이었다. 그것은 마치 눈금 없는 잣대나 치수 없는 저울을 내놓으면서 그것으로 물건의 길이나 무게를 재라고 요구하는 것과도 같다. 이를 감안하여 진리를 네 가지로 범주화한 것이 바로 인(사랑), 의(의로움), 예(예절), 지(지혜)의 덕목이다. 진리의 일상성이 여기에서 확보된다.7) 이의 구체적인 의미에 관해서는 항목을 달리하여 살피려 한다.

퇴계의 진리관은 인간학적이다. 서양철학사에서 진리는, 하나의 명제가 지시하는 사실과의 일치 여부에 달려 있다느니, 또는 사실과는 무관하게 논리적 타당성을 갖는 명제라면 그것이 곧 진리라느니 하는 등의 지적인 논쟁이 있었지만, 퇴계에게 진리는 사람됨의 참이치를 뜻하였다. 달리 말하면 그것은 참자아를 회복하고 실현하는 데 반드시 필요한 삶의 길이었다.

퇴계에게 참자아는 타자(남, 사회, 만물)와 담을 쌓고 혼자서 유유자적하는 독립적인 개인이 아니었다. 앞서 살핀 것처럼 그는 자신의 존재 안에서 타자를 발견하였다. 그러므로 참자아의 삶은 곧 나의 존재 안에 있는 타자를 성취시켜나가는 여정이기도 하였다. 이를테면 참자아의 핵심 덕목인 사랑은 자기애에 그치지 않고 이웃과 사회를, 나아가 만민과 만물까지도 따뜻하게 아우르면서 보살피려 한다. 물아일체와 천인합일이라고 하는 그의 삶의 이념도 이러한 참자아의 정신에서 비롯된다.

퇴계는 진리의 최종적 근거를 천명에 두었다. 진리는 참자아를

---

7) 이에 관한 자세한 논의는 김기현, 『선비』(민음사, 2009), 129-130쪽 참조.

실현하기 위한 삶의 길이요, 참자아는 천명의 각성 속에서 현전하는 존재인 만큼, 그러므로 진리는 근원적으로 천명의 실현 방편이 된다. 퇴계가 매사에 진리정신을 흔들림 없이 갖고 있었던 것은 이러한 진리관의 산물이었다. 진리의 배반은 곧 참자아와 천명을 저버리는 일로 여겨졌기 때문이다. 이는 천명이 그의 진리정신의 중추로 작용하고 있음을 일러준다. 그것은 단순히 공부를 통해 습득된 상식적 진리정신과는 차원을 달리한다. "아침에 도를 들으면 저녁에 죽어도 괜찮으리라."는 말도 이러한 천명의식의 배경 속에서 이해되어야 한다. 공자는 말한다. "천명을 모르면 군자라 할 수 없다(不知命 無以爲君子)." 공자의 제자들이 이를 『논어』의 제일 마지막 절에 편집한 것은 천명이야말로 군자의 핵심 정신임을 독자들에게 환기시키기 위한 의도였을 것이다.

혹자는 이에 대해 의문을 가질지 모른다. 진리가 천명에 근원하고 있다면 그러한 진리는 불변의 절대성을 띠지 않겠는가? 그렇다면 퇴계는 진리의 절대성을 신봉하면서 독존적이고 독선적인 태도를 드러내지 않겠는가? 진리는 시대와 문화 속에서 상대적으로 파악되어야 하지 않겠는가? 하지만 그렇게 염려할 일은 아니다. 앞서 살핀 것처럼 그는 무궁한 진리의 세계 앞에서 자신의 무지를 수시로 자각하면서 진리 탐구의 자리에서 항상 겸허한 자세를 가졌으며, 일상생활의 현장에서 진리를 주로 사랑[인]과 의로움(정의)[의]과 예의[예]의 덕목으로 지표화하여 실천하려 했기 때문이다. 나아가 그는 진리의 영적 차원에서 모든 상대적 가치들을 하나로 아우르는 우주적 심흉까지 갖고 있었다.

아니 진리의 절대성을 문제 삼기 전에 우리는 퇴계의 진리관을 반면거울로 삼아 이 시대에 만연한 진리 실종의 현상을 돌이켜볼 필요가 있다. 사람들은 흔히 그 원인을 가치교육의 부재에서 찾지만, 근본적으로는 우리 자신의 인간관에 문제가 있다. 천명의식은 차치하고, 우리는 참자아의 성찰을 통한 진리의 삶을 모색하려 하지 않고 물신숭배의 사회 속에서 오로지 경제가치만을 진리로 신봉한다. 그야말로 경제적, 소유주의적인 인간관이 지배하는 시대다. "나는 소유한다. 고로 존재한다."가 오늘날 사람들의 제일명제가 되었다. 이 '소유'는 물질에만 국한되지 않는다. 그 밖에 권력, 명예 등 남에게 행세할 수 있는 힘이면 무엇이든 소유의 대상이 된다.

종교인들조차 신의 말씀(천명)을 따라 살려 하기보다는 자신의 성공과 물질적 행복만을 기도한다. 그들은 내면 깊은 곳에서 신의 말씀은 들으려 하지 않고 오직 바깥의 세속적인 욕망거리들만 보고 들으며 추구한다. 그리하여 세계와 삶의 중심이어야 할 신이 이제는 기복의 수단으로 전락되었다. 신을 죽인 것이다. 당연히 뒤따라서 인간도 죽고 말았다. 이제 신성을 품은 인간이 사라진 자리에는 권력과 물질 등 세속적인 힘들만 횡행한다. 물질의 풍요에 정신의 빈곤은 이의 필연적인 결과다. 그야말로 외화내빈의 삶이다. 우리 사회에 행복과 관련하여 부정적 지표가 유난히 높은 까닭이 여기에 있다.

그러므로 정신의 풍요와 삶의 행복을 위해서는 진리정신을 확립해야 하며, 이를 위해서는 참자아를 각성하고, 근원적으로는 천명을 깊이 인식하지 않으면 안 된다. 퇴계는 이를 「천명도(설)」로 도시하였다. 이에 의하면 인간은 천명을 타고난 존재로서, 인간만이 천명을 자각하면서 실현할 수 있다. 이미 살핀 것처럼 천명이란 조물주의 말씀과 같은 것이 아니라, 천부적으로 타고난 개방적 생명정신을 뜻한다. 생명을 자신 안에 가두어 이기적으로 행사하지 말고 남들을 따뜻하게 아우르는 자애의 삶을 살라는 것이다. 그것이 인간에게 내려진 하늘의 소명이며, 참자아는 이를 깊이 깨달은 사람이다. 이러한 천명과 참자아를 실현하기 위해 조성된 삶의 길이 바로 진리다. 퇴계의 진리정신이 그토록 확고했던 까닭이 여기에 있다. 그것은 그의 삶 자체를 지탱하고 견인하는 강력한 힘을 갖고 있었다.

천명의 신앙과 참자아의 각성 속에서 퇴계가 견지했던 진리정신은 속세에 부대끼면서 진부하고 부박하게 살아가는 우리에게 신선하고 청량한 기운을 전해준다. 이러한 기쁨과 위안을 느낀다면 이는 자신의 내면 깊숙이 잠자고 있던 참자아가 깨어났다는 증좌다. 달리 생각해보자. 자신이 세속적인 가치에 매몰되어 남들을 이겨먹으려고 "파이팅!"이나 외쳐대고 있지는 않은가? 그러한 자신의 모습이 왠지 사납고 허망하며 외롭고 부끄럽게 느껴진다면 이 역시 참자아의 산물이다. 여기에서 천명의 신앙은 부차적인 문제다. 사람됨의 참뜻을 부단히 성찰하면서 자신의 천부적 본성을, 고결한 영혼을 내면 깊은 곳에서 자각한다면 진리의 길이 여기에서 자연스럽게 열릴 것이다. 참자아의 눈빛은 속세의 부질없는 소망의 굴레를 벗어나 신선하고 청량한 삶의 가치를 발견할 것이기 때문이다. 퇴계는 그 본보기를 우리에게 보여준다.

3. 진리정신의 함양

진리는 사람의 인식을 통해서만 드러난다. 인식되지 않은 진리는 그야말로 아무것도 아니며, 한편 잘못된 인식은 진리를 왜곡하여 그릇된 행동과 삶의 실패를 초래한다. 우리가 진리 인식의 주체인 마음에 먼저 주의를 기울여야 할 이유가 여기에 있다. 올바른 마음만이 진리를 발견할 수 있다. 이를 퇴계의 말을 통해 상론해보자. 그는 고봉에게 말한다. "마음은 모든 일의 근본이요, 본성은 모든 진리의 원천입니다."[8] 이처럼 인간의 심리를 '마음'과 '성'이라는 두 개의 영역으로 나누는 것은 성리학자들의 공통적인 사고방식이다. 그런데 그것은 동일한 층의 방 두 개처럼 병렬적인 것이 아니라 1층과 지하층의 그것과도 같다. 즉 표면적인 마음과 심층의 본성이다.

먼저 표층 활동상에서 살피면 '마음은 모든 일의 근본'이다. 즉 마음은 우주의 입법자다. 마음은 우주만물의 이치를 읽고 실천하며, 세계와 삶을 설계하고 공사하는 주체다. 그러므로 마음을 어떻게 먹느냐에 따라 우리의 삶과 세계는 크게 달라질 것이다. 우리는 그 일상적인 사례를 종교에서 목격한다. 사람들이 어떤 마음(신앙)을 갖느냐에 따라 진리 인식을 달리하며, 당연히 그에 따라 삶과 세계를 달리 설계한다. 서양의 종교전쟁사가 적나라하게 보여주는 것처럼 독선적인 진리정신은 이교도들을 무참하게 핍박하고 살해하기까지 한다. 사람들이 진리 인식에 앞서 마음을 올바로 가져야 할 이유가 여기에 있다. '마음은 모든 일의 근본'이기 때문이다.

퇴계는 마음공부를 매우 중요시하면서 일차적으로 '방심'을 거둘 것을 강조하였다. 방심이란 오늘날의 뜻으로는 마음이 당면한 일에 집중하지 못하고 다른 데로 흘러나간 상태를 말하지만, 퇴계는 거기에 그 이상의 뜻을 부여하였다. 그것은 진리에서 벗어난 마음을 뜻한다. 거기에는 여러 유형이 있겠지만, 진리를 삶의 중심에 세우

---

8) 『退溪全書 一』, 「答奇明彦」, 404쪽.

지 못하고 단지 직업적인 탐구 대상으로만 여기는 오늘날의 학문 활동도 퇴계의 안목으로 보면 방심에 해당된다. 먼저 방심을 학문의 주제로 처음 내놓은 맹자의 말을 들어보자.

사랑은 누구나 타고난 마음이요 의로움은 누구나 걸어야 할 길인데, 그 길을 버려두고서 따르지 않고 그 마음을 저버리고서 찾을 줄 모르니, 안타깝구나! 사람들은 닭이나 개를 잃어버리면 찾을 줄 알면서도 자신의 마음을 저버리고는 찾을 줄 모르니. 학문의 길을 다른 데에서 찾을 것이 없다. 저버린 마음(방심)을 찾는 것일 뿐이다. (『맹자』)

이에 의하면 방심은 사랑과 의로움의 정신을 놓아버린 마음을 뜻한다. 맹자가 이를 안타까워한 것은 사랑과 의로움이라고 하는 삶의 진리를 사람들이 외면하고 있기 때문이었다. 그것은 달리 살피면 사람됨 자체를 포기하는 일이나 다름없었다. 그가 학문의 길을 말하면서 '놓아버린 마음(방심)을 찾는 것일 뿐'이라고 단언한 것도 이러한 까닭에서였다. 퇴계 또한 고봉에게, "마음은 모든 일의 근본이요, 본성은 모든 진리의 원천"이라고 한 뒤에 다음과 같이 말을 잇는다. "옛 선비들은 학문을 논할 때 반드시 방심을 거두고 덕성을 함양하는 것을 최초의 착수처로 여겼습니다." 이를테면 돈과 명예와 권력으로 내달리는 마음을 거두어 참자아의 덕성, 즉 사랑과 의로움의 정신을 안에서 키우는 노력이 학문의 출발점이다. 오늘날처럼 성적이나 연구 업적을 높이고 연구비를 얻기 위해 행하는 학문은 진리에 다가가지 못할 뿐만 아니라, 오히려 언어문자의 범람 속에서 사람들의 진리 인식에 혼란만 야기한다.

퇴계의 방심관은 도덕적인 것을 넘어 인식론적인 의의까지 갖고 있었다. 그는 제자들에게 말한다. "말하거나 침묵하는 사이에 마음이 다른 데로 내달리는 것이 곧 방심입니다."9) "이른바 방심이란 사물을 쫓아 이리저리 분주하게 내달리는 마음을 이르는 데 그치지 않습니다. 잠깐의 생각으로 마음이 조금이라도 달아나거나 마음을 잃는 것이 모두 '방(放)'입니다."10) 요컨대 방심이란 마음을 놓치는 것을 이른다. 그것은 당면의 일에 대한 인식을 흐리거나 불가능하게 만든다. 이를테면 "마음이 없으면 무얼 보아도 보이지 않고, 들어도 들리지 않으며, 먹어도 그 맛을 모른다."(『대학』) 당연히 그것은 진리를 탐구하고 발견하는 학문의 자리에서도 커다란 장애 요인이 된다.

그러므로 일상의 생활 현장이나 진리 탐구의 자리를 막론하고 사물을 쫓아 이리저리 분주하게 내달리거나 마음을 잃는 일이 있어서는 안 된다. 퇴계의 말처럼, "날마다, 생각마다, 있는 자리마다, 처하는 일마다 마음이 새어나가는 것을 느끼면 곧 거두어들이고 정돈하여 마음을 깨어 있게"11) 해야 한다. 마음을 사사로운 정념이나 욕망으로 기울어지는 것으로부터 막아 밝고 맑게 세계의 한 중심에 두어야 한다. 마치 신앙인이 신 앞에서 세상만사를 내려놓고 마음을 고요하게 유지하는 것처럼 말이다. 진리의 정신은 이러한 마음 속에서만 깨어나며 함양될 것이다. 그것은 인의예지의 도덕가치는 물론, 물아일체와 천인합일의 영적인 진리까지 망라한다. 방심 속에서는 결코 영성이 깨어나지 않는다.

---

9) 『退溪全書 二』, 「答趙起伯大學問目」, 276쪽.
10) 『退溪全書 一』, 「答趙士敬」, 562쪽.
11) 위와 같음.

그러면 방심의 요인은 무엇일까? 방심이란 마음이 본래의 자리를 벗어나 바깥으로 내달리는 상태를 뜻하는 것이고 보면, 거기에는 여러 가지 요인이 있겠지만 대체적으로는 욕망이 자리한다. 재물이든 권력이든 명예든 바깥의 사물들을 소망하고 추구하는 마음 말이다. 당연히 그러한 마음은 목표물의 획득에만 열중하기 때문에 진리를 외면할 수밖에 없다. 『심경』의 글을 읽어보자. "조금이라도 욕망에 이끌리면 마음이 밖으로 이리저리 분주하게 내달리고 떠돌아 그 본래의 이치를 잃어버리고 말 것이다. 그래서 옛 성현들은 조심하고 조심하여, (중략) 깊은 연못에 다가서듯, 살얼음 위를 걷듯, 쟁반에 물을 받쳐 들듯 하여 조금도 방심하는 일이 없었다."12) 여기에서 '그(마음) 본래의 이치'란 진리의 정신을 뜻한다.

그러면 어떻게 하면 방심을 수습하여 진리의 정신을 확립할 수 있을까? 거기에는 여러 가지 방법이 있겠지만, 우리는 그것의 관건이 되는 수행법을, 퇴계가 "학문의 대법(大法)이요 심법(心法)의 요점"이라고 강조해 마지않았던13) '인심도심(人心道心)' 이론에서 찾아볼 수 있다. 먼저 그 이론의 전거인 『서경』의 글을 읽어보자. "인심(人心)은 위태롭고, 도심(道心)은 은미하다. 그러므로 자신의 마음을 주의 깊게 살펴 도심을 굳게 지키면서 인심을 도심의 지도 아래 두어야 한다. 그래야만 매사에 중도(中道)를 얻을 수 있다."

여기에서 인심은 감각적 욕망을, 도심은 진리(와 도의)의 정신을 뜻한다. 우리가 일상으로 겪는 것처럼 욕망은 도덕이성의 지도와 감독이 없는 한 맹목적으로 자기만족을 추구하면서 남들과 대립하고 다투려 한다. 욕망은 그렇게 자기중심적이고 심지어 자폐적이기

---

12) 『心經』, 321-322쪽.

13) 『退溪全書 一』, 「戊辰六條疏」, 184쪽 참조.

까지 하다. 그러므로 "인심은 위태롭다." 물론 욕망(인심) 자체가 나쁜 것은 아니다. 그것은 생존의 기본조건이요 모든 창조의 동력이기도 하다.

하지만 욕망이 진리의 인식과 실천에 무관심하다는 사실에 역설이 있다. 이를테면 식색(食色)의 욕망은 오직 목적물의 획득을 통해 자기만족을 얻는 일에만 열중할 뿐, 자타의 공동생활 속에서 올바른 식색의 이치를 어떻게 실현할까 하는 문제에는 신경을 쓰지 않는다. 에리히 프롬이, 소유욕이 초래할 존재의 빈곤 현상을 경고하고 비판했던 것도 욕망의 이와 같은 성향을 통찰했기 때문이다. 인간존재는 진리의 정신 속에서만 풍요로울 수 있는데 말이다. 그러므로 역시 "인심은 위태롭다."

이에 반해 "도심은 은미하다." 진리의 정신은 현실의 이해타산에 가려 묻히기 쉽기 때문에 잘 드러나지 않고, 또 강한 욕망 앞에서 그 힘이 미약하다. 예컨대 길거리에 떨어져 있는 돈뭉치를 보는 순간 주인의 애타는 심정을 헤아리기보다는, 그것을 주워 가졌으면 하는 생각이 앞서는 것이 인지상정이다. 이를 행동으로 결행하지 않았다고 자위할 일이 아니다. 욕망은 잠시라도 진리의 정신을 흐리게 만들 것이며, 그것이 마음속에 남아 있는 한 진리의 정신은 갈수록 미약해질 것이다. 오늘날 물신숭배의 사회에서 진리정신이 실종된 것도 따지고 보면 욕망 앞에서 '방심'한 결과다.

그러므로 "자신의 마음(의 낌새와 흐름)을 주의 깊게 살펴 도심을 굳게 지키면서 인심을 도심의 지도 아래 두어야 한다." 이는 욕망 자체를 부정하려는 것이 아니라, 욕망을 진리의 정신으로 지도하고 순화함으로써 그것의 과불급 없는 실현을 목표로 한다. 우리의 존재는 거기에서만 의미 깊고 풍요로워질 수 있다. 그러므로 맹자의 주장처럼 "마음을 수양하는 데에는 욕망을 적게 갖는 것 이상으로 좋은 방법이 없다." 아니 욕망 자체가 진리의 인식을 방해하는 요인임을 감안하면 진리정신의 완전한 발현을 위해서는 '욕망을 적게 갖는 것'을 넘어 '무욕'의 수준에까지 이르러야 한다. 주렴계의 다음 글은 이러한 뜻을 깊게 함축하고 있다.

> 맹자는 "마음을 수양하는 데에는 욕망을 적게 갖는 것 이상으로 좋은 방법이 없다"고 하셨지만, 내 생각으로는 마음을 수양하는 데에는 욕망을 적게 갖는 것에 그쳐서는 안 된다. 더 나아가 무욕에까지 이르러야 한다. 그래야만 순수한 가치심이 확립되어 세계와 사물의 이치를 명료하고 투철하게 인식할 수 있다.[14]

사람들은 이에 대해 비현실적이고 공상적인 생각이라고 비판하고 싶을 것이다. '욕망을 적게 갖는 것'도 어려운데 하물며 '무욕'을 주장하니 말이다. 게다가 정당하고 자연스러운 욕망까지 버려야 한다면 이는 삶 자체를 포기해야 하는 것 아닌가. 하지만 욕망의 이중성에 주목할 필요가 있다. 욕망은 삶의 원동력임을 부정할 수 없지만, 그 자체로는 사물에 대한 시각과 판단을 자기중심적이게 만든다. 욕망의 충족 여부로만 세상을 바라보는 것이다. 그러므로 욕망의 자기만족적 성질은 남들의 존재를 고려하거나 배려하려 하지 않는다. 욕망이 앞서면 이성도 욕망에 봉사하는 도구로 이용되기까지 한다. 예컨대 어떤 사람들은 자신의 권력욕을 이성의 교묘한 논리와 말솜씨로 합리화한다. 이성은 이처럼 간지(奸智)에 참으로 능하다

---

14) 『心經』, 293-294쪽.

정자가 "대상에 빠져야만 욕망이 아니라, 대상을 지향하는 마음만 있어도 욕망"[15]이라 하여 그것을 경계한 것도 이러한 문제의식에서였다. 이를테면 대상을 객관적이고 공정하게 바라보다가도 문득 그것을 소유하고 싶은 마음이 발동되면, 그 순간 팔이 안으로 굽듯이 자기중심적인 시각으로 바뀐다. 마음의 시스템이 그렇게 한 순간 변환된다.

그러므로 '세계와 사물의 이치를 명료하고 투철하게 인식'하기 위해서는 무욕의 정신을 키우지 않으면 안 된다. '순수한 가치심', 즉 진리의 정신이 여기에서만 배양될 수 있다. 우리는 그 궁극의 경지를 "욕망 내키는 대로 행동해도 법도에서 어긋나지 않는" 공자의 삶에서 본다. 욕망조차도 진리의 세계로 편입시키는 것이다. 이는 물론 마음의 시스템을 진리의 정신으로 완벽하게 변환시키는 고도의 수양 속에서만 가능한 일이다.

퇴계의 과욕 또는 무욕의 정신은 바로 이러한 목표의식을 갖고 있었다. 그는 마음을 욕망에서 해방시키고 진리의 정신으로 무장하여 '세계와 사물의 이치를 명료하고 투철하게 인식'하려 하였다. 그의 한 제자는 선생의 경지를 다음과 같이 기록하고 있다. "사욕(私欲)이 말끔히 정화되고 천리(天理)가 날로 밝아져서 물(物)과 아(我) 사이에 피차의 구별을 두지 않으셨다. 선생님의 마음은 천지 만물과 흐름을 같이하여 만물로 하여금 각기 삶의 제자리를 얻도록 하셨다."[16] 선생님은 자기중심적인[私] 욕망[欲]을 정화하여, 달리 말하면 자기 안에 갇혀 자신만을 돌보려는 마음에서 벗어나, 물아일체의 정신으로 '천리', 즉 진리의 정신을 펼쳐 사람이나 만물이

15) 위의 책, 287쪽.
16) 『退溪全書 四』, 「言行錄」, 30쪽.

제각각 삶의 제자리를 얻도록 드넓은 사랑을 펼쳤다는 것이다. 그 제자는 선생님에게서 그러한 우주적 대아의 심흉을 엿보았다.

이제 표층의 심리 활동 이면에 놓여 있는 심층의 세계(본성)로 깊이 들어가보자. 이는 오늘날 사람들이 가장 이해하기 힘든 부분이다. 사람들은 감각과 사려 판단 등 표층의 심리 활동에만 몰두할 뿐, 그 근저의 본원적인 성품에는 무관심하기 때문이다. 심리학자들에게도 그것은 과학적 실험과 검증이 불가능한 상상의 영역일 뿐이다. 하지만 과거 성인들이 온몸으로 체험하고 밝혔던 (불교의) 청정한 불성이나 (유교의) 밝은 덕성, (기독교의) 고결한 영혼은 무엇일까? 그것을 비과학적이라 해서 외면한다면 우리는 자신의 심성세계의 중요한 부분을 스스로 배제하는 어리석음을 범하게 될 것이다. 퇴계는 바로 이러한 본성을 깊이 자각하면서 함양하려 하였다. 그가 『주자서절요』에 편집한 글을 읽어보자.

마음은 본래 일이 있거나 없거나 간에, 그것의 활동 여부에 관계 없이 두루 존재하는 것이기 때문에, 마음공부 또한 그 전체에 걸쳐서 행해야만 빠짐이 없게 될 것입니다. 만약 마음의 활동 시에만 성찰하고 그렇게 해서 마음을 바로잡으려 한다면 공부에서 빠지는 부분이 많을 것입니다. 마음이 활동하기 이전부터 덕성을 잘 함양해야만 활동 시에 자연히 마음의 올바름을 얻을 수 있습니다.17)

퇴계가 고봉에게 보낸 편지에서 '모든 진리의 원천'이라고 주장했던 본성은 바로 이처럼 '마음이 활동하기 이전의 덕성'을 뜻한다. 그것은 지적, 감정적인 흔적을 갖지 않은 심층의 맑은 순수의식과

---

17) 『朱書節要』, 「答林擇之」, 208쪽.

도 유사하다. 이 '순수의식'은 단순히 때 묻지 않은 마음 상태를 말하는 것이 아니다. 여기에서 말하는 "순수의식은 생각하는 방식이나 또는 관점이 아니다. 모든 것이 샘솟는, 눈에 보이지 않는 잠재력이다."[18]

과거 성인들이 온몸으로 깨달아 세상에 밝혔던 불성이나 덕성, 영혼은 바로 이러한 '잠재력'을 지칭하는 말일 것이다. 그들은 그것을 각각의 방식으로 체험하였다. 여기에서 용어의 차이는 전혀 중요하지 않다. 그것들은 형상 없는 마음의 근원을 서로 다른 각도에서 바라본 모습일 뿐이다. 혹은 모든 분별적 사고를 벗어난 원초적 감성(불성)으로, 혹은 우주만물을 품고 있는 원형적 자아의 광대한 정신(덕성)으로, 또 혹은 하느님의 말씀에 깊이 감동하고 전율하는 심령(영혼)으로 말이다.

퇴계는 마음의 근저에서 이처럼 '모든 것이 샘솟는, 눈에 보이지 않는 잠재력', 즉 인간의 참다운 본성을 실감하고 체험하였다. 그는 그것이 진리가 샘솟는 원천임을 자각하였다. 말하자면 마음이 표층에서 모든 일을 감각하고 판단하는 주체라면, 본성은 그러한 표층 활동을 지도하는 '진리의 원천'이다. 구한말 간재(艮齋) 전우(田愚, 1841-1922)의 표현을 빌려 말하면 "본성은 스승이고 마음은 제자다(性師心弟)." 그러므로 만약 마음이 본성의 지시를 따르지 않고 욕망이나 기능적인 사려 활동에만 종사한다면 인간의 삶과 사회는 진리가 실종된 야만의 상태를 면치 못할 것이다. 사람됨의 정도는 그 본성이 얼마나 기능하고 작동하느냐에 달려 있다. 뒤에 자세히 살피겠지만 퇴계가 제자들에게, "희로애락이 발동하기 이전의 기상

---

18) 디팩 초프라 · 레너드 플로디노프, 류운 옮김, 『세계관의 전쟁』(문학동네, 2013), 367-368쪽.

을 체험할 것"을 강조한 것은 이러한 문제의식에서였다.

본성은 천부적으로 도덕적인 성질을 띠고 있다는 점에서 '덕성'이다. 맹자의 말대로 "만물이 모두 나의 존재 안에 내재되어 있는" 이치상, 또는 퇴계의 표현을 빌리면 "천하의 일이 모두 내 밖의 일이 아닌" 이치상, 인간은 자신의 존재 깊이 내재되어 있는 타자의 의미와 가치를 성찰하고 실현하려는 성향을 천부적으로 갖는다. 우리는 그것을 측은, 수오, 사양, 시비의 본능적 도덕감정에서 경험하며, 그것은 도덕 실천의 의지로 이어진다. 인의예지는 바로 그러한 본성을 네 가지의 덕목으로 범주화한 것이다.

이는 퇴계의 말대로 '본성이 모든 진리의 원천'임을 일러준다. 그것은 마음에 도덕명령을 내려 삶과 사회, 세계를 사랑과 의로움(정의)과 예의와 지혜로 완성하도록 지시한다. 양심이 그 일상적 심리의 현장이다. 그러므로 덕성은 정말 사람들의 진리정신을 샘솟게 만드는 잠재력이요 원천이라 할 수 있다. 퇴계가 고봉에게 '방심을 거두고 덕성을 함양하는 것'을 학문의 최초 착수처로 강조한 까닭이 여기에 있었다.

그러면 어떻게 하면 덕성을 함양하여 진리정신을 제고할 수 있을까? 마음의 표층 상에서는 감각과 사려 등을 수시로 자기 성찰함으로써 방심을 거두고 욕망도 줄일 수 있지만, 그러한 심리 활동에 해당되지 않는 심층의 본성을 어떻게 함양한단 말인가? 함양하려는 생각과 의지를 갖는다면 그 순간 그것은 표층의 활동 영역으로 떠오르지 않는가? 이와 관련하여 함양의 뜻을 말한 주자의 글을 한번 읽어보자.

이른바 함양이란 마음을 안배하고 조작함을 뜻하지 않습니다. 그것은 다만 사려 활동을 중지하는 것일 뿐입니다. 그러면 의식이 명료해지면서 편파적인 감각과 어지러운 사려, 동작이 없어질 것입니다. 이 순간에 마음이 어찌 고요하지 않겠습니까. 마음을 캄캄하게 만들어 지각 자체를 거부하는 것을 고요라고 여겨서는 안 됩니다.[19]

요컨대 함양이란 사려 활동을 중지하여 마음의 고요를 얻으려는 수행의 노력을 뜻한다. 그것은 모든 감정과 생각들을 내려놓고 의식의 심연으로 내려가 마음을 고요 속에 두는 명상 수행이다. 이는 '마음을 캄캄하게 만들어' 혼침과 무감동의 상태에 빠뜨리는 것과는 전혀 다르다. 그것은 감정의 부침과 사고의 단속을 벗어난, 표층의 감정과 사고에 오염되지 않은, 맑게 깨어 있는 '순수의식'이다. 그야말로 '모든 것이 샘솟는, 눈에 보이지 않는 잠재력'으로서의 그것 말이다. 그러므로 마음의 고요는 만상을 비추는 밝고 맑은 지혜의 빛을 머금고 있다. 퇴계는 이를 명경지수에 비유한다. "사물이 다가오면 그것을 있는 그대로 비추되 그것에 얽매이지 않고, 사라지면 다시 텅 빈 상태로 남아 있는"[20] 맑은 거울과 고요한 수면처럼, 고요한 마음은 사물을 아무런 편견 없이, 있는 그대로 대면하게 해주리라는 것이다. 진리는 그러한 마음속에서 현전한다. 아래의 시는 이러한 뜻을 그림처럼 펼쳐 보여준다.

이슬 젖은 풀잎들 함초롬히 물가에 둘렸는데
작은 연못 맑아서 티끌 한 점 없구나
구름 흐르고 새가 날아가는 모습을 원래 그렇게 비추는 것을

---

19) 『朱書節要』, 「答孫敬甫」, 403쪽.
20) 『退溪全書 四』, 「言行錄」, 30쪽.

때때로 제비 날아 물결 찰까 염려되네

露草夭夭繞水涯

小塘淸活淨無沙

雲飛鳥過元相管

只怕時時燕蹴派[21]

이 시에서 '티끌 한 점 없이 맑은 작은 연못'은 고요한 마음을 은유한다. 그 마음은, 하늘의 구름이나 날아가는 새들을 굴절 없이 있는 그대로 비추는 저 연못처럼, 세계와 사물의 진면목을, 진리를 통찰할 수 있다. 다만 문제는 갖가지 정념과 욕망의 '제비'에 있다. 제비가 연못에 물결을 일으켜 구름과 새들을 제멋대로 굴절시키고 왜곡시키는 것처럼, 갖가지의 정념과 욕망은 마음의 고요를 방해하여 사물을 올바르게 인식하지 못하게 만든다. 우리는 그것을 일상으로 겪는다. 함양은 바로 그것을 잠재우고 씻어내어 마음을 고요 속에 두려는 노력이다.

마음의 고요는 세상만사를 외면하는 의식의 가사 상태나 심리적 진공 상태를 말하는 것이 아니다. 그것은 만사만물에 대한 주재력을 갖고 있다. 퇴계는 말한다. "성인이 고요를 강조하신 것은 세상의 모든 움직임을 통섭하려는 것이지 마음을 쓸모없게 만들기 위한 것이 아니요, 공부하는 사람들이 고요를 추구하는 것은 모든 활동의 근본을 확립하려는 것이지 마음을 만사와 단절하기 위한 것이 아니다."[22]

그러므로 마음의 고요는 창조적인 활력으로 가득한, '텅 빈 충만'

---

21) 위의 책, 「言行錄」, 23쪽.

22) 『退溪全書 二』, 「靜齋記」, 358쪽.

이다. 그것은 세상만사의 이치, 진리를 직관하고 통찰할 수 있는 힘을 갖고 있다는 점에서 창조적이고 활력적이다. 또한 그것은 '모든 것이 샘솟는, 눈에 보이지 않는 잠재력'이라는 점에서 '텅 빈 충만'이다. 이에 반해 마음에 이런저런 감정과 생각이 담겨 있으면, 그리고 욕망이 자리 잡으면 그만큼 인식의 눈빛이 흐려지고 가려져서 진리가 왜곡될 것이다. 퇴계는 말한다. "수면에 물이 일렁이면 사물을 제대로 비출 수 없는 것처럼, 마음이 고요하지 않으면 어떻게 만 가지 이치를 인식하여 세상만사를 주재해나갈 수 있겠는가."[23]

퇴계가 마음의 고요를 "희로애락의 감정이 발하기 이전 가을 달빛과도 같은 기상"으로 비유한 것[24]도 이러한 뜻에서였다. 가을 달빛과도 같이 명징한, 희로애락 이전의 고요한 마음이야말로 올바른 가치판단의 토대가 되기 때문이다. 말하자면 그것은 진리정신이 샘솟는 의식의 원천이다. 진리정신의 함양을 위해 마음의 고요를 찾아야 할 이유가 여기에 있다. 퇴계의 시를 한 편 읽어보자. 장편의 시이므로 일부만 인용한다.

이 몸을 지킴엔 흔들림이 없어야 하고
마음의 함양은 그것의 발동 이전부터
진실로 고요를 근본 삼지 않으면
멍에 없는 수레처럼 요동하리라
내 천성이 산중에 은거하길 좋아해
분분한 세상생각 그만둔 지 오랬는데
하루아침 세상맛을 보니

---

23) 위와 같음.
24) 『退溪全書 四』, 「言行錄」, 33쪽.

정신이 밖으로 내달아 어지럽네
한양 장안은 더구나 어떠할까
모두들 욕망의 바다에 다투어 빠지네
그대들은 선비로 살아가며
난초를 심고서 어찌 스스로 벨 수 있으리
사립문을 잘 닫아두고
우물물도 흐리게 두지 말라

守身貴無撓
養心從未發
苟非靜爲本
動若車無軏
我性愛山隱
塵紛久消歇
一朝來嘗世
已覺神外滑
何況都城中
欲海競顚鈇
君爲布衣生
樹蘭寧自伐
君門扉好掩
君井泥莫汩[25)]

　여기에서 '멍에 없는 수레처럼 요동'한다는 말은, 마치 고삐 풀린
말이 날뛰는 것처럼, 진리의 정신으로 길들여지지 않은 마음과 행

---

25) 『退溪全書 一』, 「守靜」, 146쪽.

동거지의 난조를 은유한다. 우리는 그 사례를 주자의 체험적 고백에서 볼 수 있다. 그는 마음의 고요를 수행하지 않음으로써 겪었던 문제점을 지인에게 다음과 같이 토로한다. "마치 큰 파도 위에서 잠시도 정박할 줄 모르는 배와도 같아서, (중략) 처사에 거칠고 굳세고 과감하기만 했지 여유롭고 온유한 기상이 조금도 없었습니다."26) "마음속이 분분하여 침착하고 순일(純一)한 맛을 모르고, 언행에도 항상 성급하고 경솔하여 온유하고 중후한 기풍을 갖지 못했습니다."27)

위의 시에서 "난초를 심고서 어찌 스스로 벨 수 있으리"라는 구절을 잠깐 주목해보자. 앞서 살핀 것처럼 퇴계는 학문을 심산유곡의 난초에 비유한 바가 있다. 난초가 남들에게 자신을 뽐내기 위해 꽃을 피우고 향기를 발하는 것이 아닌 것처럼, 학문도 남에게 드러내기 위해서가 아니라 오직 자신의 참자아를 성취하기 위한 '위기지학'이어야 한다는 것이었다. 그러한 난초를 베어버리는 것은 학문하는 사람의 자기 부정에 다름 아니다. 그러므로 세상으로 나가 '욕망의 바다'에 빠지지 말고, 자신의 집으로 돌아와 '사립문을 잘 닫아두고' 평소 우물물을 맑고 깨끗하게 관리하듯 덕성을 함양하는 수행의 노력을 해야 한다. 그 착수처는 바로 마음을 고요 속에 두는 일이다. 그것이 진리정신을 함양하는 첫걸음이다.

마음을 고요 속에 두어야 한다는 말은 세상사에 눈을 감고 마치 가부좌를 틀어 참선하듯이, 돌부처처럼 가만히 앉아 있어야 한다는 뜻이 아니다. 일 없는 순간뿐만 아니라, 갖가지의 정념과 욕망이 발동하는 일상의 모든 현장이 함양의 자리가 될 수 있다. 사나운 바

26) 『朱書節要』, 「答張敬夫」, 73쪽.
27) 『心經』, 102-103쪽.

람이 휘몰아치는 태풍 한가운데의 '눈'과도 같이, 정념과 욕망에 휘둘리지 말고 마음의 고요를 유지해야 한다. 그것은 내면의 평화를 얻게 해줄 것이며, 세계와 삶을 초연히 관조하는 지혜의 눈빛도 거기에서 생겨날 것이다. 정자는 말한다. "고요한 마음으로 만물을 보면 그 모두가 자연 그대로 봄의 뜻을 갖고 있음을 알게 되리라."[28]

정말 정념과 욕망이 사라지면 일순간 마음에 고요와 평화가 깃든다. 그러한 마음의 눈빛으로 세상을 바라보면 잘못된 것이 하나도 없다. 일의 실패와 심지어 죽음조차도, 고요한 마음에 깃든 섭리의 정신이나 또는 신의 눈빛으로 보면 지극히 정상적인 현상이다. 자신의 삶이 무언가 잘못되었다는 생각은 자기중심적인 욕망의 불만족이 빚어내는 착각일 뿐이다. 사사로운 정념과 욕망이 사라진 고요한 마음으로 바라보면 만사만물이 제각기 존재의 제자리를 얻어 따뜻한 봄날과도 같이 생기로운 기상을 머금고 있음을 느낄 수 있다. 고요한 마음에는 그렇게 춘풍화기와도 같이 따뜻하고 자애로운 기운이 가득 찬다. 그야말로 다시 한 번 '텅 빈 충만'이다.

그러므로 부질없는 상상이나 과거를 되씹는 회한, 미래에 대한 불안, 근심 걱정, 분노, 원망 등 온갖 부정적인 감정과 사고를 모두 내려놓고 마음을 텅 비워 그 근저에서 밝고 맑은 '순수의식'을 길러야 한다. 그것이 내면의 평화와 삶의 행복을 가져다주며, 진리의 정신을 샘솟게 해주는 원천이다. 그것을 청정한 불성이라고, 밝은 덕성이라고, 또는 고결한 영혼이라고 어떻게 명명하든, 고요한 마음 속에서 그처럼 '청정하고 밝고 고결한' 빛을 내 안에서 체험할 수

---

28) 『近思錄』, 212쪽. 이 글에는 정명도(程明道)의 유명한 시 일부가 주석되어 있다. "고요히 바라보니 만물은 모두 제자리를 얻었고 / 사계절의 아름다운 흥취는 사람과 한가지로다(萬物靜觀皆自得 四時佳興與人同)."

만 있다면 우리는 진리의 정신으로 충만한 삶의 축복을 누릴 것이다. 세상을 향한 자비, 인(仁), 박애의 마음도 여기에서 자연스럽게 우러나올 것이다.

지금까지 퇴계가 마음의 표층과 심층 상에서 진리정신을 함양한 모습을 살펴보았다. 그 밖에 한 가지 더 주목해보자. 도덕이성의 수행에 관한 것이다. 이는 위에서 살핀 진리정신의 서식을 위한 심리적 토대 구축의 작업과는 달리, 실제의 응용 현장에서 일의 진위를 가리고 사리를 판단하는 공부에 해당된다. 이른바 격물치지(格物致知), 즉 사리 탐구의 노력이 그것이다. 퇴계는 이를 임금에게 다음과 같이 강조한다. "가깝게는 나의 성정(性情)과 신체와 일상의 비근한 윤리에서부터, 잡다하게는 천지 만물과 고금의 역사에 이르기까지 진실한 이치와 지당한 법칙들이 존재하지 않음이 없습니다. (중략) 그러므로 널리 배우지 않으면 안 되고, 자세히 묻지 않으면 안 되며, 신중하게 생각하지 않으면 안 되고, 분명히 분별하지 않으면 안 됩니다."29) 독서 활동은 그중에서도 핵심에 든다.

양자, 즉 마음의 수양과 사리의 탐구는 진리정신의 확보를 위해 불가결하게 상호 보완적인 성질을 띤다. 전자는 진리의 정신이 뿌리를 내릴 심리적 토양을 일구는 작업이요, 후자는 일상생활에서 일의 진위와 선악을 판단하여 진리의 씨앗을 고르고 재배하는 노력이다. 토양을 정성스럽게 일구지 않으면 오곡이 발아하지 못하고 잡초만 무성할 것이요, 잡초를 제거하지 않으면 기름진 토양이라도 오곡이 제대로 성장할 수 없다. 마찬가지로 마음의 수양을 결여하면 진리의 정신이 깃들 자리가 없을 것이요, 반대로 마음만 수양하

---

29) 『退溪全書 一』, 「戊辰六條疏」, 185쪽.

려 하면 일상의 현장에서 무엇이 진리인지 판단하기 어려울 것이
다.

예를 들어보자. 사사로운 정념과 욕망으로 흐린 마음은 진리를
인식하지 못할 뿐만 아니라, 설사 인식한다 하더라도 재물과 권력
과 명예 등 자신의 이기적인 목적을 성취하기 위해 진리를 호도하
고 왜곡하려 할 것이다. 예나 지금이나 수많은 지식인들의 곡학아
세와 궤변이 이러한 사실을 적나라하게 보여준다. 반면에 사리의
탐구를 외면한 채 마치 좌선하듯이 앉아 마음의 수양에만 집중한다
면 현실세계에 내재되어 있는 다양한 형태의 진리에 눈이 밝지 못
하여 처사의 착오와 실패를 면하기 어려울 것이다. 아래의 글을 읽
어보자.

"도가와 불교의 학문은 사리를 탐구하지 않고도 앎을 성취한다"
고 하는데, 이는 더욱 잘못된 말입니다. 사리를 탐구해야 앎을 성취
할 수 있습니다. 이는 밥을 먹는 것이 배를 채우기 위한 것과도 같
습니다. 지금 사리를 탐구하지 않고도 앎을 성취한다고 여기는데,
그 앎이란 허망한 것입니다. 그것은 마치 밥을 먹지도 않고도 배부
르다고 여기는 병적인 태도나 마찬가지입니다.30)

주자의 글이다. 이는 당시 불교의 영향 속에서 마음의 수양에만
몰두하면서 사리의 탐구를 등한시했던 한 지인에게 보낸 비판이다.
여기에서 그는 마음의 수양과 사리의 탐구가 진리정신의 확립을 위
해 긴요한 학문의 두 축임을, 둘 중 어느 하나도 결여해서는 안 됨
을 주장하고 있다. 물론 마음의 수양을 외면한 채 사리의 탐구에만

---

30)『朱書節要』,「答江德功」, 218쪽.

종사하는 학문 활동 역시 비판의 대상이 된다. 이 부분은 퇴계의 학문정신에서도 잘 드러난다. 예컨대 그는 사학(史學)에 경도되어 있는 한 제자의 학문 태도를 심히 우려하면서 아래와 같이 비판한다.

역사서를 읽어 그 내용을 간추려 편집하는 일은 배움을 몸소 실천했던 옛 군자들도 했던 일입니다. 하지만 지금 근본적으로 마음자리에서 함양 성찰과 직내방외(直內方外)의 공부에는 힘을 기울이지 않고, 성급하게 날마다 옛날 책들이나 뒤적여 케케묵은 사적들을 모아 편집하는 일로 만족한다면, 이는 끝내 덕성을 함양하는 공부가 없어서 더욱 기상을 거칠게 하고 마음을 들뜨게 만들 것입니다.31)

이는 역사 공부를 소홀히 해도 좋다는 말이 아니다. 역사서는 갖가지의 교훈을 담고 있으므로 진리 탐구의 자료로 중요한 의의를 갖고 있음을 퇴계도 인정한다. 하지만 역사 공부도 궁극적으로는 나 자신의 진리정신을 확립하기 위한 수단에 지나지 않는다. 단순히 역사 사실들을 외우고 정리하여 남들에게 자신을 알리기 위해 행하는 공부는 '위기지학'의 정신에 어긋난다. 그러므로 역사적 진리를 탐구하고 그것을 나의 인격으로 체화할 '마음자리'를 먼저 준비하지 않으면 안 된다. 진리의 정신이 뿌리내릴 심리적 토양을 일

---

31) 『退溪全書 二』, 「答鄭子中」, 28쪽. '직내방외'란 "敬以直內 義以方外"(『주역』)를 줄인 말로, "외경의 정신으로 마음을 바르게 갖고, 의로움의 정신으로 행동거지를 방정하게 한다"는 뜻이다. "더욱 기상을 거칠게, 마음을 들뜨게 만든다"는 지적은 그 제자가 평소 거친 기상과 들뜬 마음을 갖고 있는 터에, 사람을 흥분시키는 흥미진진한 내용의 역사책들이 그것을 더욱 조장할 것이라는 충고의 뜻을 담고 있다.

구어야 한다는 것이다. '(덕성의) 함양 (자아의) 성찰과 직내방외'의 마음공부가 이에 해당된다.

우리는 여기에서 오늘날의 학문 풍토를 되돌아보게 된다. 자연과학은 말할 것도 없고 인문학도 마찬가지로 덕성의 함양과 자아의 성찰을 완전히 논외의 군더더기로 취급한다. 위기지학을 연구의 주제로 하는 이 분야의 학자들조차 그 뜻을 논리정연하게 밝혀내는 것으로 만족할 뿐 더 이상 실천적인 관심을 갖지 않는다. 진리도 객관적인 담론거리일 뿐이다. 그리하여 연구자들은 진리에 관한 지식은 많이 갖고 있지만 정작 진리인은 드물다. 이는 근본적으로 퇴계가 지적한, 덕성의 함양과 자아의 성찰이라는 '마음자리'의 공부가 학문 활동에서 배제된 데에 기인한다. 하지만 그렇게 해서 학문의 성과를 이룬다 한들 그것이 인간성의 향상과 참삶의 성취에 무슨 도움이 될까. 그러므로 퇴계의 저와 같은 지적과 비판은 시대를 넘어 오늘날 모든 분야의 연구자들이, 아니 지식인들이 심각하게 경청하고 고민해야 할 중요한 화두다.

4. 진리의 도덕적 형상

1) 진리의 규범화

오늘날 사람들은 진리를 도덕가치와는 다른 객관적이고 가치중립적인 탐구 대상으로 여긴다. 사물의 이치와 삶의 가치는, 달리 말하면 사물의 '존재방식'과 인간의 '생활방식'은 전혀 별개의 문제라는 것이다. 예컨대 소나무의 존재방식이나 계절의 이치를 삶의 윤리와 함께 섞어서 논의할 수는 없는 일이다. 전자는 과학자들이 실험실에서 탐구하고 규명하는 '존재'의 원리인 데 반해, 후자는 철학자들이 삶의 현장에서 모색하고 정립해야 할 '당위'의 법칙이다. 그러므로 후자를 전자와 연관시키거나, 또는 전자에서 도출하는 것은 터무니없는 상상이요 억측처럼 보인다. 하지만 이것이 절대 타당한 생각일까? 이에 대해서는 회의적이고 비판적인 주장도 나온다. 아래의 글을 읽어보자.

자연과 도덕의 연속이라는 중국적 원리가 자연과학의 발달이라는 측면에서는 서구에 비해 확실히 뒤떨어졌다는 사실은 인정하면서도, 그 연속적 사유 혹은 천인합일의 원리 자체가 그 이유만으로 '정체적' 사유로 간주되는 데 의문을 품거나 이의를 표명하는 사람들이 착실히 증가하고 있다. (중략) 예컨대 그리스 철학 연구자인 후지사와 노리오(藤澤令夫)는 다음과 같이 언급하였다; "자연과학이란 당면의 연구대상이 되는 특정한 사상(事象)의 짜임새나 구조를 규명하는 것과 직접적인 관계가 없는 일 — 그 가운데는 연구자 자신의 감정, 정서, 가치관, 인생의 의미 등도 포함되지만 — 과 같은 불필요한 사항은 일체 관심 밖으로 제쳐두고, 오로지 해당 대상의 '객관적인' 존재방식에만 모든 주의를 집중함으로써 눈부신 성과를 거두었다고 말할 수 있습니다. 이 점이 이른바 자연과학의 '몰가치성'이라는 것이겠지요. (중략) 그렇지만 고대 그리스인이 본능적으로 감지하고 통찰했듯이, 본래 세계·자연의 존재방식과 인간의 생활방식, 행위의 존재방식은 분리될 수 없는 일체입니다. 그것은 시대가 아무리 변하더라도 바뀔 수 없는 근원적인 사실이 아닐까 생각합니다. 바로 이 때문에 양자의 무리한 분리에 의해 달성된 자연과학의 여러

가지 성과란 필연적으로 인간의 생활방식과 행위의 존재방식, 그 경험과 의식구조에 영향을 미치지 않을 수 없습니다. 현대의 상황이 보여주는 것은 그러한 사태가 아닐까 생각합니다." 이런 관점에서 그는 근세로부터 현대에 이르는 철학의 내재적 문제점으로 다음의 네 가지를 거론하였다. ① '사물'과 그 운동의 세계에 대해 가치, 도덕, 윤리의 세계를 괴리시키는 것. ② 마찬가지로 '사물'에 대해 생명의 세계를 괴리시키는 것. ③ 동일하게 '사물'에 대해 지각적인 여러 성질을 괴리시키는 것. ④ 세계 전체의 관계로부터 부분을 단절시키는 것.32)

이 주제에 관해서는 보다 심도 있는 논의가 필요하겠지만, 확실히 퇴계(와 유학자들)는 '세계·자연의 존재방식과 인간의 생활방식, 행위의 존재방식을 분리될 수 없는 일체'로 여겼다. 인간도 여타 사물과 마찬가지로 자연의 산물이요 구성원이기 때문이다. 그러므로 자연(의 존재방식)을 거스르는 것은 자신의 존재 근거와 태생을 부정하고 삶의 안식처를 스스로 파괴하는 것이나 다름없다. 오늘날의 기후위기도 따지고 보면 인간의 반자연적인 생활방식이 자초한 결과다. 이 점에서 아래에 소개하는 윌리엄 워즈워스의 시는 자연과 인간을 이원화하는 '우리의 주제넘은 지성'을 경고하고 고발하는 말처럼 들린다.

자연의 가르침은 감미롭건만
우리의 주제넘은 지성은

---

32) 미조구찌 유조 외, 동국대 동양사연구실, 『중국의 예치 시스템』(청계. 2001), 149-151쪽.

만물의 아름다운 형상을 일그러트린다.

우리는 해부한답시고 죽어버린다. (「책상을 뒤엎고」)

이와는 달리 퇴계는 자연의 존재방식과 인간의 생활방식, 즉 자연법칙적 진리와 삶의 진리를 분리될 수 없는 일체로 여기면서 '자연의 감미로운 가르침'을 듣고 실천하였다. 여기에는 근본적으로 그의 자연관이 배경을 이루고 있다. 그에게 자연은 만물이 덧없이 나타났다 사라지는 물리적 시공간에 불과한 것이 아니라, 만물의 근원이자 생명의 요람이었다. 그는 임금에게 말한다. "하늘과 땅은 세상 만물의 큰 부모이므로 만민은 모두 나의 형제요, 만물은 나와 더불어 사는 이웃입니다."[33] 이는 단순한 은유에 불과한 말이 아니다. 그 이상의 뜻을 갖는다.

먼저 '하늘과 땅[천지]'의 의미를 살펴보자. 퇴계는 이를 '하늘[천]'이라는 한마디로 압축하기도 하는데, 이는 그의 사상 전체를 떠받쳐주는 핵심적인 개념이다. 그것은 오늘날의 어법으로 보면 '자연'에 가까운 말이다. 다만 자연은 사람들의 말이나 글의 맥락에 따라 다양한 의미를 갖는 만큼, 그 뜻을 분명하게 짚고 넘어갈 필요가 있겠다. 보통사람들에게 자연은 인공이 전혀 가해지지 않은 존재나 상태를, 또는 만물이 다양하게 모여 생성 변화하는 시공간을 지칭하는 말로 흔히 쓰인다. 그야말로 대중적인 자연관이다. 자연을 도구화하는 인간중심의 윤리가 여기에서 생겨난다.

이와는 달리 생태학자들은 자연을 감각되고 경험되는 온갖 생명의 연쇄 질서요 그물망으로 여긴다. 그 안에서 인간은 만물과 마찬

---

33) 『退溪全書 四』, 「言行錄」, 74쪽.

가지로 한 가닥의 씨줄과 날줄에 지나지 않는다. 이는 인간과 만물을 평등하게 바라보는 자연중심의 윤리를 배태한다. 켄 월버는 이를 'Nature'라고 표기하면서 일반 대중의 'nature'와 구별한다. 그런데 그는 플라톤 이래로 서양의 정신사를 폭넓게 조망하는 가운데 생태학적 자연(Nature)보다 더 심층의 자연관이 있어왔다고 말하면서 그것을 'NATURE'라고 표기한다. 그에 의하면 'NATURE'란 온갖 존재의 요람으로써 영(Spirit)을 품고 있으며, 감각적이고 경험적인 자연(Nature)은 그러한 영이 현시된 것이라고 한다.34) 그는 저 'NATURE'를 '온우주' 또는 '온자연'이라고 표현하기도 하는데, 우

---

34) 켄 월버, 조옥경·김철수 옮김, 『성, 생태, 영성 下』(학지사, 2022), 191쪽 이하 참조. 뒤에 다시 인용하겠지만, 켄 월버는 인문, 사회, 자연, 동서양의 여러 학문분야를 아우르고 종합한 세계적인 석학이다. 여기에서 '(자연의) 영'이라는 말이 허공을 더듬게 만든다면 다음의 글을 읽어보자. "물리학자들은 우주란, 어떤 심오한 방식으로, 의식 자체를 포함하지 않을 경우 아무 의미도 없으며 만족스럽게 설명될 수도 없다고 생각한다."(켄 월버, 김철수·조옥경 옮김, 『아이 오브 스피릿』(학지사, 2020), 38쪽) 저 물리학자들은 대부분 우리도 그 이름을 들어서 아는 사람들, 아인슈타인, 베르너 하이젠베르크, 슈뢰딩거, 막스 플랑크 등등이다. 이들의 저 생각은 이성적 추론의 결론이 아니라, 이성의 막다른 골목에서 이성으로는 더 이상 넘어설 수 없는 한계상황에서 드러난 영적 직관일 것이다. 빅뱅이론만 해도 그렇다. "태초에 아무것도 없던 상태에서 갑자기 10억 분의 일도 되지 않는 순간에 물질로 된 우주가 존재하게 되었다. 이 초기의 물질과정은 어떤 의미에서는 빅뱅에 앞서 존재하던 수학법칙을 따랐음이 분명해 보인다. 바로 그 최초부터 수학법칙이 작동한 것처럼 보이기 때문이다."(위와 같음) 그 수학법칙의 이면에는 그것을 창안한 어떤 '심오한 의식'이 작동하고 있을 거라는 것이다. 그것이 (자연의) '영'이다. 존 브룸필드라는 학자는 말한다. "정신적 특성은 우주를 조직하는 원리다."(존 브룸필드, 박영준 옮김, 『지식의 다른 길』(양문, 2002), 110쪽) 이쯤 되면 우리도 이제 '하늘의 마음[天心]', 또는 '하늘땅의 마음[天地之心]'이라는 퇴계의 말을 이해할 준비가 되지 않았을까?

리에게는 '대자연'이라는 말이 더 친숙할지도 모르겠다. 아무튼 이에 의하면 윤리는 (대)자연의 '영'을 깊이 깨달아 그것을 삶의 준칙으로 정립한 것이 된다. 그야말로 영적인 윤리다. 윌버는 이것이 인류가 추구해야 할 궁극의 과제라고 주장한다.

그러면 퇴계가 생각했던 '하늘(과 땅)'은 어떠한 것이었을까? 그것은 생태학적인 자연(Nature)을 넘어 '영'을 품고 있는 대자연(NATURE)과 유사한 개념처럼 보인다. 생태학자들은 기껏 자연의 섭리를 이성적으로 탐구하는 것으로 만족하지만, 퇴계는 한발 더 나아가 자연의 영적인 영역까지 진입하였다. 이는 그가 '하늘의 마음[天心]', '하늘과 땅의 마음[天地之心]', '하늘과 땅의 덕[天地之德]' 등을 말하곤 하는 데에서 간취된다. 여기에서 '마음'과 '덕'은 영적인 의미를 갖는다. 먼저 아래의 글을 읽어보자. 이는 그가 옛글을 인용하여 조카의 질문에 답한 것이다.

> 하늘[天]을 포괄적으로 말하면 도(道)라 한다. 그것을 형체의 관점에서는 천(天)이라 하고, 성정(性情)의 관점에서는 건(乾)이라 하고, 주재(主宰)의 관점에서는 제(帝)라 하고, 효능의 관점에서는 귀신(鬼神)이라 하고, 신비의 관점에서는 신(神)이라 한다. 모두 천지의 조화이지만 가리키는 바에 따라 말이 다른 것일 뿐이다.35)

퇴계가 이처럼 '하늘'을 다각도로 바라본 것은 우주만물의 근본 바탕과 만물 생성의 이치를 한두 마디로 남김없이 밝히기란 불가능함을 알았기 때문이다. 하나의 사물도 그러한데 하물며 우주자연은 더 말할 것이 없다.36) 그는 한 제자에게 말한다. "천지변화의 신비

---

35) 『退溪全書 二』, 「答喬姪問目」, 309쪽.

와 음양성쇠의 미묘함을 언어로 형용하기란 원래 불가능합니다."37)
사실 "무한자가 선명하게 정의된다면 이는 곧 무한자일 수 없게 된
다."38) 그러므로 퇴계의 '하늘'을 알려면 저 모든 관점을 다 검토해
야 한다. '천즉리(天則理)'의 명제에만 눈을 두어서는 안 된다. 이
에 관해서는 후술하려 한다.

위의 인용문에서 몇몇 용어들, '성정', '주재', '효능', '신비'라는
말에 주목해보자. 그것들은 만물의 생성과 변화에 작용하는 '하늘
의 마음'을 여러 국면으로 밝힌 것이다. 달리 말하면 '하늘'은 우리
가 이성으로 헤아릴 수 없는 어떤 심오한 '성정'(의식)으로 '신비롭
게도' 만물의 생성을 '주재'하는 '효능'을 갖고 있다는 것이다. 이러
한 '하늘의 마음'을 (대)자연(NATURE)의 '영'이라고 할 수 있지
않을까?39) 퇴계는 인의예지의 형이상학적 근원을 '건곤(乾坤)의 성
정(性情)[元亨利貞]'에 두기도 하였다.40) 말하자면 그에게 인의예

---

36) 에른스트 카시러는 말한다. "사물의 이름은 그 사물의 본성을 드러내는
것임을 주장하지 않는다. 그것은 어떤 사물의 진실을 우리에게 전하도록
의도되어 있지 않다. 어떤 이름의 기능은 언제나 어떤 사물의 특수한 어
떤 면을 강조하도록 제한되어 있으며, 또 이름의 가치는 바로 이 한정과
제한에 의존하고 있다. 구체적 상태를 남김없이 지시하는 것이 이름의
기능이 아니라, 다만 어떤 한 면을 드러내어 그것을 강조하는 것이 그
기능이다."(에른스트 카시러, 최명관 옮김, 『인간이란 무엇인가』, 209-
210쪽)
37) 『退溪全書 一』, 「答李剛而問目」, 524쪽.
38) 오경웅(吳經熊), 서돈각·이남영 옮김, 『선학(禪學)의 황금시대』(천지,
1997), 71쪽.
39) 주자는 이 점을 보다 분명히 한다. 그는 "천지의 마음은 영적인 것인가?"
하는 혹자의 질문에 대해 다음과 같이 대답한다. "천지의 마음이 영적이
아니라 할 수는 없다. 다만 그것이 사람들처럼 사려하는 것은 아니다."
(『朱子語類』(曺龍承 영인본), 「理氣 上」, 22쪽)

지는 도덕성 이전에 영적인 성질을 띠었다. 이 점도 뒤에서 살펴볼 것이다.

퇴계의 '천인합일'의 이상을 우리는 이러한 관점에서 이해할 수 있다. 그것은 사람의 마음이 '하늘의 마음'과 하나가 된다는 뜻을 갖는다. 만물에게 생명을 부여하는 우주적 생명정신이 곧 '하늘의 마음'이라면, 만물 가운데 유일하게 그것을 자각하고 있는 인간의 마음이야말로 '합일'의 통로가 된다. '만물에게 생명을 주는 하늘의 마음'을 인간이 생명애의 정신[仁]으로 타고났다는 퇴계의 자각41) 이 그것이며, 따라서 생명애를 실천함으로써 그 '합일'이 성취된다. 그러므로 '천인합일'은 무슨 신비적인 구호에 불과한 것이 아니다. 그것은 '극기(克己)'의 자기초월을 통해 만물을 자신의 존재 깊이 사랑으로 아우르는 노력이다.

퇴계는 대자연(NATURE)의 '영'이 현시된 생태적 자연(Nature) 의 존재방식(운행 원리)도 탐구하면서 거기에서 인간의 생활방식을 찾아 실천하기도 하였다. 달리 말하면 그는 당위의 윤리를 존재의 원리에서 도출하였다. 그러므로 그에게 인간 생활의 진리는 천지자 연의 이치가 인문적으로 변용 각색된 것이다. 인간의 본성만 해도 그렇다. 위에서 말한 것처럼 인의예지는 천지자연의 영적인 이치가 인간의 존재 및 당위의 형식으로 현시된 것이다. 하늘과 땅이 인간 의 부모인 만큼 자식은 부모의 성품을 유전적으로 받을 수밖에 없 다는 식이다. 이러한 사고방식은 인간의 생활양식을 천지자연의 존 재방식에서 그야말로 자연스럽게 이끌어내게 만들 것이다.

우리는 그 전형을 『주역』의 글 곳곳에서 본다. 몇 가지 예를 들

---

40) 원형이정의 의미에 관한 상세한 논의는 김기현, 『선비』, 78쪽 이하 참조.
41) 『退溪全書 一』, 「성학십도(仁說)」, 206쪽 참조.

어보자. "하늘의 운행은 역동적이다. 군자는 이를 본받아 자강불식한다."(「건(乾)」괘 대상(大象)) "땅의 형세가 순후하다. 군자는 이를 본받아 온후한 덕으로 만물을 품어 안는다."(「곤(坤)」괘 대상(大象)) "위에 하늘이 있고 아래에 연못이 있는 모습이 「리(履)」괘이다. 군자는 이를 본받아 위와 아래를 분별하여 민심을 안정시킨다."(「리(履)」괘 대상(大象)) 이 「리(履)」괘는 불평등 사회질서의 자연법적인 근거가 되기도 하였다.

나아가 우리 전통사회의 문화는 전반적으로 '자연의 존재방식'을 '인간의 생활방식'으로 마름질하여 편성한 것이었다. 이를테면 한글의 제작 원리는 음양사상에서 비롯된 것이요, 남녀(부부)의 윤리도 그 근저에 음양의 원리가 놓여 있다. 우리의 세시풍속상 오곡밥이나 오일장, 오색의 색동저고리, 또 사람들이 이름을 짓는 데 준거하는 항렬 등은 오행사상을 뿌리로 한다. 그 밖에 서울의 동대문과 남대문을 각각 '흥인지문(興仁之門)'과 '숭례문(崇禮門)'이라 한 것도 도덕가치 관념을 자연의 방위에 상응시킨 사례에 해당된다. 선비들은 해가 뜨는 동쪽을 생명의 발원지로 여겨 거기에서 생명애의 정신인 '인(仁)'을 상념하였고, 온갖 크고 작은 초목들이 무성하게 자라면서도 그것들 사이에 생명질서를 정연하게 유지하는 따뜻한 남쪽에서 도덕질서 개념인 '예(禮)'를 이끌어내었다.

우리는 여기에서 인간과 자연을 이원화하면서 자연을 개발과 정복의 대상으로 여기고 그 위에서 문화를 창조해온 서양인들의 사고방식과 전혀 다른 모습을 본다. 이는 지구의 위기 속에서 우리 모두가 깊이 숙고해야 할 전통의 소중한 정신적 유산이다. 자연의 원리를 준법하는, 또는 자연친화적인 우리의 문화 전통은 미래의 삶과 사회를 설계하는 데 중요한 참고자료로 활용될 수 있다.

퇴계는 마음을 수양하는 자리에서까지 자연의 존재방식을 고려하였다. 예컨대 그는 동짓날에는 특히 심신의 안정을 취하여 선한 마음을 기르려 하였다.42) 자연의 절기상 그날은 생명 쇠멸적인 음기(陰氣)로 그동안 움츠려들었던 양기(陽氣)의 생명정신이 회복되는 최초의 시점이기 때문이다. 이는 자연을 본받고자 했던 그에게 당연히 중요한 의미를 띨 수밖에 없었다. 그 시기에 임해서 그도 마음속 어두운 기운을 떨쳐버리고 밝고 맑은 기운을 키우려 했던 것이다. 이처럼 그는 인간을 자연의 연속선상에서 이해하면서 인간의 생활방식을 자연의 존재방식으로부터 이끌어내었다.

자연의 진리(사물의 이치)가 인간의 도덕정신으로 전환될 수 있는 길이 여기에서 열린다. 예의가 그 대표적인 사례에 해당된다. 말하자면 예의는 생활 현장에서 정립된 진리의 객관적 구현 형식이다. 주자의 말을 들어보자. "예(禮)란 천리(天理)를 규범화한 것으로서, 사람이 마땅히 지켜야 할 행위의 준칙이다."43) 아니 『예기』는 단도직입적으로 말한다. "예는 바로 리(理)다." "예는 자연의 질서다."

---

42) 『退溪全書 四』, 「言行錄」, 84쪽 참조.
43) 『經書』(『논어』), 68쪽 주. 주자는 이와 같은 인식에 이르기 전에 한동안 혼란을 겪었던 것으로 보인다. 그는 한 지인에게 말한다. "평소 공자의 극기복례(克己復禮)를 강론할 때마다 예(禮)라는 글자에 대해 마음이 흡족하지 못해 그것을 리(理)의 뜻으로 해석했습니다. 그런데 그것의 정밀하고 오묘한 뜻이야말로 일반인의 사고로는 미칠 수 없음을 이제야 알게 되었습니다."(『朱書節要』, 「答林擇之」, 204쪽) 여기에서 '그것의 정밀하고 오묘한 뜻'이란 '리'(진리)를 '예'로 도덕규범화한 뜻을 말한다. 진리를 통찰하여 일상의 도덕규범으로 만드는 것은 아무나 할 수 있는 일이 아니겠기에, 주자는 거기에서 공자의 '정밀하고 오묘한 뜻'을 뒤늦게 깨달은 것이다.

여기에서 말하는 '천리', '리', '질서'란 한마디로 요약하면 자연(사물)의 존재방식, 즉 자연법칙적인 진리를 뜻한다. 예의는 그것을 사람들이 준행하기 쉽도록 도덕규범화해놓은 것이다. 그러므로 예의에 어긋난 행위는 진리를 거스르고, 나아가 사람됨을 스스로 부정하는 짓이나 다름없다. 퇴계가 "예를 한 번 잃으면 야만인이 되고 두 번 잃으면 짐승이 된다."[44]고 말한 것도 이러한 까닭에서였다. 한마디로 "예를 모르면 사람으로 나설 수 없다."(『논어』)

퇴계가 한 제자한테서 "예를 시대에 맞게 변경해주실 것[變禮]"을 요청받고는 정색을 하면서 그것을 거부한 것은 이처럼 '예의는 곧 진리'라는 생각이 작용했기 때문이다. 성현들이 자연의 이법에 입각하여 제정한 예의를 자신이 감히 왈가왈부하면서 고칠 수 없다는 것이었다.[45] 물론 이러한 생각에는 오늘날의 관점에서 살피면 납득하기 어려운 문제점들이 있다. 예의가 진리의 구현 형식이며, 그리고 그것을 과거의 성현들이 제정했다는 것은 믿기 어려운 사실이기 때문이다. 예컨대 사람들이 만나 서로 인사하는 예절이나, 또는 삼년상의 각종 예식이 진리를 구현하는 방법인가? 심지어 처의 부모 및 처족에 대한 호칭의 예법[46]에 무슨 진리가 담겨 있는가? 사실 그것들은 고래의 관습적인 행위 형식들이 규범화된 것일 뿐이다. 달리 말하면 그것들은 사람들이 사회생활을 하면서 암묵적으로 동의하고 실천해온 관행일 뿐 진리의 구현 형식이 아니다.

---

44) 『退溪全書 二』, 「諭四學師生文」, 338쪽.
45) 위의 책, 「答金士純問目」, 201쪽. 그는 말한다. "변례(變禮)는 성현들도 어렵게 여겼거늘 하물며 나처럼 우매한 사람이 어떻게 함부로 감히 그에 대해 논의할 수 있겠습니까."
46) 위의 책, 「答鄭道可問目」, 292쪽 참조.

아니 설사 그것이 진리를 담고 있다 하더라도 거기에는 커다란 문제점이 내재해 있다. 진리가 일정한 규범에 묶이고 갇힘으로써 다양한 변통력과 생동성을 잃고 획일성과 상투성에 빠지고 만다는 사실이다. 가령 두 손을 모아 허리를 굽히는 인사의 예절만이 진리요, 악수하고 서로 포옹하는 서양의 에티켓은 야만의 짓인가? 우리가 직접 겪고 있는 것처럼 예법은 시대에 따라 끊임없이 변화한다. 이를 거부하고 지난날 성현들이 제정한 예의규범을 진리라고 여겨 고집하는 태도는 변화하는 시대에 적응하지 못하여 결국 도태되고 말 것이다. 오늘날 우리 사회에 전통의 예의규범들이 급격하게 무너지는 현상도 이와 무관하지 않을 것이다.

예의의 관습성을 다시 한 번 검토해보자. 사실 유학자들이 금과 옥조로 여겼던 『예기』나 『주자가례(朱子家禮)』 등의 내용은 진리의 규범 형식이기보다는, 대부분 중국 고래의 생활관습과 사회제도들을 '예'라는 이름으로 명문화하여 정리한 것들에 지나지 않는다. 맹자가 처음으로 예를 도덕성의 일부로 천명했지만, 그 이후에도 헤아릴 수 없이 수많은 사회적 관습들이 여전히 '예'의 이름으로 강조되었다. 관혼상제의 각종 예식들이 전형적인 사례에 해당된다. 그럼에도 불구하고 그것들을 모두 진리의 규범 형식이라고 여기는 것은 이치에 맞지 않는다. 그러한 생각은 예의에 절대성을 부여하여 사람들에게 수백 수천 년 전의 생활관습을 강제하는 꼴이 된다. 예를 들면 그것은 오늘날에도 부모의 상을 당하면 3년 동안 굴건제복하고 시묘살이를 하면서 사회생활을 포기해야 한다고 주장하는 일이나 다름없다. 그러므로 관습적인 행위 양식을 불변의 예의로 규정하여 그것을 진리의 구현 형식으로 사람들에게 강요하는 것은 타당하지 않다.

하지만 그렇다고 해서 퇴계의 예의 사상을 전면적으로 부정할 일은 아니다. 거기에는 오늘날의 관점에서도 여전히 우리가 주목해야 할 부분과 되살려야 할 정신이 많이 있다. 그것은 사람됨의 수행과 관련된 예법들에 관한 것이다. 단순한 관습과는 별개로 심신을 수양하여 인간의 덕성을 제고하고 삶의 가치를 구현하는 규범적 방안으로서의 예의 말이다. 물론 거기에도 관습적인 요소가 섞여 있긴 하지만 그 이면에는 사람됨의 이치와 삶의 진리에 관한 퇴계의 인식이 깔려 있다. 그의 예의정신이 오늘날의 삶에도 여전히 유효한 부분이 여기에 있다. 이를 아래에서 살펴보자.

일반적으로 예의는 사람들이 만남의 자리에서 상호 지켜야 할 규범이라고 여겨지지만, 퇴계에게 예의는 그 범위를 훨씬 넘어 심신의 활동 전체를 망라한다. 자타의 관계를 떠나 일상의 거동과, 심지어 감정의 영역에까지 예의 관념이 작용하고 있는 것이다. 사람됨의 이치, 즉 진리는 사회적인 인간관계 이전에 손발의 동작과, 심지어 마음의 미세한 활동 순간에도 내재되어 있기 때문이다. 이 세 가지는 한 사람의 심신에서 일어나는 일이므로 상호 긴밀한 영향을 미친다. 예컨대 마음의 움직임을 적절히 다스리지 않으면 행동거지가 방자해질 수 있으며, 그것은 당연히 자타의 관계를 악화시킬 것이다.

퇴계가 마음의 수행을 강조한 이유가 여기에 있다. 앞서 그것을 진리정신의 함양이라는 주제 아래에서 간략하게 검토했지만, 예의 규범 또한 마음을 진리의 길로 인도하는 수단이기도 하다. 먼저 『예기』의 글을 읽어보자. "예에는 감정을 억제시키는 것도 있고, 의도적으로 흥기시키는 것도 있다. 우러나는 감정 그대로 행하는 것은 야만의 짓이다." "군자는 예로써 감정을 꾸민다." "예는 선왕이 하늘의 도를 이어받아 인정을 다스리기 위해 제정한 것이다. 그러므로 예를 잃는 자는 죽고 예를 얻는 자는 살 수 있다."

우리가 일상으로 겪는 것처럼 감정은 과불급의 성질로 인해 자칫 생명질서(사람됨의 이치, 진리)를 어지럽히고, 더 나아가 자타의 관계질서를 위태롭게 만들 염려가 있다. 예를 들면 지나친 분노와 쾌락은 건강에 해를 끼치며, 조울증은 아예 병적인 현상이다. 그 모두 인간관계를 파탄시킬 수도 있다. 감정을 예의로 다스려야 할 이유가 여기에 있다. 그 밖에 사회생활상에서 공자는 말한다. "예로 제도되지 않은 지나친 공손은 사람을 고달프게 만들고, 예로 제도되지 않은 지나친 조심성은 사람을 위축시키고, 예로 제도되지 않은 지나친 용맹은 좌충우돌의 난을 야기하고, 예로 제도되지 않은 지나친 정직성은 인간관계를 각박하고 박절하게 만들 것이다(恭而無禮則勞 愼而無禮則葸 勇而無禮則亂 直而無禮則絞)."(『논어』)

이는 예의가 생명활동과 인간관계를 질서 있고 조화롭게 유지하도록 제정된 도덕원리임을 일러준다. 그것은 사람들에게 삶을 감정에만 내맡기지 말고 인간존재의 이치(진리)를 실현하도록 하려는 의도를 갖고 있다. 예컨대 남녀유별의 예의는 이성간 자칫 방종이나 외설에 빠지기 쉬운 감정과 욕망을 분별의 정신에 입각하여 절제시키려 한다. 무분별한 교류에서는 참되고 고결한 사랑이 성취될 수 없기 때문이다. 그러므로 예의는 감정을 자연 상태로 방치하지 않고 인간적인 미덕으로 승화시켜주는 도덕적 기제다.

이를테면 우리는 예의를 준행함으로써 "즐거워하되 탐닉하지 않고, 슬퍼하되 상심에 빠지지 않는(樂而不淫 哀而不傷)"(『논어』) 감정의 절도와 조화를 얻고, 또 그렇게 해서 품위 있는 삶을 누릴 수 있다. 우리는 거기에서 인간으로서의 자존감까지 얻는다. 행동거지

116

를 순전히 자연적 감정에 내맡기는 동물과는 달리, 나는 예의의 실천을 통해 인간답다는 자의식을 갖는 것이다. 예를 들면 남녀가 결혼의 예식을 치르려 하는 것은 자신이 욕망 내키는 대로 행동하는 동물과는 다르다는 사실을 스스로 확인하고, 또 남들에게 공식적으로 인정받으려는 무의식적인 염원을 품고 있다. 그처럼 예의는 인간학적인 의의를 갖는다. 퇴계가 "예를 한 번 잃으면 야만인이 되고 두 번 잃으면 짐승이 된다"고 말한 뜻이 여기에 있다.

"예의에 벗어나는 일은 보지 말고, 예의에 벗어나는 일은 듣지 말라(非禮勿視 非禮勿聽)"는 공자의 가르침을 우리는 이러한 관점에서 새롭게 해석해볼 수 있다. 여기에서 예의란 단순히 사회생활상 통용되는 관습적 행위규범에 불과한 것이 아니다. 그것은 시청각의 생명질서를 도덕규범화해놓은 것이다. 일반적으로 말하면 인간을 포함하여 만물에는 제각각 고유한 생명(존재)질서가 있다. 그 질서를 지키지 않으면 파탄을 면치 못한다. 이는 자타 간 교류질서 이전에 시청각의 질서까지도 망라한다. 신체의 모든 부분이 제각기 갖고 있는 자연적 리듬이 그것이다. 그러한 질서(리듬)를 삶의 이치로 표명한 것이 진리이며, 그것을 도덕규범화한 것이 바로 예의다.47)

그러므로 '예의에 벗어나는 일[非禮]'이란 시청각상 우리의 생명질서, 즉 진리의 정신을 흐트러트리고 혼란시키는 색깔과 소리들을 뜻한다. 포르노 사진이나 음란한 음악들이 그 예에 해당된다. 그것들이 자극하는 말초적 감각은 도덕감정을 해칠 뿐만 아니라, 나아

---

47) 주자가 '극기복례'의 '례'를 한때 '리'로 여겼던 것도 이러한 맥락에서였다. 주 36) 참조. '비례물시(청)'의 '례'는 '극기복례'상의 그것과 같은 뜻이다.

가 생명질서 자체를 교란한다. 한마디로 진리정신을 해친다. 그러므로 정신적으로나 육체적으로나 건강한 삶을 위해서는, 아니 진리정신을 제고하기 위해서는 그러한 색깔과 소리를 '보거나 들어서는 안 된다.'

이러한 주장이 기껏 교양 수준의 교훈으로만 들린다면 어떤 과학자의 실험 결과를 들어보자. 그는 음악을 틀어놓고 물을 얼리면서 순간 그 결정(結晶)의 형태를 사진으로 찍었다. 그 결과 "아름다운 고전음악은 제각기 다른 개성적인 결정을 만들었지만, 분노와 반항의 언어로 가득한 헤비메탈 곡은 결정이 제멋대로 깨진 형태로 나타났다." 한편 유리병 두 개에 물을 넣고서 각각 '고맙습니다'와 '망할 놈'이라는 글을 적은 종이를 물 쪽으로 붙여 사진을 찍었는데(거기에는 한국어도 포함되어 있다), 이 역시 위의 실험과 똑같은 현상이 생겼다고 한다.48)

그러고 보면 우리가 고운 말을 쓰고 아름다운 음악을 들어야 한다는 주장을 상투적인 훈계로만 여겨서는 안 된다. 고전음악과 같은 아름다운 음악이 심신의 자연적 리듬에 부합하고 또 진리정신을 향상시켜줄 것은 물론, 고운 말 역시 그것을 주고받는 사람들에게 똑같은 효과를 가져다줄 것이다. 예의는 그러한 자연적 리듬을 유지하고 진리정신을 제고하기 위해 고안된 규범이다. 그러므로 육체적으로나 정신적으로나 건강하고 고상한 삶을 살기 위해서는 행동거지를 즉물적인 감정에 내맡기지 말고, 예의로 적절하게 제도할 필요가 있다. 그것을 억압과 구속으로 여겨 거부하려 해서는 안 된다. 예의는 삶을 품위 있게 만들어주는 아름다운 구속이다. 오히려

---

48) 에모토 마사루, 양억관 옮김, 『물은 답을 알고 있다 1』(나무 심는 사람, 2002), 23쪽.

감정의 방임과 방종은 진리정신을 저해하며 삶을 타락시킨다.

예의는 감정을 넘어 행동거지의 자연적 리듬, 즉 생명질서를 도덕규범화한 것이기도 하다. 다만 여기에는 쉽게 대답할 수 없는 문제점이 내재해 있다. 과연 어떤 행동이 생명질서에 맞는지, 그리고 그것을 누가 헤아려 예의로 규범화했는지 알기 어렵다는 사실이다. 전통적으로 유학자들은 예의가 지난날 성현들의 작품이라 주장했지만 사실은 그렇지가 않다. 예컨대 상중에 빈소에서 상주나 문상객이 곡을 해야 하며, 또 혼례의 자리에서 신랑은 두 번 절하고 신부는 네 번 절하는 것이 예법이라 한다. 하지만 그것이 정말 생명질서를 헤아린 성현들의 지혜의 산물일까? 당연히 그렇지 않다. 그것은 오랜 세월 민중의 생활 속에서 정착된 관습을 도덕규범으로 격상시킨 것일 뿐이다.

그렇다고 해서 관습적 예의가 무시되어도 좋은 것은 아니다. 그 중에는 생명질서를 고려한 것도 있다. 예를 들어보자. 퇴계는 말한다. "위를 보고 반듯이 누워 잠자는 것은 예에 맞지 않는다(仰臥非禮)."49) 이는 우리가 상식적으로 생각하는 예의의 관념을 훨씬 넘어선다. 잠자리의 몸가짐에까지 예의를 따지는 것은 상상할 수 없는 일이기 때문이다. 하지만 퇴계에게 예의는 사회생활상 지켜야 할 규범에 불과한 것이 아니었다. 그것은 자타의 교류질서는 물론, 잠자리에서까지 지켜야 할 생명질서를 망라한다. 그리하여 그는 그처럼 '예의바른' 잠자리가 생명질서에 부합한다고 여겼을 것이다. 『동의보감』은 이러한 뜻을 다음과 같이 뒷받침한다. "잠잘 때에는 몸을 옆으로 눕고 무릎을 구부려야 심기(心氣)가 보강되고, 깨어나

---

49) 『退溪全書 二』, 「答金惇敍」, 74쪽.

서는 서서히 몸을 펴야 정신이 흐트러지지 않는다. 늘어지게 누우면 악귀를 불러들일 것이니, 공자가 잠잘 때에 시체처럼 눕지 않았던 것은 아마도 이 때문이었을 것이다."

나아가 유교의 예법 가운데에는 공손한 인사법이나 조신한 몸가짐을 규범화한 것들도 많다. 전자는 상호 인격 존중 속에서 자타 간 교류질서를 강화해주고, 후자는 방종한 태도로 인해 흐트러질 생명질서를 미연에 바로잡아주면서, 양자 모두 삶의 이치와 진리정신을 제고해주는 효과를 갖는다. 그러므로 "예의에 벗어나는 일은 말하지 말고 예의에 벗어나는 일은 행동해서는 안 된다(非禮勿言 非禮勿動)"는 공자의 가르침을 오늘날의 관점에서 적극적으로 검토해볼 필요가 있다. 물론 무엇이 '예의에 벗어나는 일'인지 알기가 쉽지는 않지만, 옛것을 손익하고 보완해서 생명적 삶의 자리를 강구하고 또 진리정신을 제고할 필요가 있다. 계제에 정자가 공자의 '사물(四勿)'에 대응해서 쓴 '사잠(四箴)' 가운데 언잠(言箴)과 동잠(動箴)을 읽어보자.

사람의 마음은 자신의 말에 따라 달라지기도 한다. 그러므로 말을 할 때에 조급함과 경솔함을 막아야만 마음이 고요하고 오롯해질 것이다. 하물며 말은 인간관계에 중요한 기능을 행사하여 남과 싸움을 일으키기도 하고 우호관계를 맺기도 하니, 행복과 불행, 영광과 오욕이 말에서 비롯된다. 말을 경솔하게 하면 방자해지고, 두서없이 하면 지루해진다. 내가 함부로 말하면 상대방의 말도 거칠어지고, 나가는 말이 도리에 어긋나면 돌아오는 말도 순탄하지 않은 법이다. 그러므로 이치에 맞지 않으면 말을 하지 말아서 성현의 훈계를 공경히 받들어야 한다.

철인(哲人)은 일의 기미를 헤아리면서 사려 판단에 진지하게 나서고, 지사(志士)는 실천에 힘써 행동거지의 법도를 지킨다. 진리를 따르면 마음이 여유로울 것이요 욕망을 따르면 위태로울 것이므로, 한순간이라도 성찰을 게을리하지 말아 조신하게 행동해야 한다. 꾸준히 익혀나가면 그것이 천성(天性)이 되어 성현의 경지에 이르리라.[50]

『소학』은 이러한 내용을 여러 주제로 편제하여 아동들이 어려서부터 몸에 배도록 만든 유학의 대표적인 윤리 교습서다. 물론 오늘날의 관점에서 살피면 거기에는 생명정신을 억압한다고 여겨지는 내용이 적지 않을 것이다. 이는 예의가 본래 언행의 자유를 구속하는 요소를 갖고 있는 데 기인한다.

하지만 그처럼 비판적인 관점에는 우리 자신의 인간관과 삶의 정신이 작용하고 있기도 하다. 즉 자유분방한 행동을 찬양하는 오늘날 사람들에게 엄숙 경건한 예의의 강조는 행동을 억압하고 구속하는 것으로 여겨져 못마땅할 수밖에 없다. 예컨대 "발걸음은 장중하게, 손놀림은 공손하게, 시선은 바르게, 입은 과묵하게, 목소리는 조용하게, 머리는 똑바로, 기상은 엄숙하게, 서 있는 모습은 덕성 있게, 얼굴빛은 엄정하게"(『예기』) 할 것을 요구하는 예의의 정신을 어느 누가 환영하려 할까. 아래의 글을 읽어보자.

어떤 사람이 정자에게 다음과 같이 위로의 말을 하였다. "사오십 년 동안 예의를 힘써 행해오셨으니 매우 힘들고 고생스러우셨겠습니다." 이에 정자가 대답하였다. "나는 날마다 편안한 땅을 밟아왔

---

50) 『心經』, 290쪽.

는데 힘들고 고생스러울 게 무엇 있겠습니까. 남들은 날마다 위태로운 땅을 밟고 있으니 그들이야말로 힘들고 고생스러울 것입니다."51)

이 대화는 인간과 삶에 대해 서로 다른 인식 태도를 보여준다. 무릇 모든 삶은 각자의 인간관에 따라 영위되는 법이다. 자신을 존엄하다고 여기는 사람은 행동거지 하나에도 품위를 지키려 할 것이요, 이에 반해 자신을 못났다고 생각하는 사람은 비굴한 행동을 마다하지 않을 것이다. 역으로 살피면 한 사람의 행동거지와 삶의 태도를 통해 그의 인간관을 읽을 수 있다. 이를 저 '어떤 사람'과 정자의 사례에서 살펴보자. 전자가 예의에서 '힘들고 고생스러움'을 짐작했던 이면에는, 좋게 말하면 자유주의적인 인간관이 놓여 있다. 인간은 자유롭게 행동할 천부의 인권을 타고났는데 그것을 억압당하니 '힘들고 고생스럽다'고 여겨질 수밖에 없는 것이다.

그런데 그의 자유의식에는 자율의 정신이 결여되어 있다.52) 그는 모든 억압과 속박으로부터의 해방을 자유의 전부라고 여긴다. 도덕과 법 등 공적으로 요구되는 질서까지도 그것이 자신을 구속한다고 생각되면 자유의 이름으로 반발하고 저항한다. 설사 예의를 지킨다 하더라도 그것은 마지못해서 하는 것일 뿐, 언제든 '비례(非禮)'를

---

51) 위의 책, 184쪽.
52) "자유란 여러 구속적 규칙으로부터 면제되어 있는 것은 아니다. 도리어 자유란 도덕적 의지가 자신에게 부과하는 규칙이다. 그것은 '자율'의 의미이며, 자기 규제와 개인적 책임을 의미하는 것이다. 칸트가 말하듯이 자유는 '주어진' 것이 아니라 '부과된' 것이다. 그것은 증여된 선물이 아니라 하나의 과제이며, 아마도 우리가 스스로에게 부여할 수 있는 가장 어려운 과제이다. 이 과제를 수행하는 것은 우리 시대처럼 험난한 사회적 위기와 정치적 동요의 시대에서는 더욱더 어려운 일이 되었다."(에른스트 카시러, 심철민 옮김, 『상징, 신화, 문화』(아카넷. 2012))

범할 의사를 갖는다. 그리하여 방종에 가까운 행동조차도 자유분방한 모습으로 미화되기도 한다. 이러한 안목으로는 예의를 강조하는 도덕군자가 위선자로 못마땅하게 비치기까지 할 것이다.

우리는 여기에서 오늘날 우리 사회에 만연되어 있는, 도덕과 법이 무너진 무규범 현상의 원인 하나를 발견한다. 그것은 잘못된 자유의식과, 근본적으로는 경박한 인간관의 산물이다. 사람들은 재물이나 권력 등 외재적인 힘에서 자아의 정체성을 찾아 그러한 힘을 획득하기 위해 어디서나 살벌하게도 "파이팅"을 외쳐댄다. 그들에게는 인간의 고결한 본성(불성이든, 덕성이든, 영혼이든)을 실현하기 위해 자유를 행사하리라는 고상한 과제의식이 없다. 기껏 "파이팅"의 자유뿐이다.

하지만 진정한 자유는 인간 본성의 실현이라고 하는 평생의 과제를 수행하는 데에 있다. 그러한 자유는 자신을 예의로 규제하고 구속하는 것을 거부하지 않는다. 그는 오히려 예의야말로 인간의 고결한 본성을 실현하기 위해 반드시 준행해야 할 도덕원리라고 여긴다. "예는 사람의 덕성을 길러준다."[53] 유교와 불교, 기독교가 모두 수많은 예의범절들을 강조하는 것도 이와 같은 인식에 근거한다. 당연히 그 예의범절들은 사람들에게 자기 구속을 통해 인간다운 행동을 하도록 강제한다.

정자가 '어떤 사람'에게 '날마다 위태로운 땅을 밟고 있다'고 응대한 것도 이러한 문제의식에서였다. 예의는 존엄한 인간성을 실현하기 위해 제정된 행위의 객관적 지표인데, 이를 외면하면서 마음 내키는 대로 행동한다면, 그것은 사람이 딛고 살아야 할 '편안한

---

53) 『心經』, 85쪽.

땅'을 벗어나 '위태로운 땅'을 밟는 것이나 다름없다는 것이다. 그는 이와 같은 인간학적 문제의식 속에서 예의의 구속을 자청하였다. 그에게 예의는 사람됨의 과제를 수행하기 위해 자청한 아름다운 구속이었다.

퇴계의 예의정신도 마찬가지다. 그의 예의바른 행동의 이면에는 존엄하고 고결한 인간관이 자리 잡고 있다. 이미 살핀 것처럼 그는 자신의 존재 심층에서 하늘의 소명[천명]을 자각하였던 만큼, 그의 삶은 그 소명을 경건히 받들어 수행하는 여정이었다. 그는 그 수행의 방법을 진리에서 찾았으며, 예의는 바로 진리의 규범적인 형식이었다. 그러므로 예의는 삶의 억압이나 속박이 아니라, 오히려 자신(인간)의 존엄한 본성, 참자아를 실현하는 데 불가결한 도덕원리였다. 달리 말하면 예의는 존엄한 자아에게 표하는 경의의 방식이었다. 엄전함에 더하여 아름답기까지 한 퇴계의 예의바른 모습을 한 제자의 기록에서 엿보자.

　　선생님은 평소에 항상 일찍 일어나 의관을 바로 하셨다. 앉아 계실 때에는 무릎을 꿇었고, 서 계실 때에는 어디에도 기대지 않았고, 허리를 곧게 펴고, 시선은 똑바로, 걸음걸이는 여유 있게, 말씀은 자상하여 각박하거나 방자 태만하지 않으셨다.54)

퇴계의 이러한 예의정신은 오늘날 대인관계에서는 물론 자기 자신에 대해 예의를 소홀히 하는 우리네의 삶을 되돌아보게 만든다. 거기에는 근본적으로 경박한 인간관이 놓여 있다. 그들은, 천명의 자각은 고사하고, 자신을 존엄한 존재로 여기지 않기 때문에 자기

---

54) 『退溪全書 四』, 「言行總錄」, 10쪽.

자신에게 예의를 갖추려 하지 않는다. 자신에게 갖출 예의란 다른 것이 아니다. 위에 소개한 퇴계의 모습에서 엿본 것처럼, 일거일동을 엄숙하고 경건하며 품위 있게 꾸미는 일을 말한다. 이러한 꾸밈을 가식이라고 비판해서는 안 된다. 그것은 인간을 동물과 구별 짓는 중요한 준거 중의 하나다. 사실 인간의 문화는 온갖 꾸밈의 총체적인 양식이다. 인간은 본질적으로 문화적인 존재로서, 삶 전체를 갖가지의 인위적인 형식으로 꾸며 구속거리들을 스스로 지어낸다. 매일 출근길에 정장의 예의가 그중 하나다. 사람들은 예의를 지킴으로써 자신이 야만을 벗어나 인간다운 삶을 살고 있다고 자부한다.

물론 꾸밈에는 긍부정의 양면성이 있다. 옷이든 행동거지든 겉만 그럴싸하게 꾸미는 경우가 그 부정적인 측면에 해당된다. 이는 대개 남들의 이목을 지나치게 의식하면서 자신의 실상을 호도하거나 과장하기 위해 이루어진다. 양반의 팔자걸음 식이다. 여기에는 화려한 꾸밈으로 정신의 빈곤을 감추려는 저의가 깔려 있기도 하다. 말하자면 외화내빈의 인간상이다. 당연히 이러한 꾸밈은 배격되어야 한다.

공자가 '향원(鄕原)'을 비난한 까닭이 여기에 있다. 향원은 인간의 존엄성을 인식하지 못하고 단지 세상에 영합하여 행동거지를 공손하게 예의범절로 꾸미기만 하는 사람을 말한다. 이 때문에 그는 사람들의 칭찬을 받지만, 정작 타락한 세상을 꾸짖고 존엄한 인간상을 세우려는 진리정신을 갖지 못하고 있다. 이는 부정적인 꾸밈의 전형에 해당된다. 공자가 "향원은 덕을 해치는 자"(『논어』)라고 비난한 이유가 여기에 있다. 맹자는 이를 다음과 같이 부연한다. 그 질타의 목소리가 오늘날까지 울려 퍼지는 듯하다.

비판하자니 딱히 그 근거가 없고 책망을 하자니 책망거리를 찾기 어려운데, 그는 세속에 묻혀 더러운 세상에 영합한다. 그는 생활에 성실한 것 같고 행동이 청렴결백한 것처럼 보여 사람들이 모두 그를 좋아하고 그 역시 자신이 옳다고 여기지만, 그와는 함께 요순(堯舜)의 도(道)에 들어갈 수 없기 때문에 공자께서 그를 두고 '덕을 해치는 자'라 하신 것이며, (중략) 공자께서 그를 미워하신 것은 그가 덕을 어지럽힐까 염려하셨기 때문이었다. (『맹자』)

이에 반해 인간의 품위를 높여주고 삶의 정신을 제고해주는 아름다운 꾸밈도 있다. 예를 들면 음악은 소리의 기교적인 꾸밈이지만, 그것은 사람들의 심미정신을 일깨워주고 마음을 정화시켜준다. 또 신앙인들이 초월자를 우러르면서 무릎 꿇고 두 손 모아 배례하는 것도 명백히 인위적인 꾸밈에 해당되지만, 그것은 세속에 젖어 있던 그들의 마음을 정화하고 참자아를 눈뜨게 해준다.

그러므로 꾸밈 자체를 비난할 일이 아니라, 그것이 어떤 성질을 띠고 있는지 따져보아야 한다. 자신의 존재를 고상하게 가꾸고 품격을 높이기 위한 예의의 꾸밈은 아무리 강조되어도 지나치지 않다. 물론 여기에는 기본적으로 인간의 존엄성에 대한 인식이 앞서야 한다. 비속한 인간관 속에서 행동거지를 꾸미는 것은 자신의 비속함을 감추기 위한 가식에 지나지 않는다. 이 점에서 인간의 존엄성과 진리정신에 입각한 퇴계의 예의정신은 우리가 여전히 본받아야 할 역사적 전범이 될 수 있다.

예의는 일상의 심리와 시청 언동을 넘어 타인과의 교제질서를 뜻하기도 한다. 무질서한 교제는 오래가지 못하며, 결국 자타 간 관계의 소원함과, 나아가 파탄을 면하기가 어렵다. 그러므로 교제질서,

즉 예의는 내가 타자를 의미 깊게 만나기 위한 전제조건이 아닐 수 없다. 이는 예의가 인간관계의 필요상 부득이 요청되는 질서규범임을 뜻하지 않는다. 그것은 삶의 생래적인 조건으로써 진리가치를 내재하고 있다. 이에 대해 인간은 이기적인 존재이며, 사회는 "만인의 만인에 대한 투쟁"의 자리라고 여기는 사람은 예의의 진리성을 부정하려 할 것이다. 그에게 예의는 진리이기는커녕 타율적이고 강제적인 규범에 지나지 않는다. 생존경쟁을 부추기는 사회에서 예의는 이해타산을 감춘 위선일 뿐이다.

하지만 인간관계와 사회생활을 모순과 투쟁이 아니라 오히려 상호 의존과 조화의 관계로 여긴다면 교제질서의 관념이 전혀 달라진다. 퇴계의 사례를 들어보자. 그는 인간관계와 교제질서에서 천부의 이치, 즉 진리가치를 발견하였다. 이는 "공경(사양)지심은 예의 단서"라는 맹자의 주장을 염두에 둔 말이 아니다. 이미 고찰한 것처럼 퇴계에 의하면 인간은 본질적으로 공동체적인 존재로서 타자와의 관계 속에서만 존재하고 살아갈 수 있다. 부모, 자식, 친구, 이웃, 위아래의 사람들 등 전후좌우로 타자를 배제한 채 홀로 서 있는 나를 우리는 상상할 수 없다. 그것은 존재의 진공 상태에 다름 아니다. 나의 사람됨 또는 인격은 타자와 교류하는 가운데에서만 형성된다. 그러므로 그의 말처럼 "이치상으로 말하면 천하의 일이 내 밖의 일이 아닙니다." 이것이 존재의 진리요 삶의 이치다.

물론 피상적으로 살피면 천하의 일이 당연히 (나와 무관한) 내 밖의 일처럼 보인다. 사람들은 흔히 생각한다. "세상사가 나와 무슨 상관이 있단 말인가. 만물이 모두 독립적인 개체이며, 일심동체라고 일컬어지는 부부 사이조차도 '너는 너고 나는 나다.' 그러므로 나는 나 자신의 발전과 행복을 추구할 뿐이다." 하지만 나의 탄생과 성장과정을 곰곰이 생각해보자. 거기에는 부모(조상)와 형제자매, 이웃, 고향의 뒷동산, 사회, 아니 우주 전체가 녹아들어 있다. 그것들은 단지 머릿속의 기억으로만 남아 있는 것이 아니라, 나의 존재의 피가 되고 살이 되어왔다. 말하자면 나의 존재의 덮개를 열면 그 안에 우주만물과 세상만사가 용해되어 있다. 맹자의 말대로 "만물이 모두 나의 존재 안에 내재되어 있다."

그러므로 나는 타자와 본질적으로 혼성을 이루는 공동체적인 존재가 아닐 수 없다. 이러한 존재의 진리와 삶의 이치를 부정하면서 타자를 외면하고 배척하는 사람은 세상을 살아갈 수 없다. 그러한 삶을 추구할수록 그는 절해의 고도와 같은 외로움을 견딜 수 없을 것이다. 존재의 폭이 최소한도로 좁혀진 이기주의자의 모습이 그러하다. 이와는 반대로 만민과 만물을 향해 자신의 존재를 열어 그들과 더불어 사는 사람이 있다. 퇴계는 임금에게 말한다. "만민과 나는 형제요, 만물과 나는 더불어 사는 이웃입니다." 이는 그의 존재가 우주만큼이나 넓게 열려 있음을 보여준다.

공자의 이른바 "군자상달 소인하달(君子上達 小人下達)"(『논어』)의 의미를 우리는 이러한 관점에서 풀이해볼 수 있다. 여기에서 '상'과 '하'는 자아의 향상과 전락을 함의한다. 남들(만물)을 자신의 존재 깊이 보듬어 안으면서 우주적 대아를 지향하는 '상달'의 군자가 있는가 하면, 남에 대해서는 무관심한 채 우렁이처럼 자기 안에 갇혀 살아가는 '하달'의 소인이 있는 것이다. 세상 사람들은 이 양극단 사이에서 자신의 초상을 온몸으로 그려나간다.

퇴계는 자타 공동체적인 존재관 속에서 예의질서가 천부의 진리임을 자명한 사실로 받아들인다. 타자가 나의 존재 안에 있다는 사실은 나와 그의 관계가 본질적임을 뜻하기 때문이다. 그것이 바로 사람됨의 참다운 이치, 즉 진리다. 그러므로 만약 타자와의 관계를 부정한다면 그는 그만큼 자신의 존재를 축소하는 것이나 다름없다. 물론 그 자리에서 자타의 관계를 어떻게 설정하여 질서를 세울 것인가 하는 문제가 남아 있긴 하지만, 어쨌든 관계질서 자체만큼은 인간의 원초적인 조건이며 삶의 진리다.

예의는 이처럼 천부의 관계질서, 즉 진리를 도덕규범화한 것이다. 사람들은 예의를 통해서 비로소 타자에게 다가가고 공동체의 일원이 된다. 공자가 "예에서 자아를 세운다(立於禮)"(『논어』)고 말한 뜻이 여기에 있다. 사람은 예의를 지킴으로써만 공동체의 일원으로 자신의 존재를 확립할 수 있다는 것이다. 그러므로 '무례하다'는 표현은 한 사람의 행위에 대한 도덕적 비난에 그치지 않는다. 그 말은 그가 공동체의 구성원 자격을 갖지 못했음을, 달리 말하면 사람이 못됐음을 힐난하는 뜻을 함축한다. 이는 역시 예의가 사람됨의 이치, 즉 진리를 규범화한 것임을 반증한다.

하지만 전통의 예의가 정말 사람됨의 이치(진리)를 충분히 담보할 수 있을까? 설령 그것이 공동체의 일원으로 나서기 위한 필요조건이라 하더라도, 공동체의 양상은 시대와 문화, 그리고 세대에 따라 끊임없이 달라진다는 사실을 고려하면 그 대답은 부정적이다. 한 시대(문화, 세대)의 공동체에서 통용되는 예의는 다른 시대의 그것과 다르다. 예나 지금이나 기성세대와 청소년 사이에 일어나는 갈등도 서로 다른 예의의식에서 비롯되는 경우가 허다하다. 게다가 그 저변에는 사람됨의 이치(진리)에 관한 의견의 차이가 놓여 있다.

만약 시대와 세대를 넘어 인류에게 보편적인 사람됨의 이치(진리)를 제시할 수만 있다면, 그것을 실천규범화한 예의는 진정한 진리가치를 담고 있다고 말할 수 있을 것이다. 이렇게 살피면 예의의 진리성 여부는 그것이 사람됨의 이치를 얼마만큼의 함량으로 갖고 있는가에 달려 있다고 할 수 있다. 비록 진리가 예의의 형식 속에서 은폐되고 때로는 왜곡되기까지 하겠지만, 이는 우리가 감당할 수밖에 없는 한계다. 무형의 진리는 유형의 형식을 통해서만 구현될 수 있기 때문이다.

퇴계의 예의 관념을 우리는 이러한 관점에서 평가해볼 수 있다. 그는 단지 의례적인 차원에서 자타 간 교류질서를 맺으려 하지 않았다. 그의 예의 관념 이면에는 공경의 정신이 깔려 있었다. 그에게 남들은 자신의 존립을 위해 부득이 인정해주어야 할 객체가 아니었다. 남들은 그의 참자아 실현의 현장이었던 만큼, 그는 그들을 적극적으로 맞이하고 정중하게 대접하였다. 그들의 인격을 존중하고 그들에게 경의를 다하였다. 그에게는 그것이 곧 자신을 존중하는 방식이기도 하였다. 그러므로 그의 예의 관념은 여느 사람들의 그것과 다르다. 그의 한 제자가 기록한 선생의 모습을 상상해보자.

선생님이 사람을 대함에는 상대방의 신분과 인품 여하를 막론하고 예를 다하지 않음이 없으셨고, 손님이 오면 그가 아무리 미천한 신분일지라도 항상 계단을 내려가 영접하셨으며, 자신이 나이가 많다거나 신분이 높다 해서 상대방을 낮추보지 않으셨다.[55]

우리는 이러한 만남의 자리에 깔려 있는 퇴계의 삶의 정신을 엿볼 수 있다. 일반적으로 사람들은 남들 앞에서 자신의 권력이나 재물, 사회적 지위, 나이와 같은 '존재의 외피'를 걸쳐 입는다. 그것으로 자신의 존재를 부풀리고 과시하며 상대방을 위압하려 한다. 그

55) 『退溪全書 四』, 「言行錄」, 18쪽.

러나 퇴계는 그러한 외피가 덧없을 뿐만 아니라 인간의 순수한 존재됨을 은폐하고 왜곡하며, 자타 간의 존재를 격절시킨다는 사실을 일찍부터 알고 있었다. 그러므로 인간의 우주적 존재성을 실현하여 만민과 만물을 자신의 품에 깊이 아우르고자 했던 그에게 상대방의 신분과 인품과 나이는 전혀 고려의 대상이 아니었으며, 그것들을 벗어나 '벌거벗은 존재'로 그들 앞에 나서고자 하였다. 나아가 이러한 존재의식의 저변에는 세상에 경건히 나서는 그의 외경의 정신이 놓여 있다. 이에 관해서는 그의 영성(靈性)을 주제로 뒤에서 다시 상론하려 한다.

퇴계의 예의 관념은 개인주의의 그것과 매우 대조적인 모습을 보인다. 개인의 자유와 독립, 사적인 발전을 삶의 목표로 두는 개인주의는 남들에 대한 관심과 포용, 사랑과 공경의 여유를 별로 갖지 못한다. 오히려 그의 눈에는 남들 자체가 그의 자유를 제약하는 구속거리다. 이러한 개인주의 사회에서 자타 간 만남의 질서, 즉 에티켓은 진리가치를 담지하기는커녕, 상호간의 마찰과 충돌을 미연에 방지하기 위한 타협과 조정의 책략에 불과하다. 그 사회의 사람들에게 현저한 권리 의무의 관념도 따지고 보면 자타 간 마찰과 충돌에 대비한 사전의 방어기제이자 사후의 해결 기법이다.

퇴계의 대인 관념은 이와 차원을 전혀 달리하였다. 자신의 존재 안에서 타자를 발견했던 그의 존재공동체의 정신 속에서 남들은 자신의 삶을 가로막는 장애물이 아니라, 오히려 자아실현의 본질적인 조건이었다. 그러므로 그의 삶에는 남들과 존재론적으로 거리를 두는 자유와 독립의 정신이 용납될 수 없었다. 오히려 그는 예의 질서가 가하는 구속을 인간적인 것으로 여기면서 그 안에서 삶을 성취하려 하였으며, 열린 마음으로 남들에게 다가가 그들과 삶의 애환을 함께하려 하였다. 그가 "성인은 천하를 한 집안처럼 생각하고 인류를 형제처럼 여겨 이들을 하루도 잊지 못한다"56)고 말한 것도 인간의 공동체적 본질에 대한 통찰의 산물이었다. 그에게 예의란 이러한 공동체적 본질에 내재된 진리가치를 실현하기 위한 규범적 장치였다.

우리는 여기에서 퇴계의 예의정신의 탁월한 면모를 발견한다. 일반적으로 예의는 자타 간 분별의 관념을 기조로 갖고 있다. 이를테면 남자와 여자, 윗사람과 아랫사람 등 상하 좌우간 교류가 이루어지는 모든 자리에서 예의는 기본적으로 사람들이 서로 다른 위상을 자각하고 또 확인하면서 제 분수를 스스로 알아서 처신하도록 요구한다. 그야말로 "찬물도 위아래가 있는 법이다." 만약 이를 무시하고 '분별없이' 행동한다면 자타 간 관계질서와, 나아가 그것의 총체적 산물인 사회는 혼란과 파국에 빠질 수도 있다.

하지만 여기에서 문제가 생긴다. 그러한 분별의 정신은 자칫 차별적 사고를 낳을 염려가 있다는 점이다. 예를 들면 남녀유별이나 장유유서의 예의에는 여성과 아랫사람을 순수 인격으로 존중할 줄 모르고, 오히려 그들을 무시하는 폐해가 뒤따르기도 한다. 남존여비의 차별적 관념이 그 단적인 예증이다. 설사 그것이 유학 본래의 의도는 아니라 하더라도57) 그러할 개연성은 높다. 이는 오늘날까지도 유교문화의 현장에서 쉽게 발견된다. 게다가 자타 분별의 예의가 진리로 포장되어 사람들의 마음속에 내면화되면서 저러한 폐해에 대한 저항과 예의 자체의 개선[變禮]은 거의 기대하기 힘든 일

---

56) 『退溪全書 二』, 「答金惇敍」, 72쪽.

57) 예컨대 삼강오륜의 본래적 의미에 관해서는 김기현, 『선비의 수양학』(서해문고, 2014), 187쪽 이하 참조.

이 되었다. 어떤 학자는 이러한 문제점을 사회정치적 관점에서 아래와 같이 지적한다.

예가 정치 사회의 조직원리에 편입되면 그것은 혈연적 친소 원근에 따라 의제(擬制)된 차이와 서열의 구조를 형성하게 된다. 말하자면 모든 사회관계가 서열화, 등급화된 시스템을 이루게 된다. 명청시대에 정착된 '삼강(三綱)'의 가르침은 바로 그러한 유교적 차별시스템의 윤리적 표현이었다. 여기서 군신, 부자, 부부의 상하 서열관계는 '천리(天理)의 자연' = 윤상(倫常)으로서 사회적으로 승인되고 내면화되었다. 그러한 상하관계를 어지럽히는 일은 바로 반사회적, 반국가적 행위이며, 조화와 안정으로 충만된 차이와 서열의 구조에 대한 중대한 도전으로 간주되었다.[58]

퇴계가 이러한 문제점을 확실히 인식했는지는 모르지만, 그가 일상에서 견지했던 예의정신은 자타 분별로 인한 폐해의 여지를 전혀 갖지 않았다. 외경의 삶 속에서 상대방의 신분과 인품과 노소를 불문하고 공경을 다했던 그의 '벌거벗은 존재'의 정신은 자타 분별의 폐해는커녕, 오히려 자타 간 거리를 좁히면서 인격적 교감과 사랑의 자리를 활짝 열었을 것이다. 우리는 여기에서 참다운 예의의 정신을 본다. 예의는 공경과 사랑의 정신 위에서만 정당성을 얻을 수 있다.

예의가 진리의 규범 형식으로 긍정되고 환영될 수 있는 길이 또한 여기에 있다. 예의는 원래 자연의 생명질서(이치)를 도덕규범화

---

58) 미조구찌 유조 외, 동국대 동양사연구실 옮김, 『중국의 예치 시스템』, 230쪽.

한 것이었다. 그렇다면 그것은 당연히 개인적으로나 자타 간에서나 생명활동(진리정신)을 촉진하는 것이어야 한다. 달리 말하면 예의는 생명정신의 발현과 개화라고 하는 목적 이념을 갖지 않으면 안된다. 그것이 결여된 예의는 마치 향기 없는 조화나, 또는 생기를 잃은 메마른 나뭇가지와도 같을 것이다. 그처럼 형식적인 예의는 자타 간 생명적 교류는커녕, 서로의 거리를 결코 좁혀주지 못한다. 거기에서는 다만 사람들의 기계적인 수작, 즉 의례적인 태도만을 보게 될 것이다. 퇴계는 비판한다. "마음에 뿌리를 두지 않고 다만 겉으로 예의 절차만 따지는 것은 분장배우나 다름없다."[59]

공자가 "사람이 사랑을 모른다면 예를 차린들 무슨 의의가 있겠는가!"(『논어』) 하고 힘주어 말한 뜻이 여기에 있다. 참다운 예의는 인간에 대한 사랑에서 나온다. 그러므로 예의규범을 학습하고 실천하기에 앞서 사람들은 생명정신(생명애)의 함양에 힘써야 한다. 참다운 예의는 거기에서만 나온다. 이러한 노력 없이 예법만 쇄설하게 따지고 엄격하게 지키려 한다면, 그러한 태도는 생명을 억압하고 질식시키는 족쇄로 작용할 것이다. 예의가 진리의 구현 형식이 될 수 있는 것은 그것이 우리의 생명(적인 삶)을 아름답게 꽃피우는 한도 내에서다.

2) 가치 합리적 정신

유학에서 예의는 대체로 『예기』, 『주자가례』 등 각종의 예서(禮書)에 기록되어 있는 내용으로 이루어져 있다. 이른바 "삼천 삼백

---

59) 『退溪全書 二』, 「傳習錄論辯」, 333쪽.

개의 크고 작은 절목들"이 그것이다. 하지만 그것들이 사람들의 일거일동을 빠짐없이 아우를 수 있는가? 사실 구체적인 상황 속에서 일어나는 천태만상의 언행과 인간관계를 예의의 절목으로 일일이 서술하고 지도하기란 불가능한 일이다. 게다가 예법이 일단 정립되면 이후 사회적으로, 시대적으로 다른 환경 속에서 살 수밖에 없는 후대인들의 삶에 지난날의 예의규범들은 크고 작은 관념적, 실천적인 틈을 드러낼 수밖에 없다. 예컨대 지난날 남녀유별의 규범은 오늘날에 와서는 전혀 가당치 않은 말이 되었다. 주자 역시 당시부터 이러한 문제점을 분명히 인식하고 있었다. 그는 말한다.

무릇 예의를 행하는 데에는 옛날의 자취에 얽매어서는 안 된다. 예컨대 옛날에는 행할 수 있었지만 오늘날에는 행할 수 없는 것도 있고, 남에게는 행할 수 있지만 나 자신에게는 행할 수 없는 것도 있으며, 사양하는 것이 예의지만 사양하지 않는 것이 예의인 경우도 있다.[60]

그는 '옛날'의 예의와 '오늘날'의 삶 사이에는 틈이 있을 수밖에 없음을 말하고 있는 것이다. 그 틈이 신구세대의 갈등을 야기하기도 하지만, 그것은 새로운 예의규범이 창출되는 생산적인 공간이 되기도 한다. 사람들은 그 안에서 옛날의 것을 부정하거나 회의하고 보완하면서 자신들의 삶에 맞는 규범을 마련한다. 한 사회 내에서 시대에 따라 달라지는 관혼상제의 예식들이 그 대표적인 사례다. 예의는 그처럼 끊임없이 생성 변화한다. 거시적으로 살피면 모든 문화와 전통의 변화가 이렇게 해서 생겨난다.

---

60) 『經書』, 609쪽, 小註.

이때 새로운 예의규범을 창출하는 일을 유학자들은 성현의 몫으로 돌리지만 이는 사실이 아니다. 그것은 한 사회를 살아가는 보통 사람들에 의해 수없이 모색되고 실험되면서 하나의 공통된 규범으로 정립되어왔다. 굳이 말하자면 예의규범은 사람들이 각 시대마다 일상생활 속에서 나름대로 '합리적으로' 도모해낸 결과다. 그들은 '옛날의 자취에 얽매이는' 율법주의자들과 달리, 생활 현장에서 자신들의 삶에 합당한 각종의 규범들을 모색하고 창출해나간다. 예의규범도 그중 하나다. 그것은 긴 역사를 살아온 수많은 사람들의 합리적인 정신의 산물이라 할 수 있다. 이렇게 살피면 유학자들이 예의의 진리성을 성현들의 권위에 의존하면서 그것을 절대 불변의 것으로 여겼던 점은 사실에 맞지 않는다.

예의규범을 창출하는 자리에서 사람들이 구사했던 합리적인 정신은 유학자들의 어법으로 표현하면 '의로움[義]'의 정신과 상통한다. 의로움이라는 말은 오늘날 일상적으로는 불의에 반대되는 도덕 개념으로 쓰이지만, 유학자들에게 그것은 그 이상의 깊은 함의를 갖고 있다. 먼저 그 용례를 살펴보자. 『주역』은 말한다. "의(義)를 정밀하게 탐구하여 신묘한 지혜를 얻으려는 것은 그것을 실생활에 이용하기 위해서다."[61] 여기에서 '의'는 단순히 도덕적인 뜻에 불과한 말이 아니다. 그 말은 사전적으로 '리(理)'의 의미를 갖고 있

---

61) 이에 관해 주자는 다음과 같이 말한다. "모든 사물이 제각기 자연의 이치를 갖고 있어서, 마치 상하 사방이 불변의 방위를 갖고 있듯이, 터럭만큼의 오차를 갖고 있지 않은 것이 의(義)입니다. (중략) '의를 정밀하게 탐구한다'는 말은 시비를 변별하고 가부를 구별하여 또한 한순간의 마음자리에서도 떠나지 않는 것을 이릅니다."(『朱書節要』, 「答江元適」, 146쪽) 이에 의하면 '의'란 '자연(사물)의 이치', 즉 진리를 조금도 오차 없이 판단하는 정신을 뜻한다.

기도 하다. 그러므로 '의를 정밀하게 탐구한다'는 말은 사물의 이치, 진리를 면밀하고 올바르게 탐구한다는 뜻이다.

의로움은 사물의 이치(진리)를 올바르게 인식하여 실천하려는 정신이다. 의로움의 정신은 진리에 대한 인식이 깊을수록 실천의 의지가 강해진다. 슈바이처의 말처럼, "모든 참된 앎은 체험으로 바뀐다. (중략) 체험이 되는 앎은 내가 세계에 대해서 그저 아는 주체로서 남아 있게 하지 않고, 내가 세계에 대해서 내적인 관계를 가지지 않을 수 없게 한다."[62] 여기에서 '세계에 대해서 갖는 내적인 관계'의 징표로 그는 '생명에 대한 경외'의 마음을 말하고 있는데, 그 밖에 의로움의 정신도 고려해볼 수 있다. 저 '체험'은 참된 앎(진리)의 올바른(의로운) 실천의 현장이기 때문이다.

그러므로 의로움은 실천 지향의 진리정신이라 할 수 있다. 달리 말하면 그것은 일상의 현장에서 체험으로 바뀐 가치 합리적 정신이다. 이러한 뜻은 정자의 글에서 분명하게 드러난다. 그는 말한다. "사물 상에서 말하면 리(理)이고, 처사 상에서 말하면 의(義)다."[63] 달리 말하면 의로움이란 사물의 이치(진리)에 따라 가치 합리적으로 처사하는 정신이다. 이는 의로운 행동을 하기 위해서는 진리의 인식이 선행되어야 함을 일러준다. 이를테면 진리를 거스르는 폭력배들의 '깡패' 의리나, 정치인들의 '패거리' 의리는 의로움의 정신과 거리가 한참 멀다.

사실 위에서 살핀 예의규범도 따지고 보면 (그 정립 주체가 성현이든 아니면 보통사람들이든) 가치 합리적 정신, 즉 의로움의 정신의 산물이다. 간단하게 말하면 예의란 어떤 행동이 삶의 이치(진리)

---

62) 고범서, 『사회윤리학』(나남, 1993), 159쪽.
63) 『近思錄』, 33쪽.

에 합당하다고 여겨져서 규범화된 것이다. 우리가 남들과 일상으로 주고받는 인사나, 또는 죽은 사람을 떠나보내는 장례의 자리에서 행하는 일상의 예법들이 모두 그러하다. 만약 지난날의 그것들이 가치에 합당하지 않다고 여기면 오늘날의 사람들은 자신들의 '합리적' 판단 속에서 새로운 예법을 강구하면서 지난날의 것들을 바꾸어나갈 것이다. 예의규범의 변화가 이렇게 해서 나타난다.

이에 대해서는 의문과 반론이 있을 수 있다. 사물의 이치, 즉 진리는 일정불변의 것인데 그것의 판단이 사람마다 달라질 수도 있느냐고 말이다. 하지만 진리의 판단에 작용하는 '합리성'은 막스 베버의 주장처럼 복합적이고 역사적인 개념이다. 시대와 상황에 따라 합리성의 의미가 달라질 수 있다는 것이다.[64] 예컨대 경제적 이익과 능률을 최대의 목표로 삼는 산업사회의 합리성과, 형제애와 인간애를 삶의 가치로 내세우는 전통사회의 합리성은 서로 다른 의미를 갖는다. 전자는 형식적이고 타산적이며 몰가치적인 데 반해, 후자는 실질적이고 평가적이며 양심적이다. 그처럼 합리적이라는 판단은 관점에 따라 달라진다. 베버는 말한다. "어떠한 것도 그 자체로는 비합리적인 것이 아니라 특수한 관점에서만 비합리적이다. 무신론자에게는 모든 종교적 생활양식이 비합리적이고, 쾌락주의자에게는 모든 종교적 표준이 비합리적이다."[65]

사람들이 사물의 이치를 판단하는 것이 시대마다, 또는 개개인에 따라 다를 수 있는 것도 이 때문이다. 과학적 진리도 그럴 수 있지만, 인문학적 진리의 판단은 그처럼 매우 가변적이다. 사람들은 자신의 인간관과 삶의 정신에 따라 진리를 남과 달리 판단하기도 한

---

64) R. 브루베이커, 나재민 옮김, 『합리성의 한계』(법문사, 1985), 11쪽 참조.
65) 위의 책, 49쪽.

다. 이는 진리 자체에 관해 회의적인 태도를 야기할 수도 있겠으나, 그렇게 염려할 일은 아니다. 적어도 한 사회에 공유되고 통용되면서 사람들의 삶을 올바르게 지도하는 삶의 이치, 즉 진리는 그래도 존재하기 때문이다. 게다가 그것이 만약 인간의 본질에 깊이 뿌리를 내리고 있다면 그것의 생명력은, 그리고 그에 입각한 의로움과 예의정신도 시대를 넘어 오래도록 지속될 것이다. 위대한 종교와 철학이 그 사례를 잘 보여준다. 퇴계의 진리정신도 그에 해당된다.

예의와 의로움의 정신에 관한 문제로 다시 돌아가보자. 예의가 진리 구현의 규범적 형식이라면, 구체적으로 어떤 형식이 진리인지 여부를 판단하는 것은 의로움의 정신이다. 예의규범의 정립에는 그처럼 의로움의 정신이 작용한다. 그러므로 예의와 의로움의 덕목은 표리의 관계에 있다. 예의가 객관적 규범이라면 의로움은 그것을 제정하는 주관적 도덕정신이다. 『예기』에서 "예(禮)는 의(義)를 규범화해놓은 것"이라고 말한 뜻이 여기에 있다. 퇴계 또한 고봉과 상제례를 논의하는 편지에서 다음과 같이 말한다. "성인이 예(禮)를 제정하시는 데에는 의(義)를 준거로 하였습니다."66)

이는 예의규범 외에 의로움의 정신이야말로 진리 실천의 방안으로 매우 중시될 수밖에 없음을 일러준다. 예의로 규범화되어 있지 않거나, 또는 옛날의 예의와 오늘날의 삶 사이에 벌어진 틈에서 사람들은 의로움의 정신을 동원하여 합리적인 판단을 할 수밖에 없다. 아니 사실은 예의 이전에 의로움이야말로 진리를 판단하고 실천하는 가장 일차적인 정신이 아닐 수 없다. 예의도 의로움의 정신의 산물이기 때문이다. 퇴계가 사리의 탐구를 학문의 커다란 과제

---

66)『退溪全書 一』, 「與奇明彦別紙」, 434쪽.

로 여겼던 까닭이 여기에 있다. 물론 그는 그것으로 만족하지 않았다. 그의 궁리공부는 진리를 관념적으로 유희하기 위한 것이 아니라, 의로움의 정신을 배양하여 진리를 올바르게 실천하는 데에 목표를 두고 있었다. 참자아의 완성은 관념이 아니라 실천 속에서만 이루어질 수 있는 것이기 때문이다.

학문의 처음과 끝이 이로써 마련된다. 진리의 탐구와 발견이 학문의 출발점이라면, 그것을 의로움의 정신으로 가치 전환하여 참자아를 완성하는 것이 그 종착점이다. 그러므로 실천의 세계로 나아가지 않는 진리는 공허하다. 물론 그 진리는 학자의 전유물이 아니다. 퇴계는 말한다. "리(理)는 일상의 세계에 충만하여 일거일동의 순간과 윤리 실행의 즈음에 있습니다."[67] 그러므로 일상생활의 모든 순간과 자리가 다 진리 실천의 현장인 만큼, 진리의 탐구를 본업으로 하는 학자는 말할 것도 없고, 모든 사람들이 진리를 유념하면서 의로움의 정신으로 나서야 한다.

퇴계는 의로움의 정신을 목수의 일에 비유하기도 한다. 그는 말한다. "의(義)는 일을 마름질하고 결단하는 도리"[68]로서, "마치 날카로운 칼로 물건을 마름질하여 그 장단과 대소에 각기 알맞음을 얻어내는 것과도 같습니다."[69] 그러므로 집의 설계도면이 진리라면, 그 도면에 따라 재목들을 알맞게 자르고 마름질하는 것이 의로움의 정신이다. 이는 진리의 집을 짓는 데 의로움의 정신이 불가결한 조건임을 일러준다. 의로움의 정신이 결여된 진리는 공허하기

---

67) 위의 책, 「答南時甫別紙」, 365쪽.

68) 『退溪全書 二』, 「答李平叔問目」, 258쪽.

69) 위의 책, 「答李宏仲問目」, 215쪽. '마름질'이란 옷감이나 재목 등을 일정한 기준에 따라 재단하는 것을 뜻한다.

짝이 없다. 한편 집의 구조와 견고함, 아름다움이 목수의 역량에 좌우되는 것처럼, 참자아(삶)의 완성은 의로움의 정신이 얼마나 투철한가에 달려 있다.

위에서 의로움을 일러 가치 합리적 정신이라 했는데, 그 뜻을 좀 더 깊이 들여다보자. 어떤 학자는 합리정신을 여러 유형으로 나누면서 그중에 가치 합리적인 것과 목적 합리적인 것을 대비시킨다. 그는 말한다. "가치 합리적 행동은 어떤 행동 고유의 정당성이나 본질적인 가치에 관한 의식적인 신념을 전제로 하며, 목적 합리적 행동은 수단과 목적의 관점에서 의식적인 추리를 전제로 한다."[70] 이어서 그는 의사의 예를 든다. 어느 환자의 시한부 질병을 확진한 뒤에 환자에게 진실을 알리는 것이 의사의 의무라고 여겨 확진 결과를 숨김없이 말하는 것은 가치 합리적인 행동이다. 이에 반해 환자의 충격과 절망을 염려하여 그를 안심시킬 목적으로 선의의 거짓말을 하는 것은 목적 합리적 행동이다. 후자는 그래도 수긍될 수 있는 사례에 해당된다. 부정적인 예를 들면 권력이나 사회적 지위, 재물을 쟁취할 목적으로 이리저리 계산을 하고 궤변을 늘어놓으면서 자기 합리화하는 것도 따지고 보면 목적 합리적인 행동에 해당된다. 목적의 도덕성 여부는 따지지 않고 오직 목적 달성을 위한 수단의 강구에만 이성을 동원하는 것이다. 이른바 '이성의 도구화' 현상이다.

사실 유학자들은 가치 합리적인 정신을 제고하고 목적 합리적인 정신을 경계하는 뜻을 일찍부터 갖고 있었다. 맹자는 그 전형적인 사례를 든다. 그가 제자와 벌인 '왕척직심(枉尺直尋)'의 논쟁이 그

---

70) R. 브루베이커, 나재민 옮김, 『합리성의 한계』, 64쪽.

것이다. 제자는 선생이 정치에 참여하지 않는 것을 마땅치 않게 여기면서, "한 자[尺]를 굽혀서 여덟 자[尋]를 펴실 것"을 은근히 권유하였다. 달리 말하면 2보 전진을 위해 1보를 후퇴할 수도 있지 않느냐는 것이었다. 이는 공리적 관점에서 살피면 매우 '목적 합리적'이다. 그것은 '한 자를 굽히는' 수단을 통해 '여덟 자를 펴는' 목적을 성취할 수 있기 때문이다.

하지만 그것은 세속적인 이해득실의 현장에서나 환영될 수 있는 일이지, 진리의 세계에서는 가당치 않은 주장이다. 진리를 떠나서 진리를 실현할 수는 없기 때문이다. 사실 마음속으로 이해득실을 따지는 순간 진리의 정신은 사라지고 만다. 그렇게 되면 세상에 진리는 실종되고 이해타산만 난무하게 될 것이다. 거기에서 모든 인간관계는 순전히 이해득실로만 맺어지면서 더없이 취약해질 것이며, 인간의 본질가치인 우정이나 애정조차도 '목적 합리적' 관점에서 언제든 파기될 것이다. 맹자가 제자의 논리를 강하게 비판했던 까닭이 여기에 있었다. 삶과 세상을 진리의 빛으로 밝히려 했던 그에게 제자의 권유는 선생의 고상한 뜻을 전혀 이해하지 못한 것이었다.

퇴계의 의로움의 정신은 당연히 가치 합리적이었다. 그는 '행동 고유의 정당성이나 본질적인 가치', 즉 진리를 실현하는 일에 자신의 생각과 행동을 집중하였다. 그에게 이해득실의 문제는 고려 대상이 아니었다. 그는 말한다. "선비가 세상에 태어나 벼슬을 하거나 그에서 물러나거나, 또는 때를 만나거나 못 만나거나 간에, 요컨대 자신을 깨끗이 하고 의(義)를 행할 뿐, 화복은 논할 바가 아닙니다."71)

이처럼 퇴계의 의로움의 정신은 행위의 목적이나 결과를 고려하

지 않고, 오로지 행위의 '본질적인 가치'(진리)에 전념하였다. 그야
말로 "의로움을 올바로 행할 뿐 이득을 도모하지 않고, 도리를 밝
힐 뿐 공명(功名)을 계산하지 않는다(正其義 不謀其利 明其道 不
計其功)"[72)는 것이었다. 이에 의하면 사람은 어떤 행위를 함에 있
어서 사사로운 목적이나, 또는 불리한 결과를 고려해서는 안 된다.
행위의 공리성 여부를 떠나 오직 '의로움'과 '(사람의) 도리', 즉 진
리의 실현에 헌신해야 한다. 공리의식은 진리정신을 잠식하고 훼손
할 것이다. 어느 학자는 공리적인 태도를 다음과 같이 비판한다.
"강물이 바다 속으로 사라지듯이 덕이 이익 속으로 사라진다."[73)

이익의식은 진리정신에 반비례적이다. 그러므로 전자가 커질수록
후자는 약화될 것이다. 퇴계는 말한다. "군자가 본래는 의(義)를 올
바로 행하려는 마음을 갖고 있었다 하더라도, 만약 처사의 자리에
서 의(義)에 순수하지 못하고 조금이라도 잇속의 마음에 기울어지
면, 그것은 목적의식을 갖고서 일을 행하는 것이 되므로 그의 마음
에서부터 이미 의(義)와는 배치되어 버립니다."[74) 이는 이익 추구
의 목적 합리적인 사고가 진리를 실천하고자 하는 의로움의 정신을
해침을 뜻한다.

이에 반해 의로움의 정신이 강할수록 이익의식은 줄어들 것이다.
이는 '견리사의(見利思義)'의 의식적 차원을 넘어선다. 투철한 진리
인식은 이익을 전혀 안중에 두지 않고 오직 진리에 따라 올바르게

---

71) 『退溪全書 一』, 「答奇明彦」, 403쪽.
72) 위의 책, 「聖學十圖(白鹿洞規圖)」, 203쪽.
73) 앙드레 베르제즈·드니 위스망, 남기영 옮김, 『실천과 목적』(삼협종합출
   판부. 2000), 96쪽.
74) 『退溪全書 一』, 「答黃仲擧論白鹿洞規集解」, 477쪽.

처사하려 할 것이다. 그가 죽음의 불이익 앞에서조차 의연하고 당당할 수 있는 것도 이 때문이다. 그것은 단순히 절의를 지키리라는 생각 이전에, 자신의 행위가 진리에 합치한다는 믿음을 토대로 하고 있다. 이는 과거 사화(士禍)를 당했던 선비들의 태도에서 실증된다. 그들에게는 의로운 죽음이야말로 진리로 삶을 완성하는 길이었다.

퇴계가 "의로움의 정신은 삶의 길이요, 잇속의 마음은 죽음의 길"75)이라고 말한 뜻이 여기에 있다. 그는 양자의 반비례적인 성질을 깊이 인식하고 있었다. 원래 잇속의 마음은 자기중심적이고 자타대립적이고 반사회적이다. 그것은 자신의 이해득실에만 촉각을 세우면서 남들의 삶에는 관심과 배려를 보이지 않는다. 퇴계는 한 제자에게 말한다. "잇속의 마음은 자타 간의 대립 속에서 사사건건 자신에게 좋은 것만을 구할 뿐, 도리에 합당한지 여부를 따지지 않는 태도입니다."76)

그러므로 잇속의 마음은 진리에 반하며, 나아가 자신의 사람됨 자체를 스스로 위축시키고 부정하는 짓이나 마찬가지다. 인간은 본래 공동체적인 존재인 만큼 남들과 더불어 서로 배려하고 나누며 사는 것이 올바른 이치이기 때문이다. 결국 잇속의 마음은 존재의 절대 빈곤을 필연적으로 자초하게 될 것이다. 그는 살아 있어도 정신적으로는 죽은 것이나 다름없다. 퇴계가 "잇속의 마음은 죽음의 길"이라고 말한 데에는 이와 같은 존재론적 성찰이 저변에 깔려 있다. 이는 자본주의 사회에서 물질적 이득을 최상의 가치로 숭상하고 있는 오늘날 사람들이 심각하게 자성하고 고민해야 할 절실한

---

75) 『退溪全書 二』, 「答金彦遇問目」, 59쪽.
76) 위의 책, 「答李宏仲問目」, 228쪽.

문제이기도 하다. 존재의 빈곤으로부터 자신의 삶을 구원하기 위해서 말이다.

의로움의 정신은 불의의 현장이나, 또는 목숨을 걸어야 할 중대한 사태 앞에서만 발동되는 것이 아니다. 진리는 삶의 모든 순간과 자리에 내재해 있는 만큼, 진리의 인식 위에서 전개되는 의로움의 정신 역시 사소한 일에서조차 예민하게 작동된다. 그러므로 의로운 삶은 오늘날 '의인(義人)'들과 같이 영웅적인 행위를 한 번 하는 것으로 완성되는 것이 아니다. 그것은 평소 일상 속에서 진리를 찾아 실천하는 지속적인 노력 속에서만 성취될 수 있다. 맹자가 호연지기(浩然之氣)의 수양법으로 강조한 아래의 말은 여기에서도 그대로 타당하다. "반드시 그 일에 종사하되 그 효과를 미리부터 기대하지 말고, 마음속에 잊지도 말며, 억지로 조장해서도 안 된다."(『맹자』)

이상으로 의로움에 내재되어 있는 퇴계의 진리정신을 살펴보았다. 이제 아래에서는 이의 한계를 검토해보도록 하자. 의로움의 정신은 원래 고도의 식견을 요한다. 잘못된 사리 판단은 의롭지 못한 행위를 초래하기 때문이다. 극단적으로는 폭력배들도 그 집단의 이치에 따라 처사한다는 점에서 의리를 중시하지만, 그것은 무슨 말로 합리화한다 하더라도 명백히 진리에 반한다. 의로움의 정신에는 이처럼 한 사람의 식견과 관점이 크게 작용한다. 게다가 그것은 상황윤리적인 성질을 띠기까지 한다는 점에서 고도의 식견을 필요로 한다. 공자의 말을 들어보자.

함께 배운다 해서 누구나 다 진리를 지향하는 것은 아니요, 함께 진리를 지향한다 해서 누구나 다 진리를 확립하는 것은 아니며, 함께 진리를 확립했다 해서 누구나 다 권도(權道)를 행할 수 있는 것은 아니다. (『논어』)

　여기에서 '권도'란 문자 그대로는 저울[權]의 이치[道]를 뜻하는
용어다. 전자저울이 발명되기 전 과거에 사람들은 물건의 무게를
잴 때 그것을 저울판 위에 올려놓고서 저울추를 움직여 저울대에서
평형의 눈금을 찾았다. 마찬가지로 어떤 행위를 할 때 자신을 둘러
싼 상황과 조건을 고려하여 자신의 형편과 수준에 맞는 '행위의 눈
금'을 헤아려야 한다. 그러므로 권도란 '진리를 확립하는' 원론적인
수준을 넘어 진리를 상황에 맞게 응용하고 융통하는 정신이다.
　의로움은 바로 그러한 상황윤리적 정신을 이른다. 그것은 추상적
인 원리 원칙을 고집하지 않고 구체적인 상황에 즉응하여 진리를
융통성 있게 실천하려 한다. 공자는 말한다. "군자는 이렇게 해야
한다거나, 또는 해서는 안 된다거나 미리 작정하지 않고 의(義)를
따른다."(『논어』) 그러므로 의로움의 판단과 처사는 사람들이 설령
같은 진리정신을 갖고 있다 하더라도 각자가 처한 상황에 따라 달
라질 수밖에 없다. 퇴계는 이를 이렇게 말한다. "의(義)는 사람에
따라, 때에 따라 달라서 일정하지 않은 법입니다. 여러분들의 경우
는 벼슬길에 나가는 것이 의가 되지만, 나에게 그것을 요구해서는
안 되며, 나의 경우는 벼슬길에서 물러나는 것이 의가 되지만, 그것
을 여러분들에게 요구할 수 없는 것입니다."77) 이는 그의 은퇴를
만류하는 사람에게 보낸 글이다. 개인이 처한 상황에 따라 의로움
의 판단이 다를 수밖에 없다는 것이다.
　하지만 의로움의 판단이 개인의 상황에 따라 달라질 수밖에 없다

---

77) 『退溪全書 一』, 「答奇明彦」, 448쪽.

는 사실은 어떤 문제를 야기한다. 제반의 인간관계를 비롯하여 정치 현장에서 그 판단의 차이로 인해 발생하는 각종의 갈등과 대립, 다툼이 그것이다. 퇴계가 답답한 마음으로 토로한 위의 편지 내용이 그 예증이다. 진퇴의 문제에 대해 서로 다른 의로움의 판단이 비판과 논쟁을 야기한 것이다. 만약 그러한 논쟁과 대립이 개인적인 차원을 넘어 집단적인 사안을 두고 일어날 경우에는 사회적 혼란과 위기까지 초래할 수도 있다. 동서고금을 막론하고 발생한 각종의 종교적, 정치적, 사상적 이념의 갈등과 투쟁이 바로 그 현장이다. 이는 참다운 진리 인식의 어려움을 일러준다. 그 인식의 차이가 의로움의 판단과 실천에 그처럼 영향을 미친다. 퇴계가 학문 활동은 물론, 삶에서 그토록 겸손했던 까닭이 여기에 있다. 아래에 그가 고봉에게 보낸 편지 두 통을 읽어보자.

진리는 무궁하고 사람의 판단에는 한계가 있는 것인데, 사람들은 자신의 주장만 정론이라 고집하고 남의 견해는 아예 부정하려 하기 때문에 끝내는 편견의 병폐를 벗어나지 못합니다. 나의 주장도 역시 그러한 것은 아닐는지요? 앞서 내가 역설했던 것은 그것으로 자신을 변명하려 했던 것이 아닙니다. 나 자신의 병통을 드러냄으로써 [發病] 약을 구하려는[求藥] 것이었을 뿐입니다.78)

남의 약점은 잘 알면서도 자신의 약점은 알지 못하는 것이 보통 사람들의 상정이지만, 우리가 명색이 학문을 한다 하면서 이러한 병

---

78) 위의 책, 「答李仲久」, 300쪽. 이는 고봉과의 사단칠정(四端七情) 논쟁 시에 덧붙인 말이다. 그는 이러한 '발병구약(發病求藥)'의 말을 다른 제자에게도 한다(위의 책, 「與朴澤之」, 336쪽).

통을 면치 못한다면 어찌 학문에 득력했다 할 수 있겠습니까. (중략) 바라건대 두 분은 서로 자신의 장점을 자부하면서 상대방의 단점을 공격하려고만 하지 말고, 돌이켜 자기를 살피고 자신의 편견을 바로 잡아 교류의 본래 정신을 잃지 않는다면 매우 다행이겠습니다.[79]

여기에서 퇴계는 우리가 남들과 의견 대립 시에 견지해야 할 긴요한 자세를 두 가지로 이야기하고 있다. '발병구약'과 자기성찰의 정신이 그것이다. 그리고 그 저변에는 겸허의 정신이 깔려 있다. '무궁한 진리' 앞에서 자신의 지적 한계를 자각하면서 열린 마음으로 남들의 의견을 경청해야 한다는 것이다. 자신의 관점과 논리를 남들에게 강요하려 해서는 안 된다는 것이다. 바로 이것이 진정한 구도(求道)의 정신이다. 퇴계의 삶은 그 모습을 실제로 보여주고 있다.

의로움(진리)의 판단 차이로 인한 대립과 갈등, 투쟁을 최소화할 수 있는 길이 여기에서 열린다. 자타 간 의로움의 인식과 판단에 차이를 드러내면서 논쟁하고, 때로 대립 갈등하는 것은 '판단에 한계를 갖는' 인간 조건상 불가피한 일이다. 아니 그것은 학문과 사상, 삶의 다양성을 가져다준다는 점에서 오히려 환영받을 일이기도 하다. 그러므로 진리(의로움)의 판단이 서로 다름을 염려할 일만은 아니다. 문제는 그러한 논쟁과 대립이 자아의 향상과 인간관계의 발전에 기여하는가, 아니면 반목과 투쟁으로 내닫는가에 달려 있다. 독선적인 태도는 자신의 의견에 갇혀 '무궁한 진리'의 세계를 알

---

79) 위의 책, 「答奇明彦別紙」, 425쪽. 이는 당시 고봉이 일재(一齋) 이항(李恒, 1499-1576)과 태극(太極) 논쟁을 심하게 벌인 것에 대한 충고의 글이다.

수가 없으며, 상대방과 생각의 골만 깊게 만들 뿐이다.

그러므로 우리는 사물의 인식과 판단이 각자 관점과 맥락에 따라 다를 수 있음을 인정해야 한다. 아니 그 이상으로 상대방의 의견을 존중하고 그의 주장을 경청하면서 되돌아 자기성찰을 통해 자신의 오류를 고치고 진리의 세계에 한 걸음씩 나아가야 한다. 무엇보다도 이를 위해서는 자존심과 편견을 내려놓지 않으면 안 된다. 퇴계가 26살 연하의 고봉에게 그러했던 것처럼 말이다. 그가 이처럼 제자들에게까지 보였던 '발병구약'의 정신은 오늘날 진리를 논하는 학문의 자리는 물론, 자타 간 의견을 나누는 삶의 모든 현장에서 우리 모두가 본받아야 할 훌륭한 귀감이다.

3) 생명애의 정신

퇴계의 진리정신은 예의와 의로움의 삶에서 그치지 않고 그 이상으로 나아간다. 그는 예의와 의로움의 정신이 궁극적으로 지향하는 진리의 이념을 갖고 있었다. '인(仁)'의 덕목이 바로 그것이다. 그에게 '인'은 궁극의 도덕이념이요, 예의와 의로움은 그것을 이루기 위한 실천적 도덕원리였다. 유학자들 중에는 목적 이념을 망각하고 예의와 의로움, 특히 예의의 정신에 맹목적으로 집착하는 사람들도 많았다. 하지만 공자의 말처럼 "사람이 인(仁)하지 않다면 예(禮)를 차린들 무슨 의의가 있겠는가."(『논어』) 퇴계 역시 그와 같은 문제의식을 분명하게 갖고 있었다. 앞서 살핀 예의와 의로움의 문제점과 한계도 어쩌면 여기에서 극복될 수 있을 것이었다.

공자 이래 '인'은 매우 포괄적이고 다의적인 용어로 사용되어왔다. 이는 원래 그가 제자들의 질문에 응해서 '공(恭), 관(寬), 신

(信), 민(敏), 혜(惠)'라든지, '공(恭), 경(敬), 충(忠)' 등 여러 덕목
으로 답변한 데에 기인한다. 그것은 그가 평소 개념 정의보다는 실
천을 중시한 데다가, '인'을 한두 마디로 설명하기 어려운 최고의
덕목으로 여겼기 때문이다. 하지만 이러저러한 개념적 외연만 살피
면서 그것을 온갖 덕목들의 총합 부호로만 적당히 이해하면, 우리
는 그 정확한 의미를 끝내 알 수 없을 것이다. 그 의미를 모르니 올
바른 실천도 불가능할 것임은 더 말할 것 없다.

그러면 '인'의 개념적 핵심은 무엇일까? 그것은 성리학 이전 종
래의 학자들이 이해했던 방식에서 그 단서를 찾을 수 있다. 한퇴지
(韓退之)와 주렴계(周廉溪)는 각각 말한다. "박애를 일러 인이라 한
다(博愛之謂仁)." "덕으로 사랑하는 것을 일러 인이라 한다(德愛曰
仁)."[80] 이에 대해 성리학자들은 이들이 본성[仁]과 정감[愛]을 혼
동하고 있다고 비판하지만, 그들 역시 사랑이 '인'의 핵심 정신임을
공히 인정한다. 다른 한편으로 주자는 성리학자들이 '인'을 사랑의
정감과 무관하게 본성의 차원에서만 논의하는 폐단을 경고하기까
지 하였다. 그의 말을 들어보자.

한(漢)나라 이래로 학자들이 인(仁)을 사랑[愛]이라고 정의하는
폐단이 있는데, 그것은 본성과 정감을 분별할 줄 모르고 정감을 본
성으로 여겼기 때문입니다. 그런데 지금 그 폐단을 바로잡으려 하면
서 도리어 인(仁)이라는 글자를 어디에도 귀착할 곳이 없게 만들어
본성과 정감이 서로 아무런 관련도 없는 것처럼 여기고 있습니다.
이는 이른바 "구부러진 것을 바로잡으려다가 오히려 곧음이 지나쳐

---

80) 『古文眞寶 後集』(학민문화사 영인본), 「原道」. 127쪽. 『性理大全 一』
　　(山東省出版對外貿易公司 영인본), 「通書」, 225쪽.

서" 그 또한 구부러진 꼴이 되게 하고 말 것입니다. 그러므로 그러한 논의 방식은 공부하는 사람들로 하여금 종일토록 인(仁)을 말하면서도 실제로는 그것의 의미를 알지 못하게 만드는 폐단을 면치 못할 것입니다.

사랑[愛]이라는 글자를 떠나 한결같이 허공을 더듬어대니, 이미 참다운 성찰이 없기 때문에 그 주장들이 모호하고 또 괴이하여 갖가지의 폐단이 생겨나는 것입니다. 차라리 인(仁)이 무엇인지 전혀 모르면서 사랑의 뜻으로 여기는 것이 나을 것입니다. (중략) 인(仁)의 의미를 알고 싶다면 우선 사랑이라는 글자에서부터 찾아나가는 것이 좋습니다.[81]

이처럼 주자는 '인'의 핵심 정신을 사랑에서 찾았다. 사실 성리학적 사고로 엄밀하게 따지면 '인'은 천부적으로 타고나는 사랑의 본성이지만, 그것은 동시에 삶의 이념으로 추구되기도 했다는 점을 감안해야 한다. 게다가 지난날의 성정(性情: 본성과 정감) 관념을 더 이상 갖고 있지 않은 오늘날의 사고 문법에 맞추어 그것을 다시 정의할 필요가 있다. 이러한 점들을 고려하여 '인'을 박애의 정신이요, 더 깊게는, 아래에서 살피는 것처럼, 생명애의 정신이라고 정의하려 한다.

퇴계의 '인'은 인간의 성정(性情)을 넘어 형이상학적인 의미까지 갖고 있었다. 다음의 글을 읽어보자. "인이란 천지가 만물을 생육하는 마음으로, 사람은 그것을 본성으로 타고났다."[82] 이는 '인'이 두

---

81) 『朱書節要』, 「答張敬夫」, 75쪽. 68쪽.
82) 『退溪全書 一』, 「聖學十圖(仁說)」, 206쪽.

개의 개념적 층차를 이루고 있음을 보여준다. 천지의 '인'과 인간의 '인'이 그것이다. 하지만 '인'은 원래 인간에게 고유한 덕목인데, '천지의 인'이란 도대체 무엇을 뜻하는 말일까?

우리는 그 대답을 퇴계의 형이상학적 사유 속에서 찾을 수 있다. 앞서 살폈던 것처럼 그에 의하면 천지는 만물이 나타났다 사라지는 물리적 시공간에 불과한 것이 아니다. 그것은 만물의 생성소멸을 주재하는 거대한 창조적 역량이다. 『주역』은 말한다. "천지의 위대한 역량을 말하자면 그것은 만물을 생육하는 데에 있다(天地之大德曰生)." '천지의 인'이란 바로 만물을 생육하는 창조적 자연의 역량을 뜻한다. 그것이 자연의 섭리요 영원한 진리다. 참고로 이와 유사한 주장을 우리는 서양의 일부 과학자들에게서 듣는다. 아래의 글을 읽어보자.

최근 생명과학 분야로부터 좋은 소식이 들려온다. 자연은 경쟁적 집단이 주도하고 있다는 다윈주의자들의 주장과는 달리, 생물권은 공생적이고 이타적이고 자립적인 체계라는 증거가 축적되고 있는 것이다. 전일적(全一的) 과학자들은 마틴 부버의 "사랑은 보편적인 힘"이라는 말을 확신해도 좋을 것이다. 이 우주의 목적은 생명을 양육하는 것이다.[83]

'천지의 인'이란 바로 이처럼 '생명을 양육하는 우주의 보편적인 힘(사랑)'을 뜻한다. 퇴계에 의하면 인간은 그러한 '힘'을 천부의 본성으로 타고났다. 그 본성이란 '생명을 양육할' 줄 아는 사랑의 힘을 말한다. 퇴계의 말을 빌리면 "사람을 사랑하고 만물을 보살피는

83) 존 브룸필드, 박영준 옮김, 『지식의 다른 길』(양문, 2002), 110쪽.

따뜻한 마음"84)이 그것이다. 생물학자들은 이를 두고, 진화의 과정 속에서 인간에게 고유하게 형성된 '생명사랑의 성향(Biophilia)'이 라고 말한다. 이러한 생명애의 정신이야말로 천지자연이 인간에게 준 가장 큰 선물이요 축복이라 할 만하다. 그것은 자폐적인 동식물 과 달리, 자신의 존재를 열어 남들을 품에 아우르고 보살필 줄 아 는 능력이기에 말이다. 인간존재의 참다운 이치[眞理]가 바로 여기 에 있다.

이렇게 생각하면 생명애의 정신은 최고의 덕목, 즉 사람들이 찾 아 실천해야 할 진리가치 가운데 최고의 것이 아닐 수 없다. 예의 와 의로움의 정신도 이의 보조적인 덕목일 뿐이다. 달리 말하면 생 명애의 정신은 의로움, 예의, 지혜와 동일선상에 있는 덕목 가운데 하나에 불과한 것이 아니라, 다른 모든 덕목들을 근원적으로 아우 르는 '온전한 덕[全德]'이다.85) 이는 예의와 의로움의 정신이, 나아 가 지혜까지도 거기에서 발원함을 의미한다.

퇴계가 "사람이 타고나는 덕에는 인의예지 네 가지가 있는데 인 이 그 네 가지를 포함한다"86)고 말한 뜻이 여기에 있다. 측은지심 만 해도 그렇다. 아무리 미물일지라도 우리가 생명의 죽음을 보면 서 측은지심을 갖는 것은 생명애의 정신(생명사랑의 성향)을 타고 났기 때문이다. 그 밖에 상대방(의 생명)을 사랑하기에 그의 인격을 존중하면서 예의를 갖추고, 사랑하기에 사람들의 불의를 바로잡아 주려 하며, 사랑하기에 일의 시시비비를 가리려 한다. 사랑의 마음

---

84) 『退溪全書 一』, 「聖學十圖(仁說)」, 206쪽.
85) 주자는 인(仁)을 "마음 본체의 온전한 덕(心體之全德)"이라고 말한다(『心 經』, 88쪽).
86) 『退溪全書 一』, 「聖學十圖(仁說)」, 206쪽.

이 없다면 상대방을 존중하고 말 것도 없으며, 그가 무슨 나쁜 짓을 해도 나 몰라라 할 것이며, 피곤하게 일의 시비를 따지려 하지도 않을 것이다. 한마디로 무관심하다.

생명애의 정신은 인간사회에 국한되지 않고 모든 살아 있는 존재들에게까지 펼쳐진다. 퇴계는 인간중심적인 사고를 넘어 만물에게까지 따뜻한 정과 자애로운 마음을 갖고 있었다. 인간이나 만물 모두를 하늘과 땅, 즉 자연의 자식으로 여겼기 때문이다. 그는 선조에게 말한다. "하늘과 땅은 세상 만물의 큰 부모이므로, 만민과 나는 형제요 만물과 나는 더불어 지내는 이웃입니다."

이러한 '이웃' 의식은 그의 삶 속에서 일상적으로 작동되었다. 예컨대 그는 "여섯 벗이 있으니 마음이 흐뭇하다"고 하면서 그 감흥을 읊는데, 이에 대해 스스로 다음과 같이 주석한다. "소나무와 대나무와 매화와 국화와 연꽃과 내가 벗이다."[87] 그런데 이 말의 어법이 조금 묘하다. 이를 우리 일반인들의 표현 방식과 비교해보자. 사람들도 자연의 사물들을 벗하는 마음으로 종종 저와 유사한 표현을 하곤 한다. 이를테면 "소나무는 나의 벗이다." 그런데 이는 주객분별의 사고 속에서 객체를 주체에게로 끌어들이는 모습을 띠고 있다. 하지만 그렇게 해서 양자가 서로 가까이 접근하기는 하지만 거기에는 여전히 나와 사물을 분별하는 자기본위적인 사고가 깔려 있다.

그러나 퇴계가 저들을 바라보는 눈빛은 우리와 전혀 다르다. 그는 사물과 자신을 동일한 존재의 평면 위에 올려놓고 저들과 깊숙이 연결되어 있음을 느낀다. 그러한 심흉에서는 주객 분별적이고

---

87) 위의 책, 「溪堂偶興十絶」, 77쪽.

자기본위적인 의식을 찾아보기 어렵다. 그는 저들을 저만치 '나'의 앞에 놓여 있는 '그것'으로 객체화하지 않고, 모두를 '나'와 똑같은 존재로 주체화하면서 저들과 교감을 하고 있다. 마르틴 부버의 표현을 빌리면 '나와 그것'이 아니라 '나와 너'의 사이로서, 인간과 초목이라는 존재의 외피를 벗어버린 '벌거벗은 존재'의 만남이다. 퇴계는 이러한 만남 속에서 저들과 깊고 참다운 존재의 공명을 하고 있다. 우리는 그 생생한 현장을 그가 매화와 국화를 '그대[君]'라거나 또는 '형'이라고 호칭하면서 저들과 여러 편의 시들을 주고받은 모습에서 목격한다. 그가 매화와 나눈 시를 한 편 읽어보자.

매화 너는 고고하여 외로운 산에 알맞은데
어인 일로 옮겨왔나 관아의 뜨락으로
필경에는 너 또한 이름 때문에 그르친 것
이름에 시달리는 이 노인네 속이지 마라
梅花孤絶稱孤山
底事移來郡圃間
畢竟自爲名所誤
莫欺吾老困名關[88]

나는야 관아에서 외로운 산 추억하고
그대는 객지에서 산림 생활 꿈꾸니
서로 만나 웃음 지음도 하늘이 준 인연
집 안에 학이 없다 한들 서운할 일 없으리다
我從官圃憶孤山

88) 위의 책, 「得鄭子中書益嘆進退之難吟問庭梅」, 133쪽.

君夢雲溪客枕間
一笑相逢天所借
不須仙鶴共柴關[89]

퇴계는 평소 자신이 "세상을 속여 이름(명예)을 훔치고 있음(欺
世盜名)"을 매우 부끄러워하였다. 그런데 그의 눈에는 매화 역시
아름답다는 '이름'(소문) 때문에 '관아의 뜨락'으로 이식되어 시달
리며 괴로움을 겪는 것으로 비친다. 이에 그가 매화에게 동병상련
의 정을 드러내자, 매화는 오히려 그를 위로한다. 관아와 객지의 생
활에서나마 서로 만난 인연으로 웃음을 나누며 다정하게 살자는 것
이다.

이러한 문답은 단순히 음풍농월하는 호사가의 취미에 불과한 것
이 아니었다. 퇴계는 주객 분별적인 사고를 벗어나 매화와 '하나가
되어' 순결한 생명을 공명하고 교감하면서 무언의 대화를 나누고
있었다. 그는 한겨울 눈 속에서 홀로 피는 매화를 보면서 궁핍한
시대 속에서도 잃지 않는 존재의 투명하고도 맑은 향기를 마음 깊
이 깨달았고, 다른 화초들과 아름다움을 겨루지 않는 매화에게서
남들과 부귀공명을 다투지 않는 고결한 인격을 배웠다. 그가 매화
를 포함하여 소나무, 국화, 대나무와 '풍상계(風霜契)'를 맺은 것도
이러한 뜻에서였다. 저들은 찬바람과 매서운 서리 속에서도 잃지

---

89) 위의 책, 「代梅花答」, 133쪽. 여기서 "집 안에 학이 없다 한들" 운운한
것은 옛날 고사를 담고 있다. 중국 송나라 때 임포(林逋)라는 사람이 있
었다. 그는 서호(西湖)에서 은둔생활을 하며 매화를 심고 학을 길렀는데,
그가 뱃놀이를 나간 사이에 손님이 오면 집 안에 있던 학이 날아올라 울
면서 신호를 보냈다고 한다. 사람들은 이를 일컬어 "매화를 처로, 학을
자식으로 삼았다(梅妻鶴子)"고 했다.

않는 곧은 절개와 맑은 향기로 퇴계를 말없이 격려해주는 '계원'이 었던 것이다. 사회생활의 온갖 풍상 속에서도 절대로 시들지 말고 함께 고고하게 살자고 말이다. 아래의 시를 읽어보자.

도연명의 정원에는 솔과 국화, 대나무
매화 형은 어찌하여 함께하지 못했던가
나는 이제 이들과 풍상계를 맺노라
곧은 절개 맑은 향기를 너무도 잘 알기에
松菊陶園與竹三
梅兄胡奈不同參
我今倂作風霜契
苦節淸芬儘飽諳90)

여기에서 퇴계가 매화에게로 다가간 과정을 느린 그림으로 다시 한 번 관찰해보자. 그는 매화에게로 향하는 순간 인간이라는 존재의 외피를 벗어 던지고 매화와 하나가 되어 서로 교감한다. 이와 같이 물아일체의 의식이 펼치는 확장된 존재의 지평에서 그는 매화의 꽃망울에서 터질 듯 고운 생명의 힘을 느끼기도 하고, 혹설한풍 속에서 꽃필 줄 모르는 매화에게서는 생명 위축과 손상의 아픔을 같이하기도 했을 것이다. 아래의 시를 한 편 더 읽어보자.

아침나절 산 너머로 봄을 찾아 나서니
난만한 산꽃들이 비단 덮인 듯하구나
놀랍게도 움막 속의 대나무는 시들어 있는데

---

90) 위의 책, 「節友社」, 103쪽.

더디 피는 매화나무를 애처롭게 어루만진다
성긴 꽃잎은 바람에 뒤집혀 나풀대고
모진 마디는 비를 만나 사납게 꺾이었다
지난해 약속했던 벗이 오늘도 오지 않으니
맑은 시름 여전히 넘쳐 억누르기 어렵다
朝從山北訪春來
入眼山花爛錦堆
試發竹叢驚獨悴
旋攀梅樹歎遲開
疎英更被風顚簸
苦節重遭雨惡摧
去歲同人今又阻
淸愁依舊浩難裁[91)]

그러므로 그에게 매화는 이제 더 이상 하나의 객체적 사물이 아니었다. 그는 매화를 고유한 존재의 빛 속에서 받아들이고, 무언의 내밀한 속삭임을 들으며, 공명하고 대화하며, 매화가 올바로 존재를 개현하도록 조력하려 했을 것이다. 그는 그 순간 아마도 "하나와 하나가 하나가 되어 벌거벗은 존재가 벌거벗은 존재 안에서 빛나"(마르틴 부버)는 환희를 얻었을 것이다. 여기에서 '존재의 벌거벗음'이란 매화 앞에서 주객 분별의 의식으로 지어내는 온갖 존재의

---

91) 위의 책, 128쪽. "3월 13일에 도산에 가보니 매화가 추위로 작년보다 더 심하게 손상을 입었고, 움막 속의 대나무도 시들어 있었다. 그래서 지난해에 지은 시를 차운하여 이를 탄식하는 뜻을 밝힌다. 이때에 진보(眞寶) 현감 정자중(鄭子中)과도 약속이 있었다(三月十三日至陶山梅被寒損甚 於去年簪竹亦悴次去春一律韻以見感歎之意時鄭眞寶亦有約)."

외피들을 벗어버린 상태를 뜻한다. 나는 사람이요 매화는 재배와 감상의 대상이라는 분별심을 떠나 매화에게 순수생명으로 다가감으로써 '하나와 하나가 하나가 되어 빛나는' 존재의 세계 말이다.

이처럼 생명애의 정신은 물아일체의 정조를 갖는다. 아니 사랑이란 원래 그러한 것이다. 남녀 간이든 부모와 자식 사이든 사랑하는 사람은 사고의 중심을 내가 아니라 상대방에 두면서 그의 입장에서 생각하고 그를 배려하며 보살핀다. 그야말로 '일심동체'다. 남녀든 부모 자식이든 자신의 욕망을 채우기 위해 행하는 자기중심적인 사랑은 사랑으로 위장된 불순한 감정일 뿐이다.

"오른손이 하는 일을 왼손이 모르게 하라"(『성경』)는 말뜻을 이러한 관점에서 생각해보자. 사람들은 이에 대해 흔히, 자신의 선행(사랑)을 남에게 자랑해서는 안 된다는 뜻으로 풀이한다. 하지만 남에게 자랑하지 않을 뿐, 은근히 선행의 자의식과 자부심을 갖는다면 그는 우월감과 자기도취에 빠져 하느님을 뒷전으로 밀어내면서 겸허한 섬김의 정신을 잃게 될 것이다. 이는 근본적으로 자기 자신에게 집중하는 '나' 의식에서 비롯된다. 선행으로 인정받으며 주목받고 싶은 '나'가 근저에 도사리고 있는 것이다. 선행의 자부심은 그렇게 자기중심적으로 세상을 바라본다. 그에게 하느님은 부차적이다.

한편 수행의 관점에서 보면 선행을 자부하는 마음은 인격의 정체 또는 퇴보의 요인이 되기도 한다. 과거(자신의 선행)를 자랑스럽게 되돌아보고 또 과거에 머무르기도 하는 그 마음은 현재에 오롯이 나서 거듭나려는 노력을 게을리할 것이기 때문이다. 달리 말하면 자부심은 자기 자신에게 집중하는 나머지 하느님의 말씀을 따라 "일신우일신(日新又日新)"하려 하지 않을 것이다. 그러므로 "쟁기를 잡고 자꾸만 뒤를 돌아보는 사람은 하느님의 나라에 들어갈 자격이 없다."(『성경』)

이와 같이 자기중심적인 '나' 의식은 참다운 사랑을 방해한다. 거기에는 나와 남을 분별하는 마음이 도사리고 있기 때문이다. 분별심 속에서 행하는 사랑은 기껏 일방적인 시혜와 동정에 지나지 않는다. 참다운 사랑은 '하나와 하나가 하나가 되는' 자타동일체의 의식 속에서 자연스럽게 펼쳐지는 배려와 보살핌의 정신이다. 거기에는 자부심이나 우월감 같은 것이 끼어들 여지가 없다. 부모의 자식 사랑이 그 생생하고 일상적인 본보기다. 자식 사랑을 자부하면서 남에게 공치사하는 부모는 없다. "오른손이 하는 일을 왼손이 모르게 하라"는 말은 이처럼 참다운 사랑을 가르치려는 뜻일 것이다. 오른손과 왼손이 한 몸의 두 부분으로서 좌우 분별의식을 갖지 않고 서로 돕고 조화롭게 지내는 것처럼, 나와 남이 한 몸이라는 깨달음으로 자타동일체의 사랑을 펼치라는 것이다.

공자가 안자로부터 '인(仁)'에 관한 질문을 받고 "나를 초월해야 한다[克己]"고 대답한 것도 이러한 이유에서였다. '나'라고 하는 자기중심적인 사고를 버리지 않는 한 '하나와 하나가 하나 되는' 사랑이 불가능하기 때문이다. 하물며 만물을 자신의 존재 깊이 아우르는 생명애의 정신이야 더 말할 것이 없다. 그는 인간중심적인 의식조차 갖지 않으며, 우주의 한 중심에 서서 만물을 자신의 품 안에 깊이 보듬어 안는다. 퇴계는 물론, 선비들에게 회자되었던 아래의 글을 읽어보자.

인자(仁者)는 천지 만물을 자기 자신과 한 몸으로 여긴다. 만물을 나 자신의 일부로 생각하니 그 사랑이 어느 한 사물엔들 미치지 않겠는가. 만약 사물을 나 자신과는 다른 타자로 여긴다면 그것은 나와 상관없는 존재가 되고 말 것이다. 이는 마치 수족의 마비로 인해 혈기가 통하지 않아 그것이 내 몸이 아닌 것처럼 느껴지는 것과도 같다.[92]

이는 물아일체의 지극한 경지를 말한 것이다. '인자'는 자타 분별적이고 자기중심적인 '나' 의식을 완전히 탈각하여 세계만물을 자신의 존재와 동일시한다. 그는 자신의 우주적 존재성을 온몸으로 깨달으며 미물 하나까지도 연민과 사랑의 마음으로 보듬어 안는다. 퇴계가 한겨울 혹심한 추위에 생기를 잃은 매화와 대나무 앞에서 안타까움을 토로했던 것도 이러한 '인자'의 마음에서였다.

"온몸에 가득한 것이 측은지심(滿腔子是惻隱之心)"[93]이라는 말의 깊은 뜻을 여기에서 찾아볼 수 있다. 측은지심이 온몸에 가득한 마음은 미물 하나의 움직임에도 민감하게 반응하여 생로병사의 아픔 속에 사는 모든 생명에게 '측은지심', 즉 연민과 사랑으로 나설 것이다. 마치 바람에 가볍게 흔들리는 나뭇잎 하나에까지 민감한 사춘기의 여린 감성처럼 말이다. 퇴계는 이를, "천하를 한 집안으로, 만민을 내 한 몸처럼 여겨 그들의 가려움과 아픔을 바로 나 자신의 것으로 받아들이는"[94] 우주적인 사랑으로 말한다.

'인자'의 이와 같은 경지를 보통사람들로서는 상상조차 하기 어렵겠지만, 그것은 우리에게 깊은 자성거리를 준다. 일반적으로 사람들은 신체의 마비만 염려하고 대비할 뿐, 정신의 마비에 대해서는

---

92) 『近思錄』, 37쪽.
93) 『退溪全書 一』, 「答黃仲擧」, 485쪽.
94) 위의 책, 「西銘考證講義」, 218쪽.

일말의 걱정도 하지 않는다. 정신의 마비란 다른 것이 아니다. 남들을 '나 자신과는 다른 타자로 여기면서' 그들의 아픔과 슬픔에 공감하고 동정할 줄 모르는, 돌처럼 단단한 마음이 바로 그것이다. 동물과는 달리 인간에게만 주어진, 우주만물을 향해 열린 생명감각을 스스로 닫아버리는 것이다. 사람들은 자타 간 상통하는 넓은 생명 세계를 버리고 그렇게 남들을 배제한 밀폐 공간에 자신을 가둔다. 정신의 마비란 그러한 것이다.

그리하여 '수족의 마비로 인해 혈기가 통하지 않아 그것이 내 몸이 아닌 것처럼 느껴지는' 중풍 환자의 손발처럼, 사람들은 세상에 대해 별다른 감각 없이 살아간다. 오직 자신 안에 갇혀 일신의 행복만 도모하려 할 뿐, 열린 생명감각 속에서 연민과 사랑의 마음으로 세상에 나서려 하지 않는다. 오히려 저 '인자'의 열린 생명감각과 사랑의 마음을 현실성 없이 공허한 관념일 뿐이라고 비판하려 한다. 하지만 되돌아 생각해보자. 자기중심적이고 자폐적인 정신의 마비로 행복한 삶을 누릴 수 있을까? 진정한 행복은 타자를 향해 열린 사랑의 마음속에서만 생겨난다. '인자'는 그 지극한 경지를 열어 보여준다.

생명애의 정신은 삶의 참다운 이치, 즉 진리의 정점에 놓인다. 진리가 인간의 참자아를 성취하게 해주는 정신이라면, 생명애는 수많은 진리들 가운데에서 가장 근원적이고도 고차원적인 정신이다. 그것은 나와 타자의 분별을 넘어 '천지 만물을 자기 자신과 한 몸으로 여기면서' 자신의 존재를 하늘땅만큼이나 넓혀주기 때문이다. 물론 그것은 관념적 차원에 머무르지 않으며, 연민과 사랑의 마음으로 만물의 생성과 발육을 돕는 실천의 길에 나선다. 인간이 만물의 영장으로 태어나 우주적 대아를 성취할 수 있는 길이 여기에서 열린다. '만물의 영장'이란 인간이 만물을 지배할 권리를 갖고 있다는 말이 아니다. 퇴계에게 그 말은 만물의 생성과 발육을 돕기 위해 우리가 평생 수행해야 할 의무와 과제를 갖고 있음을 뜻한다.

그러므로 생명애의 정신은 여타의 진리와는 차원을 달리한다. 이를 예의와, 그리고 의로움의 정신과 대비해보자. 이미 살핀 것처럼 예의는 자타 간 성별상, 연령상, 신분상 등등 분별의 정신에 입각하여 정립된 도덕규범이다. 그러한 분별적 예의는 현실적으로 불가피할 뿐만 아니라, 필요하기까지 하다는 점에서 인간관계와 사회생활상 불가결한 진리라고 할 수 있다. 동서양의 어느 문화에서든 고금을 막론하고 예의를 지킬 줄 모르는 사람에게 가해지는 인격적 비난이 이를 반증한다.

하지만 거기에는 역기능이 있다. 분별의 정신에 주목하고 집중하면 자타가 똑같은 인간(인격)이라는 더 높은 진리를 망각하기 쉽다는 사실이다. 분별의식은 자타 간 거리감을 조성하면서 인격의 순수한 교류를 가로막는다. 장유유서의 이치상 "찬물도 위아래가 있다"는 식의 훈계를 윗사람한테서 듣는 아랫사람의 당혹감과 위축감을 상상해보자. 게다가 그것은 불합리한 불평등의 요소까지 내포하고 있다. 지난날 예의는 불평등을 아예 규범화하기까지 하였다. 남녀유별의 관념에서 비롯된 각종의 예의가 그러하다.

그러므로 진리의 구현 형식이라 하여 예의를 지나치게 강조하다 보면, 그것이 지향하고 성취해야 할 궁극적인 진리를 자칫 망각하기가 쉽다. 예의는 방법론적인 도덕원리일 뿐인데 말이다. 예의가 지향해야 할 궁극적 진리란 다른 게 아니다. 그것은 사회적 인간관계에서 불가피하게 생겨나는 이러저러한 분별 이전에, 사람이라면 누구나 평등하게 타고나는 본래적 인격이라는 점이다. 이러한 목적

이념을 배제한 채 예의 자체만 강조한다면 그것은 이미 진리의 영역을 벗어나 삶을 옥죄이는 족쇄가 되고 말 것이다.

우리는 여기에서 다시 한 번 공자의 말을 상기한다. "사람이 사랑을 모른다면 예의를 차린들 무슨 의의가 있겠는가!" 이는 사랑(생명애)의 정신을 결여한 채 예의의 형식만 갖추는 태도와, 나아가 예의 자체의 한계까지 지적한 말이다. 아무리 "인의(仁義)와 도덕도 예가 아니면 성취될 수 없다"(『예기』)고 하지만, 인의와 도덕의 성취를 지향하지 않고 예의의 실천만 강조한다면 이는 목적 이념을 잃고 방법론만 따지는 것이나 마찬가지다. 그처럼 예의만 따지는 사람은 인간관계든 사회생활에서든 실패를 면할 수 없다.

한편 예의의 심리적 바탕에 공경지심이 있다 하지만, 그것만으로는 자타 분별의 문제점을 극복하지 못한다. 이를테면 어른에 대한 공경의 마음은 내가 아랫사람이라는 자각을 전제한다. 분별의식을 기초로 하는 예의의 근본적인 한계가 여기에 있다. 공자의 제자 유자(有子)가 "예의 실천에는 화합의 정신이 중요하다"(『논어』)고 말한 것도 이러한 문제의식에서였다. 훗날 학자들이 예와 아울러 음악을 강조하면서 '예악'이라는 말을 주고받은 까닭도 여기에 있다. 음악은 화합의 정신을 주조로 하기 때문이다.

사랑의 정신은 이러한 문제점과 한계를 극복시켜줄 근원적인 방안이다. 그것은 자타 간 분별적인 의식을 넘어 상대방을 나의 품 안에 아우르면서 화해로운 만남을 갖게 해준다. 이는 공경지심을 안 가져도 된다는 말이 아니다. 사실 공경도 사랑의 정신 위에서 나와야 한다. 아니 깊은 생명애는 상대방에 대한 외경의 마음을 자연스럽게 드러낼 것이다. 사랑이 결여된 공경은 가식에 지나지 않는다. 물론 공경지심이 없는 사랑 역시 해이와 방종을 면치 못할 것이다. 거기에는 상대방의 인격을 존중하고 생명을 제고, 성취시켜주려는 마음이 없기 때문이다. 당연히 그러한 사랑은 오래가지 못한다.

그러므로 예의(공경)와 사랑은 상호 보완적인 성질을 갖는다. 즉 예의의 실천 속에서 불가피하게 초래되는 자타 분별의 문제점을 사랑이 해소시켜주고, 한편 (오늘날 '남녀무별'의 풍조에서 잘 드러나는 것처럼) 사랑의 감정이 야기할 수 있는 방종과 퇴폐를 예의가 방지해줄 것이다. 물론 그중에서도 사랑의 마음이 근간을 이룬다. 다만 문제는 양자를 어느 한쪽으로 치우침이 없이 얼마나 조화롭게 실천하느냐에 달려 있다.

퇴계는 이러한 문제점을 분명히 인식하고 있었다. 그는 말한다. "천하가 한 집안이요 만민이 형제이긴 하지만, 그렇다고 해서 무차별적인 사랑에 빠지지 않고 (중략) 친소(親疎)의 정(情)이 다르고 귀천의 등급이 다르지만 그렇다고 이기(利己)의 사심(私心)에 갇히지 않는다."95) 여기에서 '무차별적인 사랑'이란 (인간관계의) '친소'와 (사회적 지위의) '귀천'이라는 분별적 실상을 무시하면서 획일적으로 베푸는 사랑을, '이기의 사심'은 이와 반대로 '친소'와 '귀천'의 분별심에 갇혀 상대방과의 인격적인 교감(사랑)을 상실한 채 예의만 강조하는 태도를 말한다. 후자를 '이기의 사심'이라 한 것은 그가 자신의 지배적 신분만을 고집하는 이기심을 버리지 못하고 있기 때문이다.

요컨대 '무차별적인 사랑'은 형제애를 강조하는 나머지 예의를 소홀히 하고, '이기의 사심'은 자타 분별적인 예의를 강조하는 나머

---

95) 위의 책, 「聖學十圖(西銘)」, 200쪽.

지 사랑을 부정하는 폐단을 갖는다. 퇴계는 이러한 문제점을 인식하면서 '친소'와 '귀천'을 분별하는 예의의 정신으로 무분별한 사랑의 폐단을 막고, 한편 이기적이고 사사로운 마음을 떠난 박애의 정신으로 분별적인 예의의 폐단을 예방하려 하였다. 달리 말하면 그는 형제애의 정신으로 만민을 사랑하면서도 그 사랑을 예의에 맞게 실천하고, 사람들과 예의로 교제하면서도 그 근본에 형제애의 정신을 잃지 않았다. 우리는 여기에서 퇴계의 도덕철학의 정수를 본다.

한편 의로움의 정신도 생명애의 이념을 망각해서는 안 된다. 이는 불의한 자에 대해서도 인간애를 버려서는 안 된다는 뜻만을 말하려는 것이 아니다. 의로운 정신끼리 서로 갈등하고 대립하는 자리에서도 사랑의 정신을 놓아서는 안 된다. 자기만 의롭다고 주장하고, 자신이 믿는 진리를 상대방에게 강요하다 보면 인간관계의 파탄과 사회의 혼란을 면할 수 없다. 우리는 그 일상의 사례를 종교나 정치 현장에서 목격한다. 이는 모두 독선적이고 배타적인 태도에서 비롯되는 일이거니와, 이에 대해 퇴계는 '발병구약(發病求藥)'의 자세로 나설 것을 강조한 바 있다. 이에 덧붙인다면, 서로 대립하는 의로움(과 진리)의 정신을 하나로 아우르면서 그들 모두가 공존하고 화해롭게 해줄 고차원의 눈빛을 가져야 한다.

생명애의 정신이 바로 그것이다. 의로움의 정신도 궁극적으로는 사랑으로 자타 간 생명을 제고하는 데에 목표를 두어야 한다. 의로운 삶의 길을 걸으려는 마음은 모두가 동일하다는 점을 인정하면서, 상대방의 의견과 믿음을 존중하고 그가 자신의 삶을 성취할 수 있도록 도와주어야 한다. 나의 주장과 이념, 신앙을 상대방에게 강요하려 해서는 안 된다. 물론 그것은 억지로 될 수 있는 일이 아니다. 생명애의 정신만이 진리(의로움)의 이름으로 고집하는 독선적이고 배타적인 태도를 타파하여 상대방과 화해로운 교류를 행할 수 있다. 오늘날 종교 간의 갈등을 해결할 수 있는 근본적인 방안이 여기에 있다.

퇴계는 이 점에 대해서도 분명하게 문제의식을 갖고 있었다. 그것은 그가 임금에게 올린「성학십도(서명)」에 담겨 있다. 먼저 관련된 글을 읽어보자. "「서명(西銘)」은 이일분수(理一分殊)의 뜻을 깊이 함축하고 있다. 이일(理一)을 알면 사랑을 펼칠 것이고, 분수(分殊)를 알면 의로움을 행할 것이다."[96] 원래 '이일분수'는 성리철학의 중요한 이론으로써, 자연의 일원적인 섭리 속에서 펼쳐지는 만물의 다양성을 그렇게 명제화한 것이다. 섭리는 하나[理一]지만 그것이 구현되는 방식은 다양하다[分殊]는 것이다. 역으로 말하면 만물은 현상적 관점에서는 천변만태의 다양성을 보이지만, 그것들은 모두 자연의 일원적인 섭리에 근원을 두고 있다는 것이다. 그러므로 사(물)리는 섭리의 분화 현상이요, 섭리는 사리의 통합 원리라 할 수 있다. 퇴계는 이를, "마치 한 조각의 달이 강과 바다, 그리고 술잔 속에 두루 (제각각의 형태로) 비치는"[97] 모습으로 비유한다.

'이일분수'론은 범인간적인 문제의식에 대한 유가적 해법이다. 만물의 다양성과 통일성의 문제는 인류사상사에서 공통적으로 논의되어온 주제다. 세계만물이 저토록 다양하고 복잡하기 그지없는데, 이들이 총체적 난국과 파멸에 이르지 않고 오히려 조화롭고 질서 있게 생성해나가는 것은 어째서인가? 그 이면에 모든 현상을 조직하고 통일하는 근원적인 무엇이 있는 것은 아닌가? 이러한 의문에 대한 탐구가 그것이다. 한마디로 다자(다양성)와 일자(통일성)에

---

96) 위와 같음.
97)『退溪全書 四』,「言行錄」, 85쪽.

관한 담론이다.

이를 서양사상사 속에서 살펴보면 만물의 근원적 일자는 물, 원자, 이데아, 세계이성이라는 등등 수많은 유형의 형이상학적 주장들이 있었고, 종교적으로는 유일신의 신앙이 사람들의 삶을 지배해왔다. 우리의 전통사상도 마찬가지다. 일자와 다자의 문제를 불교는 사법계설(四法界說)로, 도가는 도(道: 보편성의 원리)와 덕(德: 특수성의 원리)의 사상으로 해명한다. 한편 유가는 『주역』의 태극음양론을 비롯하여 성리학의 이기론에 이르기까지 일자와 다자의 관계를 다양한 방식으로 논의하였다. 위에서 설명한 「서명」의 '이일분수'론도 그중 하나다.

그런데 퇴계가 「서명」의 글을 「성학십도」에 편입시킨 것은 순전히 철학적 담론을 전개하려는 뜻에서가 아니었다. 거기에 함축되어 있는 도덕정신을 임금에게 알려주기 위해서였다. 이에 의하면 인간과 만물이 하늘과 땅을 '큰 부모'로 하여 자연의 섭리를 함께 타고 났으므로 "만민과 나는 형제요 만물과 나는 더불어 사는 이웃"이다. 이것이 '이일'의 이치, 즉 섭리정신에 함축된 도덕지침이다. 만민과 만물을 널리 사랑하라는 것이다. 퇴계가 "천하를 한 집안으로, 만민을 내 한 몸처럼 여겨 그들의 가려움과 아픔을 바로 나 자신의 것으로 받아들이도록" 주장한 것도 이러한 '이일'의 이치에 입각한 것이었다. '이일(理一)을 알면 사랑을 펼칠 것'이라는 말의 숨은 뜻이 여기에 있다.

하지만 형이상학적으로는 인간과 만물이 하늘과 땅의 '큰 부모' 밑에서 태어났다고 하지만, 그들 모두 제각각 '작은 부모'를 갖고 있는 것이 또한 엄연한 실상이다. 하늘과 땅이 만물의 시조라면 현실의 부모는 저마다의 중시조인 셈이다. 그것이 '분수'의 이치다.

이러한 이치를 잘 헤아려 일에 임해서 올바르게 처사하는 것이 바로 의로움이다.98) 「성학십도」는 이의 예시로, "먼저 어버이를 사랑하고서 만민을 사랑하며, 만민을 사랑하고서 만물을 사랑한다"는 맹자의 말을 인용한다.

이는 두 가지의 뜻을 함축한다. 첫째 사랑은 동심원의 물결처럼 가까운 데에서부터 먼 곳으로 펼쳐 나가야 하며, 둘째 이에 따라 사랑의 방식도 달라야 한다는 것이다. 사랑의 방식으로 말하면 어버이에 대해서는 혈육의 정에 입각한 공경과 봉양으로, 만민에 대해서는 인격의 존중과 따뜻한 배려로, 그리고 만물에 대해서는 그것들을 아끼고 보호하는 마음으로 각각 알맞게 사랑을 실천해야 한다. '분수(分殊)를 알면 의로움을 행할 것'이라는 말에 감춰진 뜻이 여기에 있다.

하지만 의로움의 정신은 이처럼 '분수'의 현실에 입각하고 있기 때문에 그것만으로는 자칫 사랑의 차별을 초래하고 남에 대한 존중과 배려의 마음을 소홀히 할 염려가 있다. 이를테면 어버이만 생각하고 나머지 다른 사람들에게는 무관심한 가족 중심의 이기주의나, 또는 인간애를 내세우면서 만물을 외면하는 인간 중심적인 사고가 그것이다. 이는 역시, 앞서 살핀 것처럼, 의로움의 정신이 본래 갖는 한계, 즉 자타 간 갈등과 대립의 또 다른 양상이기도 하다. 물론 그것은 진리를 잘못 인식한 데에 근본적인 문제점이 있다.

'이일'의 섭리정신에 따른 생명애가 바로 이러한 문제점을 해결해준다. '분수'의 현실에 매몰되어 자타 간 차별과 편파에 빠지는 의로움의 폐단을 '이일'의 근원적 일체성에 입각한 생명애로 극복

---

98) 앞서 인용했던바, "사물 상에서 말하면 리(理)이고, 처사 상에서 말하면 의(義)다"라는 말을 상기하자.

하는 것이다. 이렇게 살피면 자연세계에서 '이일'의 섭리와, 인간사회에서 생명애의 정신이야말로 최상의 진리다. 물론 '이일'의 초월적인 정신만 강조해서는 안 된다. 그것만으로는 '분수'의 현실에 올바르게 나설 수 없기 때문이다.

그러므로 양자를 융통적으로 구사할 수 있는 고도의 안목을 갖추지 않으면 안 된다. 즉 '이일'의 사랑 속에서도 '분수'의 의로움을 행하고, 한편으로 '분수'의 의로움 속에서도 '이일'의 사랑을 잊지 말아야 한다. 「성학십도(서명)」상 아래의 글에 깊이 담긴 윤리적 함의가 여기에 있다. "만물은 하나의 이치로 통합되지만 개별적 특수성을 잃지 않고 (중략) 개별적 특수성을 갖지만 하나의 이치로 관류된다."[99] 즉 '하나의 이치'에서 조망하는 고차원의 안목으로 만물을 널리 사랑하면서도 그들의 '개별적 특수성'에 입각하여 의로움을 행하고, 의로움을 행하면서도 그 근저에 생명애의 정신을 잃어서는 안 된다. 퇴계의 도덕철학의 정수가 여기에서도 나타난다.

---

99) 『退溪全書 一』, 「聖學十圖(西銘)」, 200쪽.

진리의
궁극지평

1. 영성(靈性)의 세계

　퇴계에게 진리정신은 도덕의 세계에만 머물지 않는다. 그는 진선미의 가치를 포괄하여 초월하는 영적 진리의 지평을 열어나갔다. '영성(靈性, spirituality)'의 세계가 그것이다. 이 말은 서양에서 전래되어 생소한 개념이라서 사람들의 거부감을 일으킬 수도 있다. 하지만 그것은 인간의 심층의식의 한 단면을 지칭하는 만큼 우리가 그 세계를 외면하고 배제해야 할 이유가 없으며, 오히려 우리의 의식지평을 넓히는 데 유용한 자료가 될 수 있다.

　아니 사실은 우리의 전통에서도 그러한 관념의 단서를 찾을 수 있다. 영성이란 글자 그대로 풀이하면 인간 내면의 신령스러운[靈] 성질[性]이다. 이는 유학자들의 사고에도 친숙한 의식세계다. 그들은 마음을 일러 "밝은 신성(神性)이 깃들어 있는 집(神明之舍)"이라 하거나, 또는 "텅 비고 신령하여 헤아릴 수 없다(虛靈不測)"고 한다. 그들은 마음의 근저에서 이성으로는 헤아릴 수 없는 신령한 성질(신성)을 자각한 것이다.

퇴계가 열어나간 영성의 세계는 물아일체와 천인합일의 우주적 대아가 펼치는 삶에서 그 모습을 잘 드러낸다. 우주적 대아는 도덕 정신만으로는 이루어낼 수 없다. 앞서 생명애의 도덕세계를 말하면서 물아일체의 현장을 살펴보긴 했지만, 엄밀히 말하면 나와 타자가 하나됨을 체험하는 물아일체의 심흉은 도덕정신만 가지고는 이해하기 어렵다. 사실 일상생활 속에서 남녀 간에 하나됨을 느끼는 사랑조차 그 신비로운 감정과 의식은 도덕심성의 산물이라 할 수 없다. 그들이 체험하는 자기초월과 일심동체의 세계까지 두루뭉술하게 도덕심성으로 설명할 수도 있겠지만, 우리는 그들의 사랑에 작동하는 근원적인 힘을 현미경적인 시선으로 들여다볼 필요가 있다.

사람은 누구나 무언가와 합일하고자 하는 근원적인 열망을 갖고 있다. 광막한 세상에 내던져진 실존의 외로움에서 벗어나기 위해서다. 그러한 열망을 충족시켜주는 일상적이면서도 근본적인 심리기제가 바로 사랑이다. 사랑은 언제, 어디서든 내가 마음을 열기만 하면 이룰 수 있으므로 일상적이며, 실존의 외로움을 벗어나 존재의 충만감을 얻게 해주므로 근본적이다. 우리는 그 현장을 남녀의 사랑에서 목격하고 또 직접 체험한다. 연인들은 세상의 모든 것을 얻은 듯이 환희를 느끼며, 실연을 당하면 심지어 자살까지도 마다하지 않는다. 그처럼 사랑은 우리의 삶에 지대한 영향을 미치는 신비의 세계다. 그것은 도덕 이전의 일이며, 도덕성을 넘어선다. 문학과 예술에서 수없이 다루는 사랑 이야기를 사람들이 질리지도 않고 좋아하는 것도 자신들의 근원적인 열망을 거기에서 대리충족하기 때

172

문일 것이다.

　남녀관계를 넘어 만민과, 더 나아가 만물을 품에 아우르는 우주적 대아의 사랑은 어떤가? 많은 사람들은 이를 신비주의로 치부해 버린다. 그 세계가 이성으로 전혀 포착되지 않기 때문이다. 하지만 이는 이성의 월권이요 오만이다. 남녀 간 사랑의 신비를 인정한다면 '인자(仁者)'의 우주적인 사랑을 부정할 이유가 없다. 남녀의 사랑이나 '인자'의 사랑이나 자기초월과 자타합일이라는 점에서 그 본질은 같다. 다만 그 대상을 연인에 국한하는 전자와 달리, 후자는 만물을 대상으로 하고 있다는 점에 차이가 있을 뿐이다. 지난날 성인(聖人)들의 삶의 궤적이 이를 잘 보여준다.

　아무튼 자기를 초월하여 남과 합일하고자 하는 실존의 열망이라는 관점에서 살피면 합일의 범위를 넓힐수록 존재의 충만감은 깊고 커질 것이다. 우리가 존재의 외로움에서 벗어나 삶의 의미와 행복을 누릴 수 있는 길이 여기에 있다. 그러므로 우리의 이성으로 포착되지 않는다 해서 물아일체의 세계를 신비주의로 치부해서는 안 된다. 우주적 대아의 '인자'까지는 아니더라도 우리가 타자를 품에 아우르는 만큼 존재의 충만감과 행복의 정도가 깊어질 것이다. 이렇게 생각하면 "전적으로 비신비적인 세상은 전적으로 눈멀고 미친 세상이다."(올더스 헉슬리)

　그러면 자기를 초월하여 남과 합일하고자 하는 실존의 열망은 우리 의식의 어디에서 비롯되는 것일까? 그것은 단순한 감성의 산물이 아니며, 이성은 더더욱 아니다. 그러한 실존의 열망은 근원적으로 영성에서 비롯될 것이다. 영성의 구체적인 의미에 대해서는 그 말의 발원지인 종교계 내부에서 뿐만 아니라, 많은 학자들과 영적 스승들의 주장이 복잡하고 다양하여 간단하게 정의하기가 어렵다.

하지만 기본적으로 영성이 개인(의 정서, 인식, 의지, 자아, 대인관계 등)을 초월하는, 즉 '초개인적인' 의식이라는 점에서는 학자들이 대체로 동의하는 것 같다.[1] 그러므로 이하에서는 영성의 용어를 다음과 같은 의미로 사용하려 한다. 영성이란 타자와 분리 독립된 자기가 사라져 자타 간 하나됨을 깨닫는 맑고 고요한 심층의 의식이다. 다시 말하면 그것은 자기중심적인 '나'를 초월하여 남과 일체감을 느끼고, 그 지극한 경지에서는 우주의 제일원리나 존재의 근본 바탕을 깊이 자각하면서 천인합일 또는 신과의 합일(교감)을 경험하는 심층의 의식을 뜻한다.

우리의 의식은 단지 사물을 지각하고 그 이치를 인식 판단하는 표피적인 정신 능력에 그치지 않는다. 의식의 스펙트럼은 넓고 깊어서 그 가장 심층에는 우주만물의 근원까지도 직관 통찰하고 관조할 수 있는 신령한 힘이 있다.[2] 그것은 이성의 한계 너머에 존재하며, 세계를 주관하는 신의 눈빛을 담고 있다. 마음속 가장 심층에 깃들어 있는 '밝은 신성' 말이다. 유학자들이 『주역』의 점을 통해 신탁(神託)을 구했던 것은 이러한 자각의 산물이다. 그것은 점을 치는 사람의 내면 심층에 존재하는 신성, 즉 영성을 일깨우는 것이지, 세상 밖의 어떤 초월자를 불러오는 것이 아니다.

영성은 개인적이고 자기본위적인 관점을 벗어나 근원적으로는 신과도 같이 세계만물과 삶을 통찰하고 관조할 수 있는 최상의 정신 능력이다. 그것은 자타 분별적이고 상대적, 대립적인 일상적 자

---

1) 켄 윌버, 김철수 · 조옥경 옮김, 『아이 오브 스피릿』(학지사, 2020), 305쪽 참조.
2) 심리학자들은 의식을 무지개의 색깔처럼 7개, 또는 그 이상의 층으로 나누어 설명한다. 위의 책, 341쪽 참조.

아를 탈피하여 우주만큼이나 열린 마음으로 세상만사를 직관 통찰하며, 섭리의 정신으로 만물을 자신의 존재 깊이 아우르면서 그들과 공감 상통하는 가장 근원적인 의식이다. 물아일체와 천인합일, 또는 신과의 교감(합일)이 이에서 비롯된다. 정신심리학자 융이 영성을 일러 "전체성으로 나아가기"라고 말한 것도 이러한 통찰에서였을 것이다.

혹자는 이에 대해 의문을 제기할지도 모른다. 동서고금을 막론하고 수많은 철학자들이 우주만물의 궁극적 근원과 인간존재의 근본 바탕에 관해 다양하게 형이상학적 논의를 해왔으며, 이는 전적으로 이성 활동의 산물인데, 굳이 영성이라는 말을 불필요하게 더해 사람들의 사고를 혼란스럽게 만들 필요는 없지 않은가. 유교의 성리학만 하더라도 이기론과 심성론은 우주만물의 궁극적 근원과 인간존재의 근본 바탕을 규명한 완정한 이론체제로서, 그것을 우리의 이성으로 해독하면 충분하지 않은가 하고 말이다.

하지만 이렇게 반문해보자. 그러한 형이상학을 수립한 철학자들이 모두 물아일체나 천인합일, 신과의 교감(합일)을 이루었을까? 그러므로 그들 모두를 우주적 대아의 성인이라 할 수 있을까? 아니다. 영성의 기능은 이성의 그것과 전혀 차원을 달리한다. 물과 아의 일체나 신과 나의 합일은 이성적 사고와 판단의 끝에서 마치 '백척간두진일보' 하듯이 이성을 초월하는 신적인 능력으로만 가능한 일이다. 철학적 이성은 추상적 개념으로 세계와 만물을 분해 조립하고 메마르게 인식하여 '현실의 빈곤화'를 촉진할 뿐이다. 그러므로 그것은 우주의 전체성을 개념적인 판단과 논리적인 추론 없이 직관 통찰하고, 그것을 온몸으로 체험하는 영성과 차원을 달리한다. "이 삶에서 상상력으로 상상할 수 있고, 이성으로 생각하고 이해할 수 있는 모든 것은 신과의 결합에 있어서 직접적인 수단도 아니며 그렇게 될 수도 없다."(십자가의 성 요한) "메마르고 무미건조한 사색은 진리의 옷에 잡힌 주름을 펼 수는 있지만, 진리의 사랑스러운 얼굴을 발견할 수는 없다."(플라톤주의자 존 스미스)

우리는 이러한 관점에서 퇴계의 형이상학을 새롭게 독해하여, 여전히 베일 속에 감춰진 그의 정신세계를 들여다볼 필요가 있다. 지금까지 연구자들은 그의 이성적 사유의 궤적만 추적해왔다. 예컨대 그의 이기(태극과 음양)론을 이성의 광장에서만 논의하면서, 심지어 그것을 무슨 수학 명제처럼 여겨 몇몇의 추상적인 기호(암호언어)들로 분해 조립하고 연산하기까지 한다. 하지만 앞서 그의 학문정신을 논하는 자리에서 살핀 것처럼, '현실의 빈곤화'를 초래하는 이러한 태도는 퇴계 자신이 경계했을 뿐만 아니라, 그의 정신세계의 전모를 결코 밝혀주지 못한다. 그는 태극이나 리에 대해서까지 이성의 한계 너머에서 영성을 작동시켰다.

우리는 그 편린을 천명과 상제에 대한 그의 신앙에서 볼 수 있다. 이는 그의 학문이 이성의 훈련과정에 불과한 것이 아니었으며, 이성을 넘어 영성의 수행까지 도모했을 것임을 시사한다. 그러므로 우리는 그의 이기론을 연구하는 자리에서도 천명 또는 상제의 관념을 염두에 두면서 그의 영적 세계를 들여다보아야 한다. 나아가 그의 학문생활에 저류하고 있는 영성의 눈빛을 밝혀볼 필요가 있다. 이에 관해서는 뒤에 상론하려 한다.

영성은 몇 가지의 특징을 지닌다. 이를 네 가지로 나누어 살펴보자. 첫째, 영성은 물아일체의 지평을 열어 보여준다. 앞서 살핀 것처럼 물아일체란 확장된 존재감 속에서 자신과 타자 사이의 경계를 넘어 자타 간 하나됨을 느끼면서 일상과는 다른 새로운 자아를 경험함을 뜻한다. 이는 영적 스승들만이 행하는 신비 체험이 아니다. 사실 보통사람들도 음악이나 춤, 또는 운동경기의 응원에서 그것을 경험하곤 한다. 그들은 노래와 춤을 통해 망아(忘我)의 경지에 이르기도 하고, 경기장 내 열띤 응원의 무리 속에서 모두 하나가 되는 체험을 하기도 한다. 심지어 어떤 사람들은 환각제를 이용하여 일시적으로 의식의 심화와 확장을 추구하기까지 한다. 다만 영적 스승들은 그러한 특수 환경이나 조건이 아니라 지속적인 수행을 통해 일상의 삶에서 안정적으로 그 경지에 이른다. 그들은 의식을 극도로 확장하여 만물과의 일체감 속에서 우주적인 에너지를 체험하고, 심지어 과거와 미래의 세계까지도 내다본다.

이러한 경지는 도덕 수행만으로는 결코 도달될 수 없다. 그 이상으로 영적인 수행을 필요로 한다. 우주만물의 궁극적 근원이나 존재의 근본 바탕을 직관 통찰하는 영성의 힘이 거기에 발동된다. 뒤에서 다시 살피겠지만 퇴계가 "그대, 물과 아가 일체임을 알려면 / 만물 생성의 처음 근원을 보게나." 하고 읊조렸던 것도 이러한 뜻을 함축한다. 혹자는 이에 대해 퇴계가 이성으로 구성한 형이상학을 내놓으면서 반론을 제기할지도 모른다. 하지만 냉정한 이성은 결코 물아일체의 세계를 '경험'할 수 없다. 그것은 기껏 추상 개념의 퍼즐들을 조합하여 그 세계의 모상을 이론적으로 그려낼 뿐이다. 이는 메마른 조화에서 달콤한 향기를 맡으려는 것이나 다름없다.

그러므로 거기에는 생동하는 활력과 정서적 감동이 결여되어 있다. 영적인 각성의 한 가지 특징이 여기에서 드러난다. 메마른 개념과 냉정한 추론으로 얻어지는 이성적인 앎과 달리, 영적인 각성은 직관적 통찰과 온몸의 투여를 통해서 활력과 감동을 불러일으킨다. 이성은 갖가지의 범주 개념으로 나와 너를, 이것과 저것을, 차안과 피안을 구분하면서 여전히 타자와 동떨어진 개체적 자아로 남아 있지만, 영성은 타자의 존재에 정서적으로 참여하여 물아일체의 넓은 존재성을 얻는다. 퇴계의 학문적 지향점이 바로 여기에 있었다.

둘째, 영성은 직관적인 통찰의 예지를 갖는다. 사물의 모양과 색깔, 성질 등을 분별하면서 그것들을 단편적이고 부분적으로만 살피는 우리의 일상적인 사고방식과 달리, 영성은 그것들을 전일적이고 총체적으로 통찰한다. '마음속의 신성', 신의 눈빛으로 말이다. 이는 세계와 사물의 진면목을 파악하게 해주는 인간정신의 최고 경지라 할 수 있다. 어느 학자는 이를 '직관적인 전체지'라 하면서 다음과 같이 말한다.

우리는 누구나 일정한 색깔을 가진 필터가 달린 렌즈를 통해서밖에는 '볼' 수가 없고, 그것 없이는 어떤 지식도 얻을 수가 없다. 하지만 '숨겨진 질서'를 파악하려면 그 렌즈를 제거하여 통상 의식의 활동을 정지시킬 필요가 있다. (중략) 곧 봄(Bohm)의 표현을 빌린다면, 그 렌즈를 통해 조작하고 있는 우리의 자아 또는 자기를 멀리 돌아서 우주의 근원인 전체가 흐를 수 있는 비어 있는 물길[水路]을 터주어야 하는 것이다.3)

아닌 게 아니라 우리는 평소 일정한 색깔의 필터로 세계와 사물을 인식한다. 선입견과 편견, 고정관념이 그렇게 해서 생겨난다. 이를테면 남자와 여자, 어른과 아이, 자국인과 외국인, 인간과 동식물

---

3) 마루야마 도시아키, 박희준 옮김, 『기(氣)란 무엇인가』(정신세계사, 2001), 251-252쪽. 인용문의 '숨겨진 질서'란 우리 눈에 보이고 관측되는 사물의 '드러난 질서'의 이면에 그것을 드러나게 해주는, 보이지 않는 우주자연의 질서를 뜻한다. 도, 태극, 리, 또는 신의 섭리가 이에 해당된다.

등 갖가지의 관념 필터(색안경)를 장착하여 타자에 대해 온갖 차별과 유무형의 폭력을 일으킨다. 그들 모두가 똑같은 인간이며 생명체라는 사실을 망각하고서 말이다. 하지만 '그 렌즈를 제거하고 통상 의식의 활동을 정지'시킨다면 그들의 모습이 전혀 다르게 다가올 것이다. '벌거벗은 존재'의 눈빛은 그들 모두를 평등한 존재로 인식하면서 물아일체의 의식 속에서 그들을 사랑으로 품에 아우를 것이다. 이것이 바로 신의 눈빛과도 같은 영성의 '직관적인 전체지'의 산물이다.

우리는 이의 사례를 퇴계가 임금에게 행한 가르침에서 확인한다. "하늘과 땅은 천하 만물의 큰 부모로서, 만민은 모두 나의 형제요 만물은 모두 나와 더불어 사는 이웃입니다."4) 여기에서 '하늘과 땅은 천하 만물의 큰 부모'란 우주의 '숨겨진 질서'를 표명한 것이요, '만민은 모두 나의 형제요, 만물은 모두 나와 더불어 사는 이웃'이라는 말은 '우주의 근원인 전체가 흐를 수 있는 비어 있는 물길'에 따라 영위해야 할 삶의 진리를 그렇게 언명한 것이다. 이는 역시 퇴계의 영성이 우주만물과 인간을 전체적으로 직관한 산물이다.

셋째, 영성은 자아를 초월하는 힘을 갖는다. 위에서 살핀 물아일체의 의식은 자아의 초월을 전제한다. 자타를 구분하는 자기중심적인 사고에서는 물아일체의 세계가 결코 열리지 않는다. 자아를 초월하는 만큼 자타 간 존재의 일체감을 경험할 수 있다. 그 초월의 높이에 따라 나의 존재는 그만큼 넓어지고 깊어지며 열려 깨어 있게 된다. 자아의 변용이 그렇게 이루어진다. 그 대상이 연인과 이웃을 넘어 지역, 국가, 인종, 인류를, 나아가 모든 생명체를 향할 때

---

4) 『退溪全書 四』, 「言行錄」, 74쪽.

나는 우주적 대아의 위대함을 얻게 될 것이다.

그처럼 초월의 눈높이가 한 사람의 존재의 깊이와 폭을 좌우한다. 저 우주적 대아는 초월의 정점에서 섭리정신으로, 또는 신의 눈빛으로 우주만물을 자신의 품 안에 끌어안는 사람이다. 이는 역시 영성의 산물이다. 그리고 보면 맹자가 "만물이 모두 나의 존재에 내재되어 있다"고 갈파했던 데에는 그의 초월적 자아의 영성이 깊이 작용한 것으로 보인다. 이에 관해서는 후술하려 한다.

개체적 자아를 초월한 우주적 대아의 정점에는 우주의 제일원리, 또는 존재의 근본 바탕이 있다. 사람들은 그것을 신, 브라만, 상제, 천명, 태극, 도, 리 등으로 다양하게 명명한다. 하지만 그 명칭은 아무래도 상관이 없다. 원래 "글은 말을 다 표현하지 못하고 말은 뜻을 다 드러내지 못한다."(『주역』) 게다가 퇴계의 말처럼 "천지변화의 신비와 음양성쇠의 미묘함을 언어로 형용하기란 원래 불가능"[5]하다. 절대자를 상대적 언어로 형용하면서 자신의 주장을 고집하고 남들에게 강요하는 것은 지성의 편견이요 오만이며, 절대자를 상대화하는 것일 뿐이다. 사람들의 저와 같은 명명은 자신의 관점에서 일정한 관념적 필터를 거친 것에 지나지 않는다.

예를 들어보자. 우주만물의 생성과 변화의 이면에 이를 주재하는 절대자가 있다고 상상하는 사람은 신(브라만, 상제, 천명)을, 우주라고 하는 무변무한[太]의 보이지 않는 집의 용마루[極]를 상상하면서 그것이야말로 우주만물의 대동맥(지극한 중심)이라고 여기는 사람은 '태극'을, 사람들에게 일상의 길이 있는 것처럼 만물 생성의 길이 바로 거기에 있다고 여기는 사람은 '도'를, 그것이 자연의 이

---

5) 『退溪全書 一』, 「答李剛而問目」, 524쪽.

치라고 여기는 사람은 '리'를 말한다. 사람들마다 관점과 맥락이 그처럼 다르다. 그러므로 우리는 그러한 명칭에 구애하지 말고 그 모두를 종합적으로 받아들일 필요가 있다. 뒤에 다시 고찰하겠지만 태극이나 리의 철학에 상제(천명)의 관념을 함께 논의해야 할 이유가 여기에 있다.

자아의 초월은 영성의 수행에 필수적인 과정이다. 영성은 '내가', '나에게', '나를', '나의' 등 온갖 '나'를 부정한 뒤에만 깨어난다. 개체적인 자아를 부정하지 않고 단지 도덕적 규율만 강조하는 것은 영성의 깨어남은커녕, 오히려 독선과 자기애의 심리 속에서 남들과 갈등만 키우고 악행을 저지를 수도 있다. 서양의 역사 속에서 잦았던 종교전쟁들이 이의 역사적 예증이다. 개체적 자아의 부정 속에서만 이웃과 사회, 나아가 인류와 만물이 눈에 들어올 것이다. 그러므로 "(영원의 철학을 옹호하는 사람에게 있어서) 자아로 존재한다는 것은 원죄이며, 느낌, 의지, 지성에 있어서 자아의 죽음은 모든 것을 포함하는 최종적인 덕목이다."(올더스 헉슬리)[6]

종교의 참뜻이 여기에 있다. 참다운 신앙은 개체적이고 자기중심적이며 자기본위적인 자아를 초월하여 궁극적인 실재(신)에 헌신한

---

6) '영원의 철학'이란 독일의 라이프니츠가 최초로 사용한 용어라 한다. 올더스 헉슬리는 이에 관해 다음과 같이 말한다. "이것은 사물, 생명, 마음의 세계에 본질적인 '신성한 실재(Devine Reality)'가 있음을 인정하는 형이상학이자, 인간의 영혼에서 '신성한 실재와 유사한 무언가'를 발견하는 심리학이며, '모든 존재의 내재적이면서 초월적인 바탕(Ground)에 대한 앎'을 인간의 최종목표로 두는 윤리학으로, 아득한 옛날부터 전해져온 보편적인 개념이다. 모든 원시민족의 전통 구전설화에서 영원의 철학의 기초를 발견할 수 있으며, 모든 고등종교에서 완전하게 발달된 형태를 찾을 수 있다."(올더스 헉슬리, 조옥경 옮김, 『영원의 철학』(김영사. 2014), 14쪽) 당연히 퇴계의 철학도 여기에 포함된다.

다. 그 헌신은 모든 세속적인 욕망을 떨쳐내는 한편, 자만심을 내려
놓고 무한한 겸손으로 세계와 삶에 낮게 내려설 것이다. 세속적 욕
망을 갖고 있는 한 궁극적 실재에 대한 헌신은 불가능하다. 욕망은
궁극적 실재를 외면하고 자신에 대한 헌신만을 요구하기 때문이다.
그는 세속적 자아의 성취와 행복을 위해 신을 포함한 모든 것을 수
단으로 이용한다. 또한 자만심 역시 궁극적 실재에 대한 헌신을 가
로막는다. 자기만족감이나 자기우월감은 궁극적 실재에 대한 지향
과 관심, 전념의 의지를 그만큼 약화시키기 때문이다.

이에 반해 참다운 신앙은 자아를 초월하여 섭리정신과 신의 눈빛
으로 삶에 나서므로 그와 같은 오류를 저지르지 않는다. 그는 역경
과 고난, 불행조차도 겸손하게 받아들이면서 거기에 함축된 우주자
연의 섭리와 신의 뜻을 읽어 행하려 한다. 퇴계의 「성학십도(서명)」
의 말처럼, "살아서는 공손히 하늘을 섬기고, 죽음 앞에서도 편안함
을 유지"할 것이다. 이에 관해서는 뒤에서 상론하려 한다.

사람들이 공공의 예배장소에서 공손하고 편안함을 유지하는 까
닭도 여기에 있을 것이다. 그곳이야말로 잠시나마 자아를 초월하여
신을 경건히 마주할 수 있는 자리이기 때문이다. 그 자리야말로 자
기초월의 영성을 밝고 맑게 깨어나게 해주는 '성소(聖所)'다. 더 나
아가 예배의 공간을 넘어 신이 모든 자리에, 어느 순간이든 강림한
다고 여기는 사람이라면 그의 경건한 마음속에는 영성이 항상 깨어
있을 것이다. 『중용』은 말한다. "신의 강림하심을 예측할 수 없거
늘 삶에 불경하게 나설 수 있겠는가."

물론 영성이 신의 존재 앞에서만 깨어나는 것은 아니다. 예컨대
영성의 한 유형인 불성(佛性)만 하더라도 그렇다. '견성(見性)'이란
자신의 존재 심층에서 우주적 본성을 깨달음을 뜻하기도 한다. 그

것이 바로 '공(空)'의 체험으로서, 그는 '무아(無我)'의 통찰과 함께 그동안 갇혀 지내던 개체적 자아를 초월하여 우주만물 전체로 나아간다.

자아의 초월은 자신의 현존을 부정하지 않는다. 그것은 개인적인 욕망이나 집착, 세속적인 관심과 의지를 버리고 오직 우주자연의 섭리나 또는 신이 뜻에 따라 삶에 나서는 것일 뿐이다. 오히려 개체적 자아를 부정함으로써 새로운 세계가 현전하여, 그동안 자아의 질곡에 빠져 있던 미망에서 해방되어 참으로 환희로운 삶을 영위할 것이다. 그 최고의 경지에서 그는 생로병사의 번뇌와 실존의 불안에서 벗어나 그 어떤 집착과 갈망도 없이 섭리의 흐름이나 신의 뜻에 따라 살 것이다.

선비들이 금과옥조처럼 여겼던 "확연대공 물래순응(廓然大公 物來順應)"(『근사록』)의 정신이 이를 잘 요약한다. 개체적 자아를 무한히 초월하고 확대하여[廓然] 만물을 향해 크게 열린[大公] 우주적 대아의 시선으로, 삶의 현장에서 다가오는 모든 일[物來]을 사리에 따라 처사하리라[順應]는 것이다. 이 역시 영성이 아니면 결코 넘볼 수 없는, 인간정신의 지고한 경지다.

넷째, 영성은 관조의 눈을 갖는다. 관조란 모든 욕망과 이해관심을 내려놓고 '신성한 무관심' 속에서 대상을 그 자체로서 바라보는 심미적 조망을 뜻한다. 그 최상의 수준에서는 생사의 번뇌까지 떨치고, 과거와 미래의 시간조차 잊고 오직 이 순간에 머물러 세계를 무심하게 바라보며 누리는 정신이 작동한다. 이는 자기초월의 안목이 펼쳐내는 자연스러운 심리 현상이다. 초월의 정점에서 얻게 된 섭리정신이나 신의 눈빛으로 세계 만상과 삶의 현실을 조망하는 것이다. 영적 스승들이 시작(詩作)에 능한 까닭도 여기에 있을 것이다. 그들의 관조정신이 고도의 심미안을 발동시켜 심오하고 아름다운 언어를 지어내는 것이다. 쇼펜하우어의 말을 들어보자.

어디서, 언제, 왜, 무엇 때문에를 더 이상 괘념하지 않고 오로지 대상과 함께하면서 거기에 대한 온갖 추상적인 생각, 지적인 개념과 의식마저도 내려놓고, 그 대신 개인 영혼의 힘 전부를 지각하는 행위에게 양도하고 그 속에 흡수되어 풍경이든, 나무든, 바위든, 건물이든, 그 어떤 것이라도 즉시 현존하는 자연적인 대상을 고요하게 관조하는 것으로 일체의 의식을 가득 채우면 대상 속에 실제로, 그리고 온전하게 스스로를 잃어버리면서 개체성, 의지를 잊고 그곳에서 순수한 주체로서 대상에 대해 깨끗한 거울로서 남아 있으면, 대상과 관련된 그 어떤 것도 없이 대상 자체만 있는 것 같다. 그리고 보는 자와 보는 행위가 더 이상 구분되지 않을 정도가 될 때, (그때서야) 그 둘은 하나가 된다.[7]

이처럼 영적인 관조는 마음속에 모든 지적인 흔적들을 지운, 그리고 자타 분별적인 의식을 내려놓은 고요를 대동한다. 원래 관조가 그러한 것이긴 하지만, 자기를 초월하여 섭리정신과 신의 눈빛으로 세계와 삶을 조망하는 마음은 고요하기 이를 데 없을 것이다. 어느 영성가는 말한다. "고요는 신이 말하는 언어다. 신에 관한 다른 모든 것은 나쁜 번역이다." 세상의 온갖 대립과 분별의 현실을 초월하여 삼라만상을 주재하는 근원적 존재가 신이라면, 대립 분별적 사고 활동을 중지하고 자기 내면의 지껄임을 침묵시키는 고요

---

7) 켄 윌버, 조옥경·김철수 옮김, 『성, 생태, 영성 上』(학지사, 2022), 370쪽.

속에서만 신은 현전할 것이다.

이러한 고요는 단지 마음이 텅 빈 침묵에 불과한 것이 아니다. 그것은 자타 분별적이고 상대적인 사고를 잠재우고 사물과 사태를 전일적이고 총체적으로 바라보는 신적인 통찰력을 갖고 있다. 그러므로 그것은 역시 '텅 빈 충만'이다. 이는 고요의 노력이 신에게 다가가기 위한, 달리 말하면 영성의 수행에 중요한 통로가 됨을 일러준다. 퇴계가 마음의 고요를 그토록 중요시했던 것도 이러한 자각에서였을 것이다.

2. 유학 일반의 경우

지금까지의 논의를 토대로 유학자들의 영성세계를 들여다보자. 이를 위해 사서(四書: 『대학』, 『논어』, 『맹자』, 『중용』)에 여기저기 흩어져 있는 그 편린들을 찾아 살펴보려 한다. 그 모두 지금까지의 통상적인 해석론을 버리고 영성의 관점에서 그 함의를 들여다볼 것이다. 먼저 『논어』에 "아침에 도를 들으면 저녁에 죽어도 괜찮으리라(朝聞道 夕死可矣)"는 공자의 말을 되새겨보자. 과연 죽음까지도 뛰어넘을 수 있는 '도'란 무엇일까? 그것을 단순히 진리라고만 해석해서는 무언가 미흡한 느낌이 가시지 않는다. 우리가 이성으로 판단하는 진리는 죽음의 불안과 공포를 이겨내지 못하기 때문이다. 죽음까지도 이겨낼 '도'라면 존재의 유한성을 넘어 무한과 영원을 머리가 아니라 온몸으로 깨닫고 참여하게 해주는 힘을 갖고 있어야 한다.

이에 대해 사람들은 삶과 죽음의 부조리를 일원적으로 해명하는 우주의 제일원리나 존재의 근본 바탕 등 형이상학적 진리를 연상할지도 모른다. 하지만 그것이 철학적 이성의 결론에 그친 것이라면 "저녁에 죽어도 괜찮다"면서 삶에 초연히 나서지 못할 것이다. 무릇 이성의 조립품은 관념적이고 허구적이어서 정작 당면의 현실에서 무용지물로 폐기되는 일이 허다하기 때문이다. 그러므로 '아침에 듣고 저녁에 죽어도 괜찮을' '도'라면 이성적인 판단을 넘어, 목숨까지도 걸 수 있는 신앙적인 요소를 갖지 않으면 안 된다. 이를테면 "나는 길이요 진리요 생명"이라는 예수의 말처럼 그것을 떠나서는 도대체 삶의 의미를 찾을 수 없는 생명의 길로 신앙되어야 한다.

우리는 (아침에 도를) '들으면'이라는 말을 이러한 관점에서 접근해볼 필요가 있다. 먼저 공자가 저 말을 했던 전후의 정황을 한번 상상해보자. 공자는 제자들이 평소 '도'에 대한 가르침을 학습하는 일에만 열중한다고 여겼을 것이다. '도'는 이성적인 추론을 넘어 자기초월적이고 직관적인 통찰과, 온몸이 실린 체험 속에서만 온전히 각득될 수 있는데 말이다. '(도를) 들으면'이라는 말의 숨은 뜻이 여기에서 풀린다. 단순히 '도'를 이성적으로 해독하는 차원에 그치지 말고 이성 너머 그것에 대해 영적인 깨달음을 얻도록 노력해야 한다는 것이다. '저녁에 죽어도 괜찮을' 만큼 죽음 앞에서도 태연자약할 힘은 이러한 깊은 깨달음 속에서만 나온다. 퇴계의 「성학십도」에 실린 글, "살아서는 공손히 하늘을 섬기고, 죽음 앞에서도 편안함을 유지"할 수 있는 것도 이에서 비롯된다.

'도'를 다른 관점에서 한번 살펴보자. 한마디로 '도'란 내 안에 존재하는, 깊숙이 내재하여 우리가 망각하고 있는 천명(天命)이다. 그러므로 '도를 듣는다'는 말은 나의 내면 깊은 곳에서 천명(하늘의 명)을 듣는다는 뜻이다. 그 '들음'은 곧 깨달음이다. 하늘이 부여한 사람됨의 과제를 온몸으로 깨닫는다는 것이다. 이는 학습만으로는 되지 않는다. 우리는 일상의 세계에서 진선미의 가치를 부단히 학습해야 하지만, 궁극적으로는 그것을 넘어 영적인 예지로 천명을 직접적으로 깨달아야 한다. 다시 한 번 말하지만 "천명을 모르면 군자라 할 수 없다."(『논어』) 여기에서 '모르면'이란 인식의 부재를 뜻하는 말이 아니다. 그것은 깨닫지 못함을 함의한다.

한편 『논어』에는 공자의 제자들이 선생님의 마음가짐을 행동거지에서 살펴 기록해놓은 글이 있다. "선생님께서는 네 가지의 마음을 전혀 갖지 않으셨다. 사사로운 뜻과, 기필하는 마음과, 집착하는 마음과, '나' 의식이 없었다(子絶四 毋意 毋必 毋固 毋我)." 이는 공자의 영성세계를 알려주는 중요한 단서가 된다. 이를 개별적으로 살펴보자. 먼저 '사사로운 뜻'이란 세계와 삶을 개인적인 관점에서 자기중심적으로 바라보는 마음을 말한다. 그 마음의 중심에는 바로 '나'가 있다. 그는 모든 일을 자신의 관점에서 자기본위적으로 판단하고 대면하므로 남을 이해하고 배려할 줄 모른다. 이기주의는 물론, 자신의 자유와 독립과 사적인 발전을 주장하는 개인주의도 이에 해당된다.

이에 반해 '사사로운 뜻이 없음'은 자아를 초월하여 세계와 삶을 개방적이고 보편적인 시선으로 바라보는 마음가짐 및 삶의 태도를 말한다. 앞서 말한 '확연대공(廓然大公)'의 세계가 거기에서 열린다. 일상생활에서 그러한 마음은 상대방의 생각이나 처지에 대한 공감과 동정 속에서 그를 자신의 존재 깊이 품어 안는다. 이는 개체적 자아의 보통사람들도 때때로 행할 수 있는 일이지만, 공자의 제자들이 바라본 선생님의 모습은 전혀 차원이 다른 것이었다. 공자는 초월의 정점에서 오직 섭리에 따라 만물을 아우르는 우주적 대아의 영성으로 삶에 나섰다.

이러한 뜻은 "천명을 모르면 군자라 할 수 없다(不知命 無以爲 君子)"(『논어』)는 말에서도 간취될 수 있다. 천명을 '안다'는 말은 단순히 인지적인 의미에 불과한 것이 아니다. 그것은 (아침에 도를) '듣는다'는 말과 같은 함의를 갖는다. 자아를 높이 초월하여 천명 (신의 뜻)을 영적으로 깨달아야만 군자라 할 수 있다는 것이다. 그는 천명을 향한 의지가 순수하고 강렬한 나머지 현실 속에서 무언 가를 이루려는 세속적인 관심을 갖지 않는다. 이른바 '신성한 무관심'이다. '사사로운 뜻이 없음'이란 이를 말한다.

자기중심적인 시각을 벗어나 천명을 깊이 깨닫는 군자는 매사를 사리(진리)에 따라 처사할 뿐, 자신의 의도대로 일을 '기필하려는 마음'을 갖지 않을 것이다. '기필하는 마음'이란 어떤 일을 기필코 이루기 위해 집중하는 태도를 뜻한다. 그것은 당연히 '집착하는 마음'을 동반하며, 자기애에 갇혀 천명을 외면하고 거스를 수밖에 없다. 이에 반해 자기중심적인 사고를 벗어나 만물을 향해 열린 마음으로 삶에 나선다면, 그는 '기필하고 집착하는' 자기중심적인 태도를 벗어나 세상만사를 사리에 따라 처사하려 할 것이다. 앞서 말한 '확연대공 물래순응(廓然大公 物來順應)'의 자기초월적인 삶이 그 것이다.

'나' 의식을 갖지 않는 '무아'는 이상의 마음들의 종합 결정판이다. 즉 '사사로운 뜻'과 '기필하고 집착하는 마음'은 모두 '나' 의식을 조성하고 강화하면서, 또다시 새로운 유형의 '사사로운 뜻'과 '기필하고 집착하는 마음'을 확대 재생산한다. 저 '나'는 '너', '그' 등 타자와 마주하면서 생겨나는 자의식이다. 언어학적인 관점에서 살펴보면, '나'의 상대 말은 '너' 또는 '그'다. 이는 나와 남(너, 그) 사이에 모종의 보이지 않는 존재의 분단과 장벽이 있음을 암시한다. "나는 나요 너는 너"이기 때문이다. 그러므로 자기본위적인 '나' 의식이 강할수록 독존적인 사고 속에서 '사사로운 뜻'과 '기필하고 집착하는 마음'을 심하게 드러낼 것이다. 결국 그는 남과의 대립 갈등 속에서 자신의 존재의 폭을 최소한으로 좁혀 삶의 외로움을 자초하게 될 것이다.

공자는 이러한 '나' 의식으로부터 완전히 해방되어 있었다. 이는 공자가 의지와 욕망과, 그리고 자신의 존재 자체를 부정했음을 뜻하지 않는다. '무아'(자아의 초월)는 자기중심성을 벗어나는 것일 뿐이다. 오히려 그것은 자아의 깊은 근원 속에서 세계만물을 자신의 존재 안에 품어 안는 우주적 대아의 의식을, 달리 말하면 영성을 일깨운다. 그리하여 그것은 일상인과는 전혀 다른 차원의 심리활동(사고와 의지와 감정 등)을 펼친다. 이에 대한 부연 설명이 될 수 있는 글을 읽어보자. 탁월한 영성의 시인 에머슨의 글이다.

인간은 모든 지혜와 모든 선(善)이 거주하는 사원의 외양이다. 우리가 보통 (개별 사람이나 자아로서) 인간이라고 부르는 것, 우리가 알고 있는 먹고 마시고 계산하는 인간은 자신을 있는 그대로 드러내지 못하고 있다. 우리는 그를 존경하지 않는다. 그 대신 그 자신은 혼의 기관으로서, 만일 그가 자신의 행동을 통해 혼이 나타나도록 허용한다면 그 혼이 우리의 무릎을 꿇게 만들 것이다. 그의 지성을 통해 혼이 숨을 쉴 때 혼은 천재가 된다. 그의 의지를 통해 숨을 쉴 때 혼은 미덕이 된다. 그의 애정을 통해 흐를 때 혼은 사랑이 된다. 지성이 지성으로 그칠 때 ('고유한 개인'이 될 때) 지성의 맹목성이 시작된다. 개인이 개인으로 그칠 때 의지의 나약함이 시작된다. 모든 개심(改心)은 특정 방식으로 우리를 통해서 혼이 자신의 길을 가게끔 허용하는 데 목적이 있다.8)

공자의 '무아'는 이처럼 개별적 자아로부터 해방되어 '혼(영성)이 숨을 쉬는' 우주적 대아를 그 근저에 갖고 있다. 그것이 덕성이든, 불성이든, 영혼이든, 아트만이든, 기타 무엇으로 불리든, 그것은 자아의 심층, 근본 바탕에 녹아들어 있는 우주만물의 존재성을 자각하고 그와 소통한다. 우리의 '의지와 애정과 지성'이 아름다울 수 있는 것은 이러한 영성의 숨결 때문이다. 그것이 '우리의 무릎을 꿇게 만든다.' 예컨대 퇴계의 말처럼 "물(物)과 아(我) 사이의 간격을 없애 그 사이에 사사로운 마음이 조금도 끼어들 수 없게 하여 천지를 한 집안으로, 만민을 나와 한 몸으로 여기면서 그들의 가려움과 아픔을 모두 내 몸의 것처럼 느끼는" 우주적 사랑 앞에서 우리는 무릎을 꿇는다. '모든 개심(改心)', 즉 마음의 수행은 이러한 영성(혼)을 일깨우는 데에 목적을 두어야 한다.

공자의 영적인 직관은 다른 곳에서도 목격된다. 공자는 냇가에 서서 쉬임 없이 흐르는 물을 보면서 감탄한다. "모든 생성 변화가 마치 물이 흘러가는 것과도 같구나. 밤낮으로 그침이 없도다(逝者如斯夫 不舍晝夜)."(『논어』) 이는 만물의 생성 변화 현상에 대한 피상적인 감상에 불과한 것이 아니었다. 그것은 개체들의 생성 소멸 현상을 넘어서 생성의 연쇄를 무한히 이루어내는 우주자연의 섭리에 대한 직관 속에서 터져 나온 '깊이 가라앉은 감탄'이었다. 퇴

---

8) 위의 책, 359-360쪽.

계는 이를 두고 다음과 같이 읊는다.

천지의 심대한 조화 잠시도 그치지 않는데
생성 변화 그 이치를 밝히기가 어렵네
한가로이 여울가에 다다라 보니
그 안의 묘한 이치가 정말 성인의 감탄을 자아냈구나
大化沄沄不蹔停
盈虛消息理難明
閒來試向灘頭看
妙處眞堪發聖情9)

이는 끊임없이 흐르는 여울물 앞에서 퇴계 자신이 우주자연의 생성 변화의 이치를 직관하면서 공자의 고사를 떠올려 노래한 것이다. 그는 그 순간 자기초월의 정점에 이르러 섭리의 흐름에 삶을 내맡겼을 것이다. 그는 자작의 묘비명에서 말한다. "천지의 조화(섭리)를 타고 돌아가 목숨을 다하리니 더 이상 무얼 바라리오(乘化歸盡 復何求兮)." 이는 역시 건조한 이성의 형이상학적 사유를 넘어 온몸의 체험이 실린 영적인 직관으로만 가능한 일이다. 퇴계와 공자가 그 모습을 잘 보여주고 있다.

이제 맹자의 영성세계를 살펴보도록 하자. 이와 관련하여 가장 먼저 떠오르는 대목은 맹자가 제자와의 문답에서 호연지기(浩然之氣)를 언급한 부분이다. 그 제자는 선생님이 당시 몇몇 사람들을 비판하면서 남달리 자부하는 모습을 보고서 묻는다.

---

9) 『退溪全書 二』, 「如斯灘」, 527쪽.

"선생님의 장점은 무엇입니까?"

"나는 나의 호연지기를 잘 기른다."

"호연지기란 무엇을 뜻하는 말입니까?"

"말로 표현하기 어렵다. 그 기상은 무한하고 지극히 강대하다. 그
것을 손상시키지 않고 바르게 기르면 하늘과 땅 사이에 충만할 것이
다. 그 기상은 도의와 진리의 수행 속에서 얻어진다. 그러한 수행이
없으면 그 기상의 결핍을 면치 못할 것이다." (『맹자』)

여기에서 '그 기상이 무한하고 지극히 강대하다'는 말은 호연지
기가 하늘을 찌를 듯 당당한 기상을 뜻한다. 예컨대 포악한 위정자
들이 가하는 죽음의 위협에 굴복하지 않고 진리정신으로 의연하게
나서 투쟁하는 사람의 기상이 그러하다. 인간은 본래 그러한 기상
을 타고났다. 다만 자기중심적인 의식에 갇혀 '사사로운 뜻'으로 일
의 이해득실을 타산하면 그것을 잃고 말 것이다. 그러므로 '그것을
손상시키지 말고 바르게 기르도록' 해야 한다. 이를 위해 평소 진리
와 도의의 수행을 게을리하지 말아야 한다. 거짓과 불의한 마음과
언행 속에서는 호연지기가 결코 자라날 수 없다.

맹자는 이러한 호연지기를 "말로 표현하기 어렵다"고 하였다. 이
는 자신이 겪은 깊은 영적 체험을 표현할 적절한 말을 찾을 수 없
어서였을 것이다. 남녀 간의 사랑조차 말로 다 표현하기 어려운데,
하물며 보통사람들이 체험하기 어려운 호연지기의 기상은 더욱 그
러하다. 굳이 정의한다면 그것은 영성에서 발로되는 위대한 인격의
기개라 할 수 있을 것이다. 달리 말하면 자기초월을 통한 물아일체
의식 속에서 천지 만물을 온몸으로 품어 안는 우주적 대아의 영적
인 기상이 바로 호연지기다. 우리는 이를 성화(聖畫)에서 '본다.' 성

인들의 머리 뒤에 그려놓은 배후의 둥그런 광채(아우라)가 그것이다.

우주적 대아의 영적인 기상은 맹자의 또 다른 말에서도 느껴진다. "만물이 모두 나의 존재 안에 내재되어 있다. 그 이치를 자신에게서 찾아 성실하게 행하면 더 이상 커다란 즐거움이 없을 것이다. 만물을 힘써 배려하고 보살피는 일이야말로 사랑의 정신을 체득하는 데 가장 긴요하다(萬物皆備於我矣 反身而誠 樂莫大焉 强恕而行 求仁莫近焉)."(『맹자』)

맹자의 이 말을 이해하기 위해서는 우리의 통상적인 인식을 전환할 필요가 있다. 우리는 만물을 나와는 무관한 별개의 존재로 여긴다. 그들은 나의 육신 바깥에 존재하기 때문이다. 사람들은 이를 존재의 위계로 차별화하기까지 한다. 동식물은 저급한 존재로서 인간의 이용 대상에 지나지 않는다는 것이다. 이러한 사고방식 속에서는 만물과 나의 존재론적 거리를 좁힐 방법을 알지 못한다. 아니 만물을 나의 생존 수단으로만 여겨 그들을 착취하고 정복할 방도만 강구한다.

하지만 자연 만물에 대해 갖는 대립적이고 착취적인 태도는 결국 우리 자신의 존재의 바탕과 내용을 스스로 파괴하는 어리석음에 다름 아니다. 우리는 삶을 그들에게 의존하지 않을 수 없으며, 깊게 살펴보면 그들은 나의 존재에 스며들어 불가결한 부분을 이루고 있기 때문이다. 나의 존재가 지금의 모습으로 만들어진 데에는 가깝게는 가족과 이웃, 친구, 사회는 물론, 나아가 공기, 물, 흙, 태양과 같은 자연환경이, 아득하게는 우주의 역사가 끊임없이 작용해왔다. 지금 이 순간에도 우주 만유의 모든 힘들이 내 안에서 작용하고 있다. 어떤 생물학자의 주장에 의하면 우리의 신체를 구성하는 세포의 하나하나에는 워싱턴 국회도서관의 장서보다 더 많은 정보가 내장되어 있다고 한다. 인류가 출현한 이래 생존의 필요상 그토록 많은 정보를 우리의 신체가 축적해왔다는 것이다.

그러므로 나는 만물을 품고 있는 우주적인 존재다. 그것이 나의 자아의 원형적인 모습이다. 퇴계의 말을 다시 한 번 들어보자. "솥은 쇠[金]로 주조되지만, 거기에는 반드시 흙[土]을 물[水]로 개서 그 모형을 만들고, 나무[木]로 불[火]을 때서 쇠를 녹여 부어 솥을 만드는 것처럼, 쇠그릇에는 오행(五行: 목, 화, 토, 금, 수)이 다 갖추어져 있습니다." 이러한 이치는 인간존재의 형성에도 그대로 적용된다. 그러므로 나는 우주만물과 별개의 독립적인 실체가 아니다. 만물이 모두 나의 존재 안에 내재되어 있는 이치상, 그들을 외면하는 것은 곧 자기소외요 자기방기에 다름 아니다.

"만물이 모두 나의 존재 안에 내재되어 있다"고 말한 맹자의 의중이 여기에 있다. 이는 물론 생물학자나 생태학자들과 같은 과학적 추론이 아니라, 영적인 직관과 통찰의 결과다. 그것은 물아일체 의식과 사고의 궤를 함께한다. 만물이 나의 존재 속에 내재되어 있다는 생각은 그들을 곧 나와 불가분의 일체로 여길 것이기 때문이다. 그러므로 내 안의 모든 우주적 요소들을 돌이켜 성찰하고 그 이치를 밝혀 실현하는 것이야말로 우리가 추구해야 할 필생의 과제다. "그 이치를 자신에게서 찾아 성실하게 행한다"는 말뜻이 바로 여기에 있다. 『중용』은 이를 '성기성물(成己成物: 참자아의 완성과 타자의 성취)'의 명제로 요약한다. 이처럼 자신의 우주적 존재성을 실현하는 것만큼 즐거운 삶이 또 있을까. 우주만큼이나 확장된 존재의식 속에서 우러나오는 깊은 희열 말이다.

'만물이 모두 나의 존재 안에 내재되어 있음'을 깊이 자각하는 사람은 만물을 사랑으로 깊이 품어 안을 것이다. 그는 만물을 향해 열린 감각으로 그들과 교감 상통하면서, 퇴계의 말처럼 '그들의 가려움과 아픔을 모두 내 몸의 것처럼' 여겨, '만물을 힘써 배려하고 보살피는' 사랑으로 살 것이다. 이는 물아일체의 영성으로 사는 사람에게는 자연스러운 모습이지만, 보통사람들에게도 물아일체의 사랑을 키워줄 방법이 여기에 있다. 역지사지의 마음으로 남들을 배려하고 보살피는 '충서(忠恕)'의 정신이 그것이다.

여기에서 '충'은 충성의 의미가 아니다. 그것은 본래 진실하고 순수한 마음이라는 뜻을 갖고 있다. 충성은 이와 같은 뜻을 정치 덕목화한 것일 뿐이다. 한편 '서'는 단순히 용서한다는 뜻에 불과한 말이 아니다. 그것은 역지사지의 마음으로 남의 처지를 헤아려 그를 배려하고 보살피는 태도를 말한다. 이 경우에 '충'과 '서'는 별개의 덕목이 아니다. '충'은 '서'의 내적인 조건이다. 진실하고 순수한 마음으로 남을 배려해야 하며, 거기에 거짓된 생각이나 불순한 속셈이 끼어서는 안 된다는 말이다.

공자는 평생의 삶의 지침을 묻는 한 제자에게 이러한 '(충)서'의 정신을 제시하면서 다음과 같이 답변한다. "내가 원하지 않는 일을 남에게 행하지 말라." 더 나아가 그것은 적극적인 의미를 갖기도 한다. 공자는 또한 말한다. "인자(仁者)는 자신이 나서고 싶을 때에는 남을 내세워주고, 자신이 뜻을 펴고 싶을 때에는 남이 뜻을 펼치도록 도와준다." 『대학』은 이러한 충서의 정신을 일상의 인간관계 속에서 다음과 같이 구체적으로 예시한다.

윗사람이 나를 대하는 태도가 싫으면 내 아랫사람을 그러한 태도로 대하지 말고, 아랫사람이 나를 받드는 태도가 싫으면 내 윗사람을 그러한 태도로 받들지 말라. 앞사람이 나에게 앞서는 태도가 싫으면 내 뒷사람에게 그러한 태도로 앞서지 말고, 뒷사람이 나를 따르는 태도가 싫으면 내 앞사람을 그러한 태도로 따르지 말라. 오른쪽 사람이 나와 사귀는 태도가 싫으면 왼쪽 사람과 그러한 태도로 사귀지 말고, 왼쪽 사람이 나와 사귀는 태도가 싫으면 오른쪽 사람과 그러한 태도로 사귀지 말라.

충서의 정신은 역시 자기중심적인 '나' 의식을 타파시켜주는 긴요한 방책이다. 그것은 사람들에게 역지사지를 통해 상대방의 입장에서 사물과 세계를 바라보도록 해준다. 달리 살피면 거기에는 중심의 전이(轉移)라고 하는 심리가 작용한다. 입장을 바꾸어 "만약 내가 너라면" 하면서, 나로부터 상대방에게로 사고의 중심을 옮기는 것이다. 그리하여 그것은, 내가 삶의 목적이요 세계의 중심인 것처럼, 상대방 역시 그 자신이 목적이요 중심이라는 사실을 깨닫게 해준다. 자기중심을 넘어 세계중심적인 사고가 이렇게 해서 생긴다.

이러한 깨달음은 인간을 넘어 만물에게까지 확장될 수 있다. 만물 모두를 자기목적적인 존재로 여기면서 생태계의 일원으로 인정하고 존중하는 것이다. 더 나아가 '만물이 모두 나의 존재 안에 내재되어 있음'을 깨달아 그들을 사랑으로 깊이 품어 안게 해주기까지 한다. 맹자가 "만물을 힘써 배려하고 보살피는 일이야말로 사랑의 정신을 체득하는 데 가장 긴요하다"고 말한 뜻이 바로 여기에 있다. 이렇게 맹자는 보통사람들에게 물아일체의 사랑과 영적인 삶을 추구할 길을 제시하고 있다.

'만물이 모두 나의 존재 안에 내재되어 있다'는 생각은 인식의 획기적인 전환을 내포한다. 그것은 사물들의 개체성에 집중하지 않고 하나의 존재에서 타자와, 나아가 세계 전체를 들여다보게 해주기 때문이다. 이는 사람들 사이는 물론, 만물 상호간의 유기적인 존재질서를 상념케 한다. 이에 의하면 세계는 만물이 거대한 존재 연쇄를 이루면서 생성 쇄멸하는 역동적인 현장이다. 퇴계가 학문생활에서 추구했던 '리(理)'는 그러한 존재질서의 의미를 갖고 있었다. 그것은 거시적으로는 우주만물을 통섭하는 섭리에서부터, 일상적으로는 사람들의 삶을 지탱시켜주는 윤리까지 망라한다. 이는 오늘날의 생태윤리로 응용될 수도 있을 것이다.

맹자의 영성적 사고는 아래의 글에서도 드러난다. "자신의 마음을 다하는 사람은 자신의 본성을 알 것이다. 본성을 알면 하늘을 알리라. 참마음을 지키고 본성을 함양하는 것이 하늘을 섬기는 방법이다(盡其心者 知其性也 知其性 則知天矣 存其心 養其性 所以事天也)."(『맹자』) 이 글에서 '자신의 마음을 다한다'는 그 '마음'은 만물을 통찰할 수 있는 신성의 정신 능력을 뜻한다. 인간은 본래 그러한 능력을 타고났지만, 자기중심적이고 자폐적인 육신의 삶 속에서 그것을 잃고 지낸다. 이것이 '에덴의 동산'에서 쫓겨난 인류의 현주소다. 수행은 이를 회복하기 위한 노력이다. '자신의 마음을 다하여' 자기 내부의 신성, 즉 영성을 회복하려는 것이다. 저 '본성'이란 바로 그러한 영성을 뜻한다.

영성의 눈빛은 자연스럽게 하늘(신)을 향할 것이다. 성화에 보이는 것처럼 예수가 거룩한 눈빛으로 하느님을 우러르듯이 말이다. 이는 자신의 태생을 그리워하는 인간의 본능적인 심리일 것이다. 그리하여 그는 만물의 존재 근원, 즉 하늘로 돌아가 섭리정신으로 세계와 삶에 나설 것이다. '하늘을 알리라'는 말뜻이 여기에 있다. 하늘의 뜻을 알아, "살아서는 공손히 하늘을 섬기고, 죽음 앞에서도 편안함을 유지할"(「서명」) 것이다.

어떻게 하면 영성을 회복할 수 있을까? 맹자는 그 수행법을, '참마음을 지키고 본성을 함양하는' 데에서 찾았다. '사사로운 뜻'이나 '기필하고 집착하는 마음' 등 개체적인 자아의 유혹으로부터 참마음을 지켜 마음속의 신성을, 즉 영성을 일깨우고 키워야 한다는 것이다. 이것이 '하늘을 섬기는' 방법이다. 이 하늘 섬김은 내세의 행복을 기도하려는 것이 아니다. 그는 천명을 지금, 이 자리 자신의 삶에서 헤아려 수행하려 한다. 맹자는 위의 말에 다음과 같이 덧붙인다. "수명의 장단에 의혹을 품지 않고 심신을 수행하여 죽음을 기다리는 것, 그것이 천명을 받드는 길이다(夭壽不貳 修身以俟之 所以立命也)." 이에 관해서는 퇴계의 하늘 섬김의 정신을 논하는 자리에서 재론하려 한다.

이제 『중용』에서 영성이 감지되는 대목을 살펴보자. "도(道)는 삶에서 한순간도 떠날 수 없다. 떠날 수 있다면 그것은 도가 아니다. 그러므로 군자는 무얼 보지 않는 순간에도 조심하며 무얼 듣지 않는 순간에도 경계한다(道也者 不可須臾離也 可離 非道 是故 君子 戒愼乎其所不睹 恐懼乎其所不聞)." 이를 풀어서 이야기해보자. 진리는 우리가 지켜야 할 참가치인 만큼 삶을 떠나서는 존재할 수 없다. 만약 진리가 일상의 삶과 무관하다면, 이를테면 실험실 속의 발견 대상이거나 또는 언어문자상의 탐구와 유희 대상에 지나지 않는다면 그것은 아무런 의의를 갖지 못한다. 그것은 사람됨의 이치요 삶의 길인 만큼 삶의 현장에서 한순간도 떠날 수 없다. 그리고 진리의 판단 착오가 한 사람의 삶을 망가트리는 것을 우리는 주변에서 종종 목격한다. 퇴계가 아래와 같이 읊었던 뜻이 여기에 있다. "옛사람들은 어인 일로 깊은 연못에 다가가듯, 살얼음 위를 걷듯

살았던가 / 선을 따름은 산을 오르는 것과 같고, 악을 행함은 흙이 무너져 내리는 것과도 같다네."10) 여기에서 선과 악은 진리와 거짓으로 바꾸어 말해도 무방하다.

진리가 일상의 삶에서 한순간도 떨어질 수 없는 것이라면 그것은 마음속에서부터 점검되어야 한다. 마음은 삶의 진원지이기 때문이다. 그 마음은 감정과 사려, 의지 등 표면적인 활동만을 뜻하지 않는다. 그 심층에는 감정의 부침과 사고의 단속을 벗어난, 표층의 감정과 사고에 오염되지 않은, 맑고 고요한 세계가 있다. 그것은 마치 파도로 일렁이는 바닷속의 잠잠한 심연과도 같다. 군자가 '무얼 보지 않는 순간에도 조심하며, 무얼 듣지 않는 순간에도 경계하는' 까닭이 여기에 있다. '무얼 보고 듣지 않는 순간'이란 시청각적으로 무감각한 때를 뜻하지 않는다. 그것은 감각활동과 사려작용이 일어나지 않는, 무념무상의 고요한 상태를 말한다.

군자가 조심하고 경계하는 것은 바로 그 부분이다. 그 순간의 마음이야말로 감정과 사려는 물론, 행동거지에 커다란 영향을 미치기 때문이다. 마치 무의식이 의식에 대해 그러한 것처럼 말이다. 사실은 '조심'과 '경계'라는 말도 어폐가 있다. 그것들은 사려작용의 양상인 만큼, 감각과 사려 이전의 심층세계를 말하기에 적절하지 않다. 이 점을 고려하면 '함양'이라는 표현이 적합할 것이다.

앞서 고찰한 바 있지만, 함양이란 마음속에 일어나는 감정과 생각들을 억지로 정리하거나 물리치려 하지 않고 그것들이 저절로 가라앉아 사라지게 하는 노력을 뜻한다. 오늘날 수행자들은 이를 명상이라는 이름으로 행한다. 어지럽고 번잡한 심사를 벗어나 맑고

10) 『退溪全書 一』, 「東齋感事十絶」, 98쪽.

고요하고, 정념에 왜곡되거나 오염되지 않은 순수한 내면세계를 찾아 들어가는 마음수행이다. 퇴계는 이를 명경지수에 비유한다. "사물이 다가오면 그것을 비추되 담아두지 않고, 사물이 지나가면 그것을 보내서 마음을 텅 비운다."[11]

군자가 '무얼 보지 않는 순간에도 조심하며, 무얼 듣지 않는 순간에도 경계하는' 것은 이처럼 고요하고 순수한 마음을 함양하려는 뜻을 갖는다. 그 마음은 심리적 진공 상태에 불과한 것이 아니라, 깊고 맑게 깨어 있어서 세계를 직관하는 창조적 활력을 갖고 있으며, 사물과 세계를 총체적으로 통찰할 수 있는 예지를 품고 있다. 그 고요에는 인간존재의 가장 깊은 곳에서 배어나는 밝고 맑고 순수한 생명의 힘이 서려 있으며, 자타 분별의 의식을 넘어 우주만물을 깊이 사랑으로 품어 안는 영적인 기운으로 가득하다. 군자가 감각과 사려의 활동 이전부터 마음을 함양하고자 하는 의도가 여기에 있다. 그는 명징한 영성의 눈빛을 길러 삶에 나서려 한다.

앞서 "자신의 마음을 다하는 사람은 본성을 알 것"이라는 맹자의 말에서 '본성'을 영성으로 풀이했는데, 인간은 그러한 영적 본성을 타고났다. 그것은 도덕성이 생겨나기 이전 인간존재의 근본 바탕이다. 이를 정자의 글을 통해 살펴보자. 그는 인간이 천지의 정기를 받아 태어났음을 말하면서, "그 근본 바탕이 참되고 고요하며, 거기에는 인의예지신의 다섯 가지 도덕성이 내재되어 있다"고 잇는다.[12] 이에 의하면 우리 의식의 심층에는 도덕성에 앞서 '참되고 고요한[眞而靜] 근본 바탕'이 있으며, 이로부터 도덕성이 발원된다.

---

11) 『退溪全書 四』, 「言行錄」, 30쪽.
12) 이는 정자의 「호학론(好學論)」에 나오는 글인데, 퇴계는 이에 대한 제자의 질문에 상세히 대답하고 있다. 『退溪先生文集 四』, 136-138쪽 참조.

이 말은 무슨 의미일까? 이를 '천명지위성(天命之謂性)'의 논리에 따라 하늘이 인간에게 존재의 본성을 명하는 장면을 상상해보자. 인간은 초월적인 천명이 자신의 마음 깊이 내면화되는 자리에서 어떠한 자각을 할까? 원초적 인간은 그 순간 하늘을 우러르면서 "아, 참되고 고요하도다!" 하고 깊이 감탄할 것이다. '태곳적' 자각이다. '참되다'는 말은 천명이 자신의 존재 깊이 각인되는 것에 대한 탄성이요, '고요하다'는 말은 그가 그러한 천명에 오롯한 나머지 그 밖의 어떤 정념도 일어나지 않는 침묵의 표현이다. 아담과 이브가 처음 빚어지는 순간 그러한 자각을 하지 않았을까?

그처럼 그는 자기 존재의 근본 바탕에서 천명의 참됨과 마음의 고요함을 깊이 자각한다. 이어 그 자각은 밝고 맑고 순수한 생명감각 속에서 세계만물을 따뜻하게 보듬어 안는 열린 마음과 자애의 성향을 자연스럽게 드러낼 것이다. 그것이 바로 도덕성이며 인의예지신은 이의 범주적인 언명이다. 그러므로 '참되고 고요한' 원초적 성품이야말로 가장 근원적이요, 인의예지신의 도덕은 그에 대한 이차적 판단이다.

그러면 도덕성으로 규정되기 이전의 저 '참되고 고요한' 원초적 성품을 무어라고 형용할까? 그처럼 오묘한 감각적 체험을 정확하게 담아낼 말을 찾기는 아마도 불가능할 것이다. 굳이 말로 표현해야 한다면 기껏 비유적인 어법으로만 자신의 경험을 드러낼 수 있을 것이다. 퇴계가 저 '참되고 고요함'에 대해 "일점의 파문도 없는 맑은 연못"으로 비유한 까닭도 여기에 있을 것이다. 의식의 근본 바탕에 놓여 있는 본래적 성품은 그처럼 맑고 고요하다는 것이다. 그것은 단지 맑고 고요하기만 한 것이 아니다. 거기에는 천명이 내재해 있다. 마치 맑은 연못에 하늘이 어리어 있듯 우리의 본래적 성품에는 하늘 또는 신의 뜻이 깊게 담겨 있다. 이렇게 생각하면 거기에 가장 근사한 말은 아마도 마음속 밝은 신성, 즉 영성일 것이다. 그것은 인의예지의 도덕성으로 범주화되기 이전에, 도덕성을 발출시키는 가장 원초적인 순수의식이다.

수행은 그러한 영성을 일깨우기 위한 노력의 일환이다. 우리는 『대학』의 '명명덕(明明德)'을 이러한 관점에서 새롭게 고찰해볼 수 있다. 그 말은 흔히 '밝은 덕을 밝힌다'고 풀이되지만, 그 이상으로 영성을 밝힌다는 뜻을 함축한다.13) 이는 『주역』이 수행의 궁극 경지에서 말하는 '신명기덕(神明其德)'과 사고의 궤를 같이한다. 영성의 밝은 덕을 성취한다는 것이다.14) 말하자면 '명명덕'이란 도덕성 이전에 하늘의 뜻을 담고 있는 '참되고 고요한' 원초적 의식, 즉 영성을 일깨우려는 수행의 노력이다. 도덕성은 이의 자연스러운 결과물일 뿐이다. 그리고 이는 '무얼 보지 않는 순간에도 조심하며, 무얼 듣지 않는 순간에도 경계하는' 계신공구(戒愼恐懼)의 수행에서부터 시작된다. 여기에는 천명(또는 신)에 대한 외경의 의식이 바탕에 깔려 있기도 하다. 『중용』은 말한다. "신의 강림을 예측할 수 없는데 삶에 불경하게 나설 수 있겠는가."

지금까지 사서(四書)에서 산견되는 영적 통찰의 편린들을 살펴보았다. 영성적 사고는 그 밖에 『주역』과 『시경』, 『서경』 등의 책들에서도 드러난다. 앞서 말한 것처럼 유학자들은 『주역』을 신탁(神

---

13) 주자는 『대학』의 주에서 '명덕'을, "뭇 이치를 갖추어 처사할 수 있는, 텅 비고 밝고 신령한 마음"이라고 정의한다.

14) 필자는 '신(神)'을 영성으로 이해한다. 참고로 서양의 어떤 학자는 5세기 중국의 종병(宗炳)이라는 사람의 "聖人以神發道"라는 글을 아래와 같이 번역하였다. "성인은 영적 직관으로 도를 추구한다."(올더스 헉슬리, 권정기 옮김, 『지각의 문』(김영사, 2017), 97쪽)

託)의 점서(占書)로도 여겼던 만큼 점을 치는 자리에서는 물론, 그 책을 읽는 자리에서까지 마음을 정갈하게 갖는 것을 기본자세로 여겼다.[15] 이는 역시 그 책이 영적인 통찰을 중요시함을 시사한다. 그리고 『시경』과 『서경』에 등장하는 하늘과 상제에 대한 신앙은 유학자들의 외경의식을 제고하고 초월적, 관조적인 사고를 북돋았다. 이 또한 그들의 영적 깨달음을 촉진하는 의의를 갖고 있었다. 이에 관해서는 뒤에 재론하려 한다.

3. 퇴계의 영적 각성

1) 영성의 체험

영성은 부단한 내면 수행의 노력 속에서만 깨어날 수 있다. 그것은 무당이 접신하듯이, 또는 신앙인이 신에게 배례하는 자리에서 어느 순간 불현듯 일어나는 신비로운 의식이 아니다. 그것은 자신의 내면에 집중하는 정좌(靜坐)나 명상을 통해서만 체험될 수 있다. 이러한 내면의 성찰은 자신을 세상과 단절, 고립시키려는 은둔주의의 행태가 아니다. 오히려 그것은 자기중심성을 벗어나 세계에 대해 더 넓은 시각을 갖도록 해주고 포용심을 길러주면서 진리정신과 초월의 힘을 강화시켜준다. 아래에서 자아초월 심리학자로서 세계적인 명성을 얻고 있는 켄 윌버의 글을 읽어보자.

---

15) 『退溪全書 二』, 「答鄭子中」, 22쪽.

내면으로 더 많이 가거나 자기에 대해 더 많이 내성하고 성찰할수록 자기로부터 초연해질 수 있고, 자기의 한정된 관점을 넘어 더 많이 상승할 수 있어 자기애나 자아중심의 정도가 약해진다.16)

당신 속에 있는 관찰자, 당신 속에 있는 주시자는 당신 속에 있는 고립된 개인을 초월하고, 그 대신 에머슨이 말한 것처럼 내면이나 배후에서 광대한 의식의 확장으로 개방된다. 그 의식의 확장은 개별 심신체에 더 이상 사로잡혀 있지 않으며, 더 이상 개인을 존경하거나 학대하지 않으며, 스쳐가는 기쁨과 외로운 자기가 따로 분리시킨 슬픔에 더 이상 매료되지 않은 채, 세상에서 온 것이 아니라 세상으로 스며서 빛나는 구멍이나 빈터로서 침묵 속에서 고요히 서 있다. (중략) 그리고 그 구멍을 통해 빛과 참자아, 혼의 힘이 쏟아져 들어온다.17)

앞서 '진리정신의 함양'과 『중용』의 관련 주제에서 살핀 바 있지만, 퇴계가 학문의 한 과목으로 심성의 수양을 그토록 중요시했던 사실을 우리는 이러한 관점에서 접근해볼 수 있다. 그는 내면의 성찰과 수행을 통해 자기중심적인 성향을 잠재우고 세계만물을 두루 아우르는 가운데 진리정신을 함양하고 또 영성을 일깨우려 하였다. 이 점은 특히 그가 제자들에게 정좌 공부를 통해 "희로애락이 발동

---

16) 켄 윌버, 조옥경·김철수 옮김, 『성, 생태, 영성 上』, 331쪽.

17) 위의 책, 359쪽. 문득 "즐거워하지만 탐닉하지 않고, 슬퍼하지만 애상에 젖지 않는다(樂而不淫 哀而不傷)"는 공자의 말이 떠오른다. 이는 단지 이성으로 조절된 감정 상태에 그치지 않고, 어쩌면 '스쳐가는 기쁨과 외로운 자기가 따로 분리시킨 슬픔에 더 이상 매료되지 않은' 영성의 산물이 아닐까?

하기 이전의 기상을 체험할 것"을 강조한 데에서18) 잘 드러난다. 그는 거기에서 어쩌면, '세상으로 스며서 빛나는 구멍이나 빈터로서 침묵 속에서 고요히 서 있는' 참자아를 발견하고, '그리고 그 구멍을 통해 빛과 참자아, 혼의 힘이 쏟아져 들어오는' 체험을 하지 않았을까?

그런데 '희로애락이 발동하기 이전의 기상'이란 어떠한 것이며, 어떻게 하면 그것을 체험할 수 있을까? 우리는 그 단서를, "희로애락이 발동하지 않은 상태를 일러 (마음의) 중(中)이라 한다(喜怒哀樂之未發謂之中)"는 『중용』의 글에서 찾을 수 있다. 여기에서 '중'이란 무슨 형상적 중심을 뜻하지 않는다. 그것은 희로애락의 감정이나 사려 활동을 샘솟게 하는 심층의식의 근원적 중심을 말한다. 프로이트의 이른바 무의식의 근저에 놓여 있는 리비도(욕망 충족의 본능, 생명 에너지)와 유사한 심리적 위치를 갖고 있다.

『중용』의 저자는 그것을 왜 '(마음의) 중'이라고 형용했을까? 이를 비유적으로 설명해보자. 양파 껍질을 벗기면 그것의 가장 깊은 중심에는 무엇이 있을까? 텅 비어 아무것도 없다. 불교는 이를 두고, "그러므로 모든 존재는 역시 공(空)하다"고 말할 것이다. 하지만 구체적인 형상을 떠나 추상적으로 생각해보자. 양파에는 그것의 생육을 지탱시켜주는, 보이지 않는 중심적 힘이 있다. 바로 생명 에너지다.

마찬가지로 모든 살아 있는 존재들은 제각각 타고난 생명 에너지를 중심축으로 해서 활동해나간다. 아니 무생물조차 존재의 축이 있다. 사람들은 종종 거기에서 이성으로는 헤아릴 수 없는 자연의

---

18) 『退溪全書 四』, 「言行錄」, 33쪽.

섭리 또는 신성을 깨닫기도 한다. 예수는 말한다. "나무토막을 쪼개 보라. 거기에 내가 있다. 돌멩이를 들어보라. 거기에서 그대들은 나를 발견할 것이다." 사실 불교의 '공'도 아무것도 없이 텅 비어 있음을 뜻하지 않는다. 거기에는 우주적 존재성이 충만해 있다. 다시 한 번 '텅 빈 충만'이다.

사람의 경우도 마찬가지다. 양파 껍질을 벗기듯 희로애락의 감정과, 그 밖의 온갖 정념들을 하나하나 벗겨내면 그 마지막 한가운데에는 보이지 않는 무언가가 존재한다. 그 어떤 정념에도 치우쳐 있지 않은 밝고 맑은 심층의식의 근원적 중심이다. '희로애락이 발동하지 않은 (마음의) 중(中)'이란 이를 뜻한다. 그것은 단순히 밝고 맑기만 한 것이 아니다. 거기에는 천명(신성)이 깃들어 있다. 그것이 바로 인간의 타고난 본성이다. 이른바 '천명지위성(天命之謂性)'이다. 여기에 "만물이 모두 나의 존재 안에 내재되어 있다"(『맹자』)는 뜻을 보탠다면, 인류 진화의 과정에서 자신의 무의식 안에 쌓아 둔 우주만물의 이치를 자각하고 실현할 수 있는 정신 능력이 바로 인간의 천부적 본성이다.

앞서 말한 바 있지만 『대학』의 이른바 '밝은 덕성[明德]'을 우리는 이러한 관점에서 해석해볼 수도 있다. 그것은 만물을 자신의 존재 안에 갖고 있는 인간의 (유사 이래로 형성된) 원초적 자아의 본성을 언명한 것이다. 그것은 흔히 도덕성으로 풀이되지만 이는 방편적 교설일 뿐이며, 도덕적 인식의 '필터'를 거치기 이전 원형적인 모습을 드러내줄 적합한 말을 찾는다면 아마도 '영성'으로 표현될 수 있을 것이다.19)

---

19) 참고로 당시 어떤 학자가 "성(性)은 천지귀신의 오묘한 뜻이 담겨 있으므로 '선(善)하다'는 말로는 형용하기 불충분하다"고 주장하자 주자는

퇴계가 말한 '희로애락이 발동하기 이전의 기상'이란 바로 이러한 영성에서 발현되는 기상을 뜻한다. 퇴계는 자신의 심층의식의 근원적인 중심 자리에서 천명의 성(性)을 자각하고 체험하였다. 그는 희로애락의 일상적 감정이 발동하기 이전 아무런 감정적, 지적인 흔적을 갖지 않은 심층의식의 고요한 중심에서 '하늘의 뜻'을 깨달았다. 만약 신앙인이라면 거기에서 신의 말씀을 들을 것이다. 고금에 걸쳐 불교 승려나 서양의 수도사들이 명상을 중요시하는 까닭도 여기에 있다. 명상에 들어 감정과 생각들이 점점 잦아들다 보면 마음이 서서히 고요 속에 가라앉으면서 그 심연에서 문득, (앞서 논의한) '참되고 고요한' 영적 기상을 체험할 수 있기 때문이다.

사실 참다운 도덕성도 이에서 발원할 것이다. (천명의) 영성을 토대로 하지 않는 도덕은 뿌리 없는 나무와도 같아서 아무런 열매도 열지 못하고, 오히려 삶을 옥죄는 형식적인 규범으로만 행세할 우려가 있다. 그러므로 진정한 도덕성의 발현을 위해서는 '희로애락이 발동하기 이전', (『중용』의 이른바) '무얼 보거나 듣지 않는 순간'에도 영성을 일깨우는 수행의 노력을 하지 않으면 안 된다. 그러고 보면 퇴계는 제자들에게 "언제, 어디서나 영성을 일깨우라"고 가르치고 있는 셈이다.

영성의 눈은 도덕세계에로만 향하지 않는다. 영성은 진리와 아름

그 점을 일단 인정하면서도, "사람들이 일상생활에서 쉽게 참고할 수 있는 근거를 제공하기 위해 성을 '선하다'고 말하는 것이 좋다"고 응대하였다(『朱子書節要 地』(학민문화사 영인본), 「答胡季隨」, 1178쪽). 도덕성 이전에 '천지귀신의 오묘한 뜻을 담고 있는' 성을 주자도 인정하고 있는 셈이다. 도덕성으로 해독되기 이전 의식의 근본 바탕이 되는 그것은 곧 '텅 비고 밝고 신령한(虛靈不昧)' 성질, 즉 영성에 다름 아닐 것이다.

다움과 거룩함을 깨닫는 의식의 바탕이기도 하다. 그것은 과학과 예술과 종교의 분야에서 발현된다. 그 모두 영성의 토대를 갖지 못하면 참자아의 회복과 삶의 향상에 결코 이바지하지 못할 것이다. 예컨대 영성이 결여된 과학적 이성은 인간과 사회현상을 물리적이고 기계적인 법칙으로만 해석하려 함으로써 인간정신의 암흑을 초래하고, 영성이 결여된 예술지상주의는 고상한 삶의 정신을 외면하고 오직 메마른 형식과 기교 위주로만 작품을 생산하며, 영성이 결여된 종교 신앙은 기껏 이기적인 구원과 기복의 수단으로만 횡행할 것이다. 퇴계의 경우는 어떠할까? 그의 영성은 고결한 도덕의식을 키워냄은 물론, 그의 예술세계에서도 마음껏 발현되었다. 그의 많은 시편들이 그 현장이다.

2) 상제신앙

존재는 신비의 장막에 가려 있는 세계다. 미물 하나조차 그 탄생의 비밀과, 이 우주 내에서 갖는 의의를 우리는 알기 어렵다. 자기 자신을 돌아보자. 델포이 신전에 "너 자신을 알라"고 쓰여 있다지만, 자신을 올바르게 아는 이가 몇이나 될까? 나는 누구인지, 어디에서 와서 어디로 가는지, 탄생 이전과 죽음 이후의 세계는 어떠한지 등등 나의 존재를 둘러싸고 도는 의문은 끝이 없다. 그러고 보면 인간은 죽을 때까지 자기 존재의 비밀을 밝히고 풀어나가야 할 평생의 과제를 어쩔 수 없이 타고났다.

이처럼 절박한 실존의 문제에 대해 지난날 인류의 스승들은 수많은 답변들을 내놓았다. 동서고금의 수많은 철학들과 종교들이 그것을 다양하게 보여준다. 그런데 철학은 어떤 한계를 갖는다. 순전히 이성을 매개로 추상적으로 주제를 분석하고 전개해나가는 그것은 '현실의 빈곤화'를 초래하여 일상을 살아가는 사람들의 폐부를 찌르는 힘이 약하다. 마치 발등이 가려운데 신발을 긁는 격이다.

이성 너머 영성의 세계, 즉 종교의 지평이 여기에서 열린다. 종교는 존재와 무, 삶과 죽음의 부조리에 대한 현기증 나는 의문을 풀어주면서 영적인 깨달음을 촉진하는 한편, 삶을 안심입명하게 해주는 실존 구원의 힘을 갖고 있다. 오늘날 종교의 세속화로 인해 신앙인이 갈수록 줄어든다 하지만, 인간이 삶의 길을 방황하면서 자신의 존재에 대해 물음을 던지는 한 종교적 성향을 떨쳐버릴 수는 없을 것이다. 오히려 제도종교가 타락할수록 사람들은 영성을 일깨워줄 참종교를 갈구할 것이다.

퇴계의 상제신앙은 이러한 종교적 심성에서 나온 것이다. 그가 이기론이나 태극음양론으로 세계만물과 삶에 관해 정연한 이론체계를 갖추고 있었음에도 그의 실존은 이에 만족하지 못하고 상제를 향하였다. 이기론으로 해결되지 않는 실존의 의문과 불안을 그는 최종적으로 상제에게서 풀었다. 물론 그에게 상제는 철학적 논의의 주제에 불과한 것이 아니라, 온몸으로 체험하고 깨달아야 할 신앙의 대상이었다. 이는 그의 정신과 삶의 세계를 이해하는 데 철학 못지않게, 아니 그 이상으로 종교 신앙에도 주목해야 함을 일러준다.

퇴계의 상제신앙은 『심경』을 대하는 그의 태도에서 쉽게 읽힌다. 그는 그 책을 "신령처럼 믿고 엄한 아버지처럼 공경한다"고 했는데, 총 37장으로 엮인 그 책은 3장에 걸쳐 상제를 주제로 다루고 있다. 이미 말한 것처럼 그는 "천지변화의 신비와 음양성쇠의 미묘함을 언어로 형용하기란 원래 불가능하다"는 인식 속에서 우주만물의 궁극적 실재를 관점과 맥락에 따라 상제, 천(天), 도(道), 태극(太極), 리(理) 등의 개념으로 다양하게 규정하였다. 그중에 상제 관념은 만물의 생성 변화를 주재하고 감찰하며 상벌하는 절대자가 있다는 신화적 정서를 수용한 것이다. 『시경』에서 인용된 아래의 글들을 읽어보자. 이는 모두 『심경』에 실려 있다.

상제께서 너를 내려다보시니 네 마음에 의혹을 품지 마라.

의혹하거나 염려하지 마라. 상제께서 너를 내려다보고 계시나니라.

네가 사람들과 교유하는 것을 보니 화평하고 부드러운 얼굴로 나서면서, "나에게 무슨 잘못이나 없을까?" 하고 자성하며 조심하는구나. 하지만 네가 방 안에 혼자 있을 때에도 방 한구석에조차 부끄러울 일이 있어서는 안 된다. 방 안은 나 혼자 있는 곳이라서 남들이 나를 바라보지 않는다고 여겨서는 안 된다. 신이 강림하심을 헤아릴 수 없거늘 삶에 불경하게 나설 수 있겠는가.

이는 퇴계가 상제(신)를 삶의 한 중심에 두고 우러르면서 마음가짐과 행동거지를 경건하게 유지했을 것임을 추측케 한다. 그는 상제가 자신을 항상 내려다본다고 여겨 매사에 외경의 자세를 견지하였다. 상제는 그의 삶에서 일어나는 갖가지의 의혹과 염려를 넘어 경건하고 순수한 마음을 갖게 해주는 강력한 힘으로 작용하였다. 주자는 위의 시를 두고 다음과 같이 말한다. "공부하는 사람들이 저 시를 읊으면서 마치 상제가 실제로 강림하신 듯 여겨 경건하게

210

나선다면 흐트러진 생각을 막고 순수한 마음을 갖는 데 어찌 큰 도움이 되지 않겠는가. 또한 의로운 일을 꼭 행하려는 용기가 없거나, 또는 이해득실 앞에서 의혹의 마음이 일어난다면 저 시의 뜻을 음미하면서 삶에 결연히 나서야 한다."20)

퇴계는 주자의 이 글을 읽고 가졌던 소감을 한 제자에게 다음과 같이 말한다. "나는 이 대목을 매우 좋아하여 그것을 읽을 때마다 감격스럽고, 또 나약한 마음을 분발하기도 합니다."21) 그의 남다른 외경의 정신도 이러한 상제신앙에서 발원할 것이다. 그것은 그가 이성적 판단 속에서 내린 결론이 아니었다. 그의 삶에서 영성이 활동했을, 또는 영적 깨달음이 제고되었을 장면을 우리는 여기에서도 엿볼 수 있다.

상제신앙의 의의가 여기에서 드러난다. 만약 퇴계가 상제신앙을 갖지 못했다면, 오직 태극음양이나 이기의 형이상학만으로, '의로운 일을 행할 때 용기가 없거나 이해득실 앞에서 일어나는 의혹의 마음'을 떨치고 '감격스럽고 나약한 마음을 분발할' 수 있었을까? 그의 감격은 상제의 눈빛을 자각한 결과일 것이다. 신을 의인화하여 우상숭배하는 태도를 비판하는 사람도 있지만, 그 신앙은 추상적인 이성으로 조립된 건조한 형이상학이 갖지 못한 위대한 힘을 발휘한다. 그것이 바로 영성의 힘이다. 물론 잘못된 신앙은 논외의 문제다. 유형은 다르지만 아래의, 애처로우면서도 감동적인 글을 읽어보자. 어느 강제수용소에 수감된 이름 모를 수감자가 어떤 어린아이의 시체 곁에 놓아둔 기도문이라 한다. 이 역시 우리의 '나약한 마음을 분발'하게 해준다.

---

20) 『心經』, 37쪽.
21) 『退溪全書 一』, 「答趙士敬」, 563쪽.

오, 신이시여! 선한 의도를 가진 남자와 여자만이 아니라 나쁜 의도를 가진 자들도 기억하소서. 그리고 그들이 우리에게 가한 괴로움만이 아니라 이 고통 덕분에 우리가 얻은 결실도 기억하게 하소서. 우리의 동지애, 우리의 충성, 우리의 겸손, 우리의 용기, 우리의 관대함, 그리고 이 모든 것으로부터 일어날 가슴의 위대함을 기억하게 하소서. 그리고 그들이 심판대에 올랐을 때 우리가 지금껏 거둔 모든 결실을 가지고 그들을 용서하게 하소서.[22]

만약 저 수감자에게 신을 믿는 신앙이 없었다면 그는 참혹한 상황 앞에서 어떤 태도를 취했을까? 아마도 경악과 절망, 그리고 어린아이를 살해한 자에 대한 증오로 평생 마음을 끓이면서 살았을 것이다. 신은 그러한 그를 구원해주고, 동지애와 충성과 겸손과 용기와 관대함과 용서의 마음을 되찾게 주었다. 절망적인 상황에서 아름답고 고결한 영혼으로 거듭나게 해주었다. 그처럼 신은 참혹한 고통과 불행 가운데에서 참다운 기적을 일으키기도 한다. 기적을 상식 밖의 불가사의한 현상에서 찾을 일이 아니다. 퇴계의 상제신앙도 그러한 힘을 갖고 있었다. 이 점은 그의 '하늘 섬김[事天]'의 정신을 고찰하면서 다시 확인할 것이다.

상제는 저 높은 곳에서 사람들의 삶을 내려다보면서 상선벌악(賞善罰惡)하는 위력의 존재가 아니다. 상제는 퇴계의 마음 깊이 내면화되었다. 일반적으로 신 중심의 종교는 사람들이 신을 제단에 모셔두고서 예물을 봉헌하고 또 주기적으로 예배하면서 현세의 행복과 내세의 소망을 비는 형태를 띤다. 그런데 퇴계의 경우는 이와

---

22) 잭 콘필드, 이재석 옮김, 『마음이 아플 땐 불교심리학』(불광출판사, 2020), 584쪽.

전혀 다르다. 그의 상제신앙은 제단이나 예물, 주기적인 예배의 의식을 갖지 않았음은 물론, 상제 앞에서 자신의 행복과 소망을 기도하는 일이 없었다. 정작 그의 관심은 상제에 의해 부여된 사람됨의 의미와 삶의 가치를 진지하게 숙고하고 경건하게 실현하려는 데에 있었다. "위대한 상제께서 만민에게 참마음을 부여하셨(惟皇上帝降衷于下民)"(『서경』)으므로, 그의 상제신앙은 주로 자기 내면의 '참마음'을 깨닫고 그것을 일상의 생활 현장에서 실현하는 방향으로 발전하였다. 그는 상제의 강림을 상상하면서 자신의 마음과 행동거지를 다스려나갔다.

퇴계의 학문정신이 고도의 지식을 추구하면서도 항상 윤리도덕의 현실세계로 되돌아왔던 까닭도 여기에 있을 것이다. 상제는 지금, 바로 이 자리에 임재해 계시기 때문이다. 그처럼 그는 상제를 밖에 모셔두지 않고 안으로 내면화하여 상제의 눈빛으로 부단히 자신을 점검하였다. 이는 그가 천상의 신을 우러러 예배하는 신앙인에 비해 영적인 각성과 영성의 삶에 더욱 진지하고 치열했을 것임을 시사한다. 그는 마음속에 있는 상제의 감찰을 한순간도 벗어날 수 없다고 여길 것이기 때문이다. 『심경』의 글을 한 편 더 읽어보자.

위대한 상제께서 이 땅에 만백성을 낳으시면서 무엇을 주셨는가. 의로움과 사랑이니, 그것이 상제의 섭리로다. 이를 경건히 받들어도 행하지 못할까 두렵거늘, 사람들은 어찌하여 어리석고 경망하고 천박하고 혼탁하고 비열하게 사는가. 이리저리 곁눈질하고 귀 기울이며 태만한 행동거지로 하늘의 밝은 뜻을 더럽히고 사람의 도리를 소홀히 하여 범속한 삶을 즐기니, 온갖 악이 그리로 모여드는구나. 내

이를 경계하여 엄숙하고 경건한 마음으로, 어두운 방 안에서도 상제가 밝게 강림하심을 생각하면서 소중한 보석을 다루듯, 가득한 물그릇을 받쳐 들듯이 삶의 한순간조차도 조심하노라. 짐은 무겁고 갈 길은 머니 감히 혹시라도 태만히 살랴.

여기에서 '짐은 무겁고 갈 길은 멀다'는 말은 『논어』의 글을 따온 것이다. "선비는 뜻을 넓고 굳세게 갖지 않으면 안 된다. 짐은 무겁고 갈 길은 멀기 때문이다. 사랑의 짐을 졌으니 무겁지 않은가. 죽어서야 걸음을 멈출 테니 갈 길이 멀지 않은가(士不可以不弘毅 任重而道遠 仁以爲己任 不亦重乎 死而後已 不亦遠乎)." 이는 사랑이 선비의 핵심적인 삶의 지표임을 일러준다. 그는 사랑을 상제가 인간에게 부여한 평생의 임무요 과제로 여겼다. 퇴계는 한 제자에게 말한다. "거의 죽게 된 지경에 이르렀다 하더라도 숨결이 아직 끊어지기 전에는 사랑의 뜻을 잠시도 게을리하지 말아야 합니다."[23]

퇴계의 종교 신앙이 초월자 중심의 그것과 다른 점 한 가지가 여기에서 드러난다. 상제는 창조주요 이 세계는 피조물이라는, 따라서 천상과 지상을 구분하면서 천상을 선망하고 예배하는 이원론적인 사고가 그에게는 전혀 없다. 그는 '우리 안에 내재하는 기본적인 각성'을 끊임없이 도모하였다. 그가 심성의 수양에 매우 진지했던 사실이 이를 잘 말해준다. "모든 진정한 종교는 그 근저에 깨달음을 갖고 있다."(스즈키) 이렇게 살피면 퇴계야말로 진정한 종교정신을 갖고 있었다고 말할 수 있다. 세계적인 신학자 폴 틸리히(Paul Tillich)의 글을 읽어보자.

---

23) 『退溪全書 二』, 「答柳希范別紙」, 249쪽.

신에 의한 기적적인 개입, 특별한 영감이나 계시, 이런 것들은 진정한 종교적 경험에 비하면 수준이 낮다. 종교는 직접성이다. (틸리히 자신이 대단히 명확하게 말한 것처럼, 여기서 말하는 직접성이란 우리 안에 내재하는 기본적인 각성 또는 순수한 현전, 영(Spirit)을 가리킨다.) 이 직접성에서는 기적을 일으키기 위해 자연법칙을 무시하는 초자연적 유산은 온전히 붕괴되고 만다.24)

우리는 퇴계의 외경의 삶을 이러한 상제 관념 속에서 새롭게 이해할 필요가 있다. 그의 외경은 "하나를 위주로 하여 다른 데로 가지 않는다(主一無適)"느니, "몸가짐을 엄숙단정하게 한다(整齊嚴肅)"느니, "항상 맑게 깨어 있게 한다(常惺惺)"느니, 또는 "마음을 수렴하여 한 가지 일도 용납하지 않는다(其心收斂 不容一物)"는 등 과거 학자들의 가르침을 따르고 제자들 앞에서 그것을 외우는 학습거리에 불과한 것이 아니었다. 그는 자신의 존재와 삶에 대한 근원적 성찰 속에서 상제를 만나 상제의 뜻을 경건히 헤아리고 또 실천하려 하였다.

이처럼 그의 외경의 정신에는 영적인 각성이 배어 있었다. 상제 신앙 속에서 '마음속에 깃들어 있는 밝은 신성', 즉 영성이 깨어나 외경의 정신으로 삶에 나섰던 것이다. 그러므로 '어두운 방 안에서도 상제가 밝게 임하심을 생각하면서 소중한 보석을 다루듯, 가득한 물그릇을 받쳐 들듯이 삶의 한순간조차도 조심'하는 그의 외경은 오롯하고 맑게 깨어 있는 영성의 실현 방식이었다.

---

24) 켄 윌버, 조옥경・김철수 옮김, 『성, 생태, 영성 下』, 82쪽.

3) 하늘 섬김[事天]의 정신

퇴계는 하늘 섬김의 정신을 갖기도 하였다. 이는 상제신앙과 일 맥상통하며, 이 역시 그의 영성세계의 한 국면을 말해준다. 이 주제 를 말하기에 앞서 먼저 퇴계가 하늘을 어떻게 바라보았는지부터 살 펴볼 필요가 있겠다. 오늘날의 관점에서 보면 하늘을 섬긴다는 것 은 말이 안 된다. 사람들은 하늘을 그저 해와 달과 별이 떴다가 지 고 구름이 흘러 다니는 물리적인 시공간 정도로만 바라본다. 과학 은 이러한 인식을 더욱 강화한다. 이를테면 천문학자들은 천체의 생성과 진화의 관점에서 하늘을 분석하고 연구한다. 그들에게 하늘 은 물리적인 탐구의 대상에 지나지 않는다. 그러므로 하늘을 섬긴 다는 것은 황당하기 짝이 없을 말이다.

그러나 퇴계에게 하늘은 그처럼 물리적인 관찰 대상이 아니었다. 앞서 말한 것처럼 그것은 '상제'와 '귀신'과 '신'의 성질을 총합한 형이상학적 실재25)로서, 만물의 생성 쇠멸을 주재하는 우주적 생명 정신을 갖고 있다. 그는 이를 '하늘의 마음[天心]'이라거나 또는 '하늘땅의 마음[天地之心]'이라 말한다. 그러므로 그의 하늘은 .앞 서 소개한 켄 윌버의 이른바 '영(Spirit)을 품고 있는 온자연 (NATURE)'과도 유사한 것이었다. 공자는 말한다. "하늘의 뜻은, 오호라, 심원하여 한순간도 그침이 없도다!"(『중용』) "하늘이 무얼 말하더냐? 사계절이 변화하고 만물이 생성하니 하늘이 무얼 말하더 냐?"(『논어』) 퇴계 역시 다음과 같이 읊는다.

---

25) 108쪽 주 35) 참조.

온갖 꽃이 피고 지는 그 일은
만물 생성 천지의 마음
심고 가꿔 정원에 가득하니
좋은 감상 오랠수록 더욱더 깊어지네
開落百花事
乾坤造化心
栽培遍庭院
佳玩久逾深26)

이는 그가 단순히 화초 재배의 취미를 노래한 것이 아니다. 그는 '꽃 피고 지는 일'에서 '천지의 마음', 즉 하늘(과 땅)의 신비로운 역량(켄 윌버의 표현을 빌리면 '온자연의 영')을 직관하고 관조하면서 꽃과 자신이 하나로 어우러지는 '생명의 정원'을 가꾸고, 그 안에서 자신의 생명정신과 영성을 더욱 순화시키려 하였다. "항상 하늘의 밝은 소명을 돌아보고, 또 자아를 날로 새롭게 닦으려"27) 했던 그의 수행정신은 바로 이를 위한 것이었다. 그것은 또한 궁극적으로는 '물(物)과 아(我)가 하나가 되는' 우주적 대아의 성취에 목표를 두었다.

퇴계의 하늘 관념이 갖는 의의가 여기에서 발견된다. 그는 '하늘과 땅은 이 세상 만물의 큰 부모'라는 영적인 통찰 속에서 '만민은 나의 형제요 만물은 나와 더불어 사는 이웃'이라는 사랑의 마음으로 삶에 나섰다. 개체적 자아의 초월을 통한 우주적 대아의 정신은 이러한 '하늘'을 배경으로 갖는다. 또한 그는 만물을 유기적인 통일

---

26) 『退溪全書 一』, 「蒔花」, 158쪽.
27) 『退溪全書 二』, 「答李平叔問目」, 258쪽.

체로 여기면서 만물과의 유대(이웃)의식 속에서 생태윤리적 사고를 펼쳤다. 하늘(과 땅)은 인간과 만물이 깃들어 사는 존재의 요람이었던 만큼 그것을 위해하고 파괴하는 것은 그로서 상상할 수 없는 일이었다. 퇴계는 그렇게 '자연의 감미로운 가르침'을 듣고 '만물의 아름다운 형상'(워즈워스)을 보면서 그 안에 자신을 동화시켰다. 그의 하늘 섬김은 이처럼 눈빛이 안으로 전향되어 물아일체의 수행정신으로 전개되었다. 그것은 초월자를 향한 예배와 기도가 아니었다.

차제에 "하늘은 곧 리(天卽理)"라는 성리학의 명제를 검토해보자. 저 '리'는 섭리와 사리를 모두 포함한다. 어떤 학자는 이를 두고 다음과 같이 말한다. " '천(天)이 리(理)이다'라는 말은 이와 같은 초월적이거나 혹은 알 수 없는 힘의 지배로부터 인간을 해방시켜 자신의 이성으로 세계를 인식하기 시작했다는 것을 의미한다."[28] 이는 종래 만물의 주재자로 신앙되었던 하늘이 성리학자들에 의해 이성의 탐구 대상으로 전환되었음을 주장하려 한 것이다. 성리학자들이 합리적 성찰을 통해 하늘의 의미를 남김없이 드러낼 수 있다고 여겼다는 것이다.

정말 성리학자들이 하늘의 신비를 이성으로 남김없이 해독할 수 있다고 여겼을까? 그렇지 않다. 이를 퇴계에게서 살펴보자. 그는 말한다. "천지변화의 신비와 음양성쇠의 미묘함을 말로 형용하기란 원래 불가능합니다."[29] 이는 하늘을 우리의 이성으로만 접근해서는 안 됨을 주장하려 한 것이다. 앞서 인용문에서 본 것처럼 그가 하늘을 여러 관점에서 묘사한 것도 이 때문이었다. 그리고 아래에서

---

28) 미조구찌 유조 외, 동국대 동양사연구실 옮김, 『중국의 예치 시스템』(청계, 2001), 26쪽.

29) 『退溪全書 一』, 「答李剛而問目」, 524쪽.

살피는 것처럼 그는 분명히 '초월적이거나 혹은 알 수 없는 힘'의
존재를 경외하며, 더 나아가 '섬기기'까지 하였다. 그는 세계의 궁
극적 근원을, 존재의 무한한 원천을 이성으로만 파악하는 데에는
한계가 있다는 사실을 깨달았기 때문이다.

　퇴계는 하늘을 상제와 같은 인격신의 의미로 사용하기도 하였다.
그 사례를 살펴보자.[30] 1568년 겨울에 천둥이 치고 일식이 생기는
등의 변괴가 일어나자 임금은 죄인들을 사면하고 현량과(賢良科:
과거제도)를 다시 설치하는 조치를 내렸다. 저러한 변괴 현상은 임
금의 실정(失政)에 대한 하늘의 경고로 여겨졌기 때문이다. 이에 대
해 퇴계는, "그러한 형식치레만으로는 안 되며, 평소에 하늘을 공경
하고[敬天], 하늘을 두려워하고[畏天], 하늘을 섬기는[事天] 도리를
다하여 하늘의 마음[天心]을 감동시킬 것"을 임금에게 진언하였다.
이어 그는 『시경』의 시들을 인용한다.

　　공경하고 공경하라
　　하늘은 밝으신지라
　　하늘의 소명을 지키기 쉽지 않나니라
　　하늘이 높이 있다고 여기지 말라
　　강림하여 나의 삶을
　　날마다 살피며 여기에 계시니라
　　敬之敬之
　　天維顯思
　　命不易哉
　　無曰高高在上

---

30) 이하의 사례는 『退溪全書 四』, 「言行錄」, 74쪽에 실린 것임.

陟降厥士

하늘의 노여움을 외경하여
감히 희학질하지 말며
하늘의 변괴를 외경하여
감히 날뛰지 말라
하늘은 밝으셔서
네가 가는 곳마다 따라다니시며
하늘은 밝으셔서
네가 노는 데마다 따라다니신다
敬天之怒
無敢戲豫
敬天之渝
無敢馳驅
昊天曰明
及爾出王
昊天曰朝
及爾遊衍

일반적으로 하늘은 천리(天理)와 같은 의미로도 쓰이는 등 중의
적이고 복합적이지만, 이 시들에서 말하는 하늘은 명백히 신(상제)
과 같은 뜻을 갖는다. 이는 퇴계가 하늘을 반드시 학문적 이성의
탐구 대상으로만 여기지는 않았음을 일러준다. 거기에는 신앙적인
요소가 짙게 깔려 있다. 사실 '천즉리'는 역으로 '리즉천'의 논리로
도 설명할 수 있다. 전자가 하늘을 이성의 세계로 끌어내린다면, 후

자는 '리'를 다시 신앙의 세계로 끌어올린다. '리'의 배면에는 그렇게 하늘의 아우라가 드리워져 있다. 주자는 "하늘은 리의 근원"[31]이라고까지 말한다.

이는 우리가 성리학의 '리' 철학을 논의할 때 신앙적인 요소를 함께 고려해야 함을 일러준다. 이렇게 생각하면 '궁리(窮理)'는 단순히 이성에 의한 사리 탐구의 노력에 그치지 않는다. 그것은 영적 각성의 수행과정이기도 하다. 퇴계가 리를 일러 "깨끗하고 깨끗하며 맑고 맑다(潔潔淨淨)"[32]고 한 말을 우리는 이의 연장선상에서 이해할 수 있다. 그 말은 우리의 이성으로는 도저히 납득되지 않지만, '리'에서 하늘의 아우라를 보는 사람은 '깨끗하고 맑은' 느낌을 가질 수도 있을 것이다. 달리 말하면 '리'는 이성의 추론을 넘어 만물의 궁극적 근원에 대한, 존재의 무한한 원천에 대한 영적 각성 속에서 드러나는 신의 섭리와 같은 것이기도 하다.

그러므로 퇴계의 정신세계를 남김없이 조망하기 위해서는 만물에 현시된 '리'(섭리)를 이성으로 탐구하는 것에 만족하지 말고 그것의 종교적 배경, 즉 하늘(상제)의 신앙까지도 아울러 주목해야 한다. 이렇게 생각하면 '리'를 단순히 자연의 섭리라고만 해석하는 것은 미흡하다. 그 이상으로 우리의 눈을 한층 더 높여 '말로는 형용할 수 없는' 섭리의 뒤편을 넘겨다보아야 한다. 퇴계가 하늘의 다른 국면으로 이야기한 상제, 신, 귀신의 세계를 들여다보아야 한다. 그 주체는 이성이 아니라 영성이다. 이성보다 더 심층의 의식인 영성으로 그것을 직접 체험하고 관조해야 한다.

퇴계의 하늘 섬김의 정신은 이러한 뜻을 담고 있다. 그것은 이성

---

31) "天 理之所從以出者也."(『孟子 坤』(학민문화사 영인본), 397쪽)
32) 『退溪全書 一』, 「答奇明彦別紙」, 424쪽.

의 영역을 넘어 하늘의 신비세계에 진입하여 천명을 깨닫고 따르려는 것이었다. 이성적으로는 전혀 납득되지 않는 '천인합일'의 지평이 여기에서 열린다. 유신론적으로 말하면 그것은 서양의 신비주의자들이 주장한 신과의 합일을 뜻한다. 당연히 그 자리에서 이성은 침묵을 지킬 수밖에 없으며, 대신 영성이 깨어나 활동할 것이다. 이는 이성을 전적으로 부정하려는 것이 아니다. 이성은 영성의 신비체험을 일상의 세계에서 풀어 실천하려 할 것이다. 영성에 뿌리를 둔 도덕이 그 한 예에 해당된다. 그 도덕은 인습적이거나 인간중심적인 차원을 넘어 우주적 대아의 물아일체 의식 속에서 펼쳐진다. 퇴계가 '하늘(과 땅)'을 인간과 만물의 '큰 부모'로 여기면서 만민과 만물을 따뜻하게 품어 안았던 우주적 사랑이 그것이다.

'격물치지(格物致知)', 또는 궁리의 공부를 우리는 이러한 영적 관점에서 새롭게 해석해볼 수도 있다. 퇴계는 단순히 한 사물의 독립적인 실체와 본성을 탐구하는 노력에 그치지 않았으며, 한 사물이 타자와 전후좌우로 맺고 있는 유기적 관계질서에 주목하였다. 이는 그의 공동체적인 존재관의 산물이기도 하다. 한 사물 안에서 우주만물의 존재성을, 나아가 신성을 직관하는 영적인 통찰 말이다.

『주역』은 이러한 사고방식의 전형적인 산물이다. 우리는 각효(各爻)의 숨은 뜻을 찾기 위해서 해당 괘의 전체적인 구조와 상징적인 의미, 그리고 나머지 다섯 개의 다른 효들과의 관련성을 아울러 살펴야 한다. 궁리의 공부는 그렇게 한 사물을 둘러싸고 있는 크고 작은 다중의 맥락을 중요시한다. 이처럼 유기적이고 맥락적인 성찰은 자연스럽게 시선을 개체의 사물에 국한하지 않고 그것을 둘러싸고 있는 전체적인 환경과 상황으로 확대할 것이다. 하나의 사물 안에서 우주적 존재성을, 나아가 신성까지 깨달을 것이다. 퇴계는 읊

222

조린다.

> 만물 모두 신묘하게 하늘을 머금었거늘
> 주렴계는 어인 일로 연꽃만을 사랑했나
> 그 향기 생각하니 벗하기 어렵지만
> 깨끗하다 일컬음도 편협한 것 같구나
> 物物皆含妙一天
> 濂溪何事獨君憐
> 細思馨德眞難友
> 一淨稱呼恐亦偏[33]

'천명지위성(天命之謂性)'의 명제에 함축된 의미를 여기에서도 찾아볼 수 있다. 인간은 물론 만물의 본성에 천명이 깊이 내재해 있다는 말은 곧 그 각각의 존재에 우주성 또는 신성이 깃들어 있음을 뜻하기도 한다. 이는 궁리의 공부가 영성의 수행과 무관하지 않음을 암시한다. 그 공부는 만사만물에 내재되어 있는 하늘의 뜻, 또는 신성을 깨닫는 노력이기도 하기 때문이다. 『주역』은 말한다. "만물의 이치를 탐구하고 자타의 본성을 남김없이 실현하여 천명에 이른다(窮理盡性 以至於命)." 궁리의 공부가 이처럼 천명의 깨달음까지 도모한다는 사실은 거기에 이성을 넘어 영성이 작동함을 함의한다. 그러고 보면 주자가 『대학』의 「격물치지(格物致知)」 장에서 "하루아침에 활연관통(豁然貫通)한다"고 주해한 것도 어쩌면 이러한 영적 깨달음의 체험적 산물인지도 모른다. 그 말을 막연히 신비주의로만 치부할 일은 아니다.

---

33) 위의 책, 「淨友塘」, 103쪽.

그렇다고 해서 퇴계가 신을 섬기듯 하늘을 외부의 숭배 대상으로 여겼던 것은 아니다. 그는 임금에게 '하늘 섬김[事天]' 또는 '하늘 외경[畏天, 敬天]'의 도리를 강조하면서 「서명(西銘)」을 강론한다.[34] 그 글은 자식의 효도를 빗대어 하늘 섬김의 도리를 구체적으로 예시하고 있다. 이를 말하기에 앞서 그 글을 간략하게 소개하려 한다. 「서명」은 중국의 성리학자 장재(張載, 1020-1077)의 저술로, 이후 학자들에게 회자되었고, 퇴계는 그것을 「성학십도」(제2도)에 싣기도 하였다. 그것은 "하늘은 아버지요 땅은 어머니라 할 수 있다"는 말로 시작되어 "만민은 나의 형제요 만물은 나와 더불어 사는 이웃(民吾同胞 物吾與)"임을 주장한다. 이는 당연히 '천하일가 사해동포'의 사회정치적 이념과, 나아가 모든 살아 있는 존재에 대한 생명애의 정신을 배태한다.

저 글은 이어 하늘을 섬겨야 할 인간의 도리를 여러모로 개진한다. 그것은 주로 역사상 효자들이 부모를 섬겼던 사례로 은유적으로 전개된다. 이를테면 순임금이 완악한 부모를 지극한 효심으로 감동시켰던 일이나, 또는 공자의 제자였던 증자(曾子)가 신체발부를 부모님께서 주신 것으로 여겨 소중히 보전했던 일, 그리고 신생(申生)과 백기(伯奇)라는 사람이 계모의 무고와 모함에 빠져 아버지의 미움과 박해를 받으면서도 아무런 해명도 없이 (아버지의 계모 사랑이 깨져 아버지가 환멸을 느끼실까 염려하여) 고통과 불행을 감당했던 일들이 그것이다.

이러한 부모 섬김의 방식은 오늘날의 시각에서는 물론, 옛날의

---

34) 『退溪全書 四』, 「言行錄」, 74쪽. 퇴계는 다른 자리에서도 「서명」의 '하늘 섬김' 도리를 임금에게 강의하였다. 『退溪全書 一』, 「西銘考證講義」, 218쪽 이하 참조.

효도상으로도 납득되지 않는 점들이 있다. 부모님의 오해와 학대까지도 자식이 공손히 감당하는 것이 과연 효도인가. 이는 전통적 관점에서도 한두 마디로 대답하기 어려운 문제지만, 「서명」이 끌어다 쓴 이러한 사례는 은유일 뿐이다. 즉 '하늘과 땅'(이라는 큰 부모)이 나에게 납득할 수 없는 시련과 역경을 가할 때 어떻게 처신할 것인가 하는 문제를 그것은 제기하고 있다. 그것이 하늘로부터 주어진 자신의 운명이라면 거기에 저항하는 것은 부질없을 뿐만 아니라, 저항은 오히려 자신을 더욱 부정적 정념과 고통 속에 빠트리고 말 것이다. 고난의 운명을 전적으로 받아들이면서 다만 '진인사대천명(盡人事待天命)'하는 것이 최선의 길이다.

신생과 백기의 고사는 이러한 은유를 담고 있다. 그들은 죽음 앞에서도 초연한 삶의 정신을 보여주고 있다. 그들은 오히려 "하늘이 너에게 가난과 천대와 근심거리를 주는 것은 시련을 통해 너를 더욱 훌륭한 사람으로 성장하게 하려는(貧賤憂戚 庸玉汝於成也)"(「서명」) 뜻이라고 받아들여 자신의 도리를 다하려 할 뿐이었다. 그처럼 초연한 정신은 어쩌면 하늘을 감동시켜 새로운 운명을 열어줄지도 모른다. 순임금의 경우처럼 말이다. 하늘을 섬기는 최선의 길이 여기에 있다.

한편 효도는 부모님에게 욕되지 않는, 달리 말하면 부모님을 부끄럽고 불명예스럽게 만들지 않는 자식의 삶을 기본으로 요구한다. 과연 어떤 것이 욕되지 않는 삶인지 쉽게 말할 수는 없지만, 부모님의 정당한 요구와 기대에 반하는 자식의 행동거지는 분명 부모님을 실망시키면서 욕되게 만들 것이다. 그러면 하늘(과 땅이라는 큰 부모)은 인간에게 무엇을 기대하고 요구할까?

이미 말한 것처럼 퇴계에 의하면 하늘은 인간에게 초목금수와 달리 개방적인 생명정신을 부여하였다. 생명정신을 자기 안에 폐쇄시켜 이기적으로 굴지 말고, 개방하여 타자를 위해 이타적으로 살아야 한다는 것이다. 이를테면 "하늘이 나에게 부귀와 다복과 풍요를 내려주신 것은 선행의 삶을 더하도록 하려는(富貴福澤 將厚吾之生)"(「서명」) 것임을 알아야 한다. 그것이 바로 인간에게 내려진 하늘의 소명[천명]으로서, 우리가 평생토록 수행해야 할 천부의 인간적 과제다. 하늘을 섬기는 삶의 길이 여기에 있다. 맹자는 말한다. "참마음을 지키고 본성을 함양하는 것이 하늘을 섬기는 방법이다." (『맹자』)

퇴계의 하늘 섬김의 정신은 초월적 사고와 외경의 마음을 한층 북돋았을 것이다. 그의 초월의 정신에 관해서는 아래에서 상론하려 하거니와, 그것은 하늘 섬김의 자리에서 확실하게 드러난다. 하늘을 섬기고 공경한다는 것은 매사에 사고의 중심을 현실의 자기 자신이 아니라 저 높은 하늘에 두는 것이기 때문이다. 말하자면 자기중심이 아니라 우주중심이다. 신생과 백기가 그러했던 사람들이다. 「서명」은 글을 아래와 같이 끝맺는다. "살아서는 공손히 하늘을 섬기고, 죽음 앞에서도 편안함을 유지하리라(存吾順事 沒吾寧)." 이 이상으로 초연한 태도가 어디 있을까.

퇴계의 도덕의식의 뛰어난 점이 여기에서 드러난다. 그것은 바로 하늘 섬김의 정신에 발원한다. 도덕을 실천이성의 명령으로 여기는 것과 하늘(상제)의 소명으로 여기는 것은 차원을 달리한다. 양자가 가하는 힘의 강약은 말할 것도 없지만, 명령의 불복종에 따르는 자책의 성질도 커다란 차이를 드러낸다. 전자의 경우는 잠시 양심의 가책 정도로 그치겠지만, 후자는 행위자의 존재 자체를 위협하는 고통을 안길 것이다. 그것은 천부의 인간성을 스스로 저버렸다는 심한 자책과 함께, '천벌'을 받으리라는 공포심을 유발할 것이기 때문이다.

그리하여 하늘 섬김의 정신은 도덕적 삶에 이성보다 훨씬 강력한 추동력으로 작용한다. 퇴계의 도덕의식과, 나아가 삶의 정신의 두드러진 모습이 여기에서 드러난다. 그는 자신의 내면 깊은 곳에서 천명(하늘의 소명)을 듣고 그로써 자신의 존재의미를 일깨우면서 경건히 살려 하였다. 그는 임금에게 「서명」의 글을 강론하면서, "천명을 보전하는 것이 자식의 공경"이라는 구절을 다음과 같이 해설한다. "아침 일찍부터 밤늦게까지 하늘의 위엄을 두려워하면서 하늘이 굽어 살피시는 뜻을 내 감히 보전하지 않을 수 있겠습니까."35) 이처럼 퇴계의 도덕 실천에는 하늘 섬김의 정신이 배경으로 깊게 깔려 있다.

퇴계의 하늘 섬김의 정신은 도덕 실천의 현장을 넘어 일상의 수시 수처 마음의 미세한 움직임에까지도 작용하였다. 그는 "하늘이 강림하여 나의 삶을 / 날마다 살피며 여기에 계시"며, "그윽한 방안에서도 상제가 밝게 임하실" 것으로 여겼기 때문이다. 그는 「서명」의 글 가운데, "방 한구석에조차 부끄럽지 않은 것이 부모를 욕되게 하지 않는 것"이라는 구절을 역시 다음과 같이 해설한다. "마땅히 경계하고 두려워하며 삼가고 조심하여 방구석 은밀한 곳에서도 부끄럼 없이 나서라는 것이며, (중략) 악한 일을 하여 부모님을 욕되게 하지 말라는 것입니다. 이는 하늘에 욕되지 않는 자식이 될 것을 비유한 말입니다."36)

퇴계의 하늘 섬김에는 한 가지 일관된 정조가 깔려 있다. 경건

---

35)『退溪全書 一』,「西銘考證講義」, 220쪽.
36) 위의 책,「西銘考證講義」, 221쪽.

또는 외경[敬]의 정신이 그것이다.37) 외경의 정신은 하늘을 단지 합리적 인식과 탐구의 대상으로만 여기거나, 또는 도덕성의 형이상학적 근원으로만 여기는 사고 속에서는 생겨나기 어려울 것이다. 학문은 이성의 활동만으로 충분할 것 같은데, 퇴계가 외경의 정신을 학문의 주축으로 삼았다는 사실은 이성으로는 체험할 수 없는 천명을 영성으로 깨치려 했음을 암시한다. 물론 경건의 정신은 종교적 심성과 무관하게 사리 판단과 도덕 실천의 자리에서도 요청되는 중요한 덕목이다. 태만하고 조심성 없는 태도는 일의 실패를 초래하기 쉽기 때문이다. 하지만 그것은 역시 말 그대로 '요청적'이라는 점에 한계가 있다. 내면의 자발성을 얻지 못함으로써 그것은 사람들에게 쉽게 잊히고 만다.

퇴계의 '경(敬)' 사상의 특징이 여기에서 발견된다. 그의 하늘 섬김의 정신은 종교적 외경의 태도를 자연스럽게 불러일으켰을 것이다. 신앙인들이 하느님 앞에서 저절로 마음을 아모리면서 경건히 나서듯이 말이다. 퇴계의 외경은 그렇게 하늘 섬김의 정신에 저류하는 영적인 각성에서 발원한다. 그는 하늘을 섬기는 경건한 마음속에서 존재의 소명을 자각하고 도덕성의 빛을 밝히려 하였다. 그러한 외경의 정신이야말로 하늘이 부여한 사람됨의 과제를 수행하는 데 있어서 최상의 힘이었다. 그가 「천명신도」에서 인의예지(仁義禮智)와 사단칠정(四端七情)의 권역 각 중앙에 '경(敬)' 자를 써 놓은 이유와, 그리고 임금에게 「성학십도」를 지어 올리면서 "경(敬)은 성학(聖學)의 처음이자 끝"이라고 강조한38) 뜻이 여기에 있

---

37) 퇴계의 외경의 정신에 관한 포괄적인 고찰은 김기현, 『선비의 수양학』 (서해문집, 2014), 215쪽 이하 참조.
38) 『退溪全書 一』, 「聖學十圖(小學圖)」, 202쪽.

을 것이다.

퇴계의 하늘 섬김의 정신은 당연히 '하늘을 공경하는(敬天)' 모습으로 드러난다. 하지만 그것은 압도적인 초월자(상제)의 위엄에 대한 배례의 예식으로 발전되지 않는다. 그의 '경천(敬天)'의식은 이 세상으로 눈을 돌려 자신의 삶은 물론, 나아가 만사만물에 내재해 있는 천명(신성)을 경건히 읽고 또 실천하는 방향으로 전개되었다. 그는 그들 모두를 하늘의 밝은 빛(신성) 속에서 경건히 대면하려 하였다. 이는 일차적으로 그의 대인관계에서 잘 드러난다. 그의 제자들이 기록한 선생의 모습을 살펴보자.

손님이 오면 그가 아무리 나이 어리다 해도 반드시 계단을 내려와서 맞이하셨고, 전송도 반드시 그렇게 하셨다.

앉아 계실 때는 반드시 단정하고 엄숙했으며, 손발을 움직이지 않으셨다. 제자들을 상대할 때에는 마치 존귀한 손님과 함께 있는 것처럼 하셨다.

선생님은 "손님이 오면 노소귀천을 막론하고 모두를 공경으로 대해야 한다"고 가르치셨다.

선생님이 사람을 대함에는 상대방의 신분과 인품 여하를 막론하고 예를 다하지 않음이 없으셨고, 손님이 오면 그가 아무리 미천한 신분일지라도 항상 계단을 내려가 영접하셨으며, 자신이 나이가 많다거나 신분이 높다 해서 상대방을 낮추보지 않으셨다.[39]

---

39) 『退溪全書 四』, 「言行錄」, 18, 56, 67쪽.

우리는 이를 단순히 그의 남다른 도덕정신과 예의의식의 산물로만 여겨서는 안 된다. 그 근저에 놓여 있는, 하늘을 공경히 섬기는 그의 신앙심을 읽어야 한다. 모든 사람과, 나아가 만물이 하늘(과 땅)의 자식이요 하늘의 뜻(신성)을 똑같이 타고난 존재인 만큼, 하늘을 공경하듯 그들을 존대해야 한다는 종교적 각성이 대인관계의 자리에서 경건한 정신을 불러일으켰던 것이다. 그는 '만민은 나의 형제요 만물은 나와 더불어 사는 이웃'이라는 우주적 대아의 사랑으로 그들 모두에게 예의를 갖추어 공경히 대면하였다. 이미 살핀 것처럼 예의와 공경은 사랑의 실천 방법론이다. 아래의 글은 그의 경건한 정신이 도덕심의 배양 이전에 의식의 심층에서 영적인 수행을 통해 조성되었을 모습을 엿보게 해준다. 이는 제자의 기록이다.

엄숙 경건하고 심성을 맑게 기르는 노력을, 자기 혼자만 있어서 흐트러지기 쉬운 자리에서 더욱 삼가 행하셨다. 평소 새벽이면 일어나서 세수하고 머리 빗고 의관을 갖춘 다음, 종일토록 책을 보셨으며, 때로는 향을 피우고 고요히 앉아서 마음을, 마치 떠오르는 해처럼 맑고 밝게 가다듬고 성찰하셨다.[40)

그 모습이 우리에게도 완연히 다가오면서 범접하기 어려운 존경심을 불러일으킨다. 퇴계는 이처럼 맑고 밝고 엄숙 경건한 마음의 근저에서, 잡념과 번뇌를 벗어난 깊은 침묵 속에서 천명을 자각하였을 것이다. 그는 텅 비고 고요한 마음자리에서 세계만물을 내포하고 있는 우주적 존재성을 맑게 각성하였을 것이다. 그는 한 지인

---

40) 위의 책, 24쪽.

에게 말한다. "이치상으로 말하면 천하의 일이 내 밖의 일이 아닙니다."[41] 곁들여 아래의 시를 한번 읽어보자.

차가운 연못에 달 비치고 밤하늘은 맑은데
숨어 사는 이 마음 밝고 맑고 텅 비어라
이 가운데 참소식이 있나니
불교의 선공(禪空)이 아니요, 도가(道家)의 허무도 아니어라
月映寒潭玉宇淸
幽人一室湛虛明
箇中自有眞消息
不是禪空與道冥[42]

여기에서 불교와 도가에 대한 오해 여부는 차치하고, 조용한 방안에서 달빛과 연못과 하늘을 총체적으로 관조하는 '밝고 맑고 텅 빈' 마음을 주목해보자. 자기중심적이고 자타 분별적인 개체의 자아의식이 사라진 그 마음속에서 들려오는 '참소식'은 바로 천명이요 영성의 목소리가 아니었을까? "우리가 소유하고 있는 우리 존재의 표면에는 개인적인 자아의 항상 변하는 국면을 가지고 있지만, 깊은 바닥에는 우리의 직접적인 지식을 넘어선 영원한 정신이 머물러 있다."(타고르) 퇴계는 하늘로 표상되는 이러한 '영원한 정신'을 마음의 '깊은 바닥'에서 각성하였을 것이다.

---

41) 『退溪全書 一』, 「與宋台叟」, 276쪽.
42) 위의 책, 「山居四時各四吟共十六絶」, 130쪽.

4) 물아일체의 심흉

물아일체의 주제에 관해서는 앞서 '생명애의 정신'을 논하는 자리에서 자세히 살펴보았다. 그러므로 여기에서는 그 나머지의 뜻을 고찰하려 한다. 물아일체는 도덕 수행만으로 이룰 수 있는 세계가 아니다. 도덕이 이성의 실천명령이라면 더더욱 그렇다. 이미 말한 것처럼 이성은 원래 물과 아를 분별하고 이원화하는 성질을 갖고 있다. 그러므로 우리는 물아일체의 세계를 엿보기 위해 이성적인 사물 인식의 태도를 근본적으로 바꾸지 않으면 안 된다. 그것은 물과 아를 함께 아우르는 높은 통찰의 안목을 갖는 데에 있다. 그 정점에는 영성이 있다. 앞서 '생명애의 정신'을 논하는 자리에서 물아일체의 사랑을 말한 바 있지만, 사실 그 사랑은 일상의 도덕적인 차원을 넘어 영적인 성질을 띤다. 아래에 퇴계의 시를 한번 음미해 보자.

마음을 비우고 창가의 책상 마주하면
풀들이 생기를 띠고 뜨락에 가득하리라
그대, 물과 아가 일체임을 알려면
만물 생성의 처음 근원을 보게나
人正虛襟對窓几
草含生意滿庭除
欲知物我元無間
請看眞精妙合初[43]

---

[43] 『退溪全書 二』, 「次韻金惇敍」, 535쪽. 이 시의 마지막 행 '진정묘합(眞精妙合)'이란 원래 주렴계의 「태극도설(太極圖說)」의 "무극(無極)의 진

퇴계는 한 제자에게, 물아일체의 세계에 들기 위해서는 '만물 생성의 처음 근원을 볼 것'을 권유하고 있다. 그런데 여기에서 '본다'는 말을 이성적으로 파악한다는 뜻으로 이해해서는 안 된다. 이성이 조립한 형이상학의 추상 개념들은 플라톤의 이른바 '동굴의 그림자'에 지나지 않는다. 동굴에 비친 그림자가 아니라 동굴 밖으로 나와 그림자의 실물을 보아야 한다. 이러한 '봄'은 직접적인 체험에 다른 말이 아니다. 그리고 그 체험의 주체는 이성이 아니라 영성이다. 이는 '만물 생성의 처음 근원'을 상제나 하늘로 이해하면 더욱 분명해진다.

　물론 퇴계가 그 말을 지난날 학자의 글에서 따온 것에 불과하다면, 그 역시 일반인들처럼 '동굴의 그림자'만 바라보는 사람에 지나지 않았을 것이다. 하지만 이미 살핀 것처럼 온몸으로 성찰하고 체험했던 그의 학문정신과 상제신앙, 하늘 섬김의 정신을 미루어볼 때 그의 '봄'은 영적인 깨달음이었음이 분명하다. 이는 "아침에 도를 들으면 저녁에 죽어도 괜찮으리라." 한 공자의 '들음'과 같은 맥락이다.

　그러면 만물 생성의 처음 근원을 실제로 '보려면' 어떻게 해야 할까? 우리는 그 해답의 단서를 (창가의 책상을 마주하여) '마음을 비운' 모습에서 찾아볼 수 있다. 일반적으로 '마음의 비움'은 선입견이나 편견 등을 배제하고 객관적인 시선으로 사물을 바라볼 것을 말하지만, 위의 시는 그 이상의 뜻을 함축하고 있다. 거기에는 물과 아를 대립시키는 이분법적인 사고에서 벗어난 '텅 빈' 마음으로 물이 나와 동일한 존재라고 여기는 인식의 전환이 내포되어 있다. 이

(眞)과 음양오행(陰陽五行)의 정(精)이 신묘하게 결합되어(無極之眞 二五之精 妙合而凝)"라는 말을 줄여 쓴 것인데, 위와 같이 의역하였다.

를테면 '나는 사람이고 그것은 풀'이라는 분별적인 사고에서 벗어나면 그 순간, '풀들이 생기를 띠고 뜨락에 가득한' 풍경 속에 녹아들어 풀과 내가 하나가 되는 체험을 하게 될 것이다. 마르틴 부버의 이른바, '하나와 하나가 하나가 되는' 영적인 각성이다.

이는 내가 '마음을 비우는' 만큼 사물들이 나의 존재 안에 들어와 자타 간 동일체 의식을 갖게 될 것임을 시사한다. 일상적으로는 부부간 일심동체 의식이나, 또는 학교 동창들의 일체감이 그러하다. 그러한 비움의 정점인 '만물 생성의 처음 근원'에 들어서면 자연의 섭리정신으로, 또는 신의 눈빛으로 세계와 삶을 관조하면서 만물을 아우르는 우주적 대아의 깊고도 넓은 존재성을 얻게 될 것이다. 퇴계가 임금에게, "하늘과 땅은 세상 만물의 큰 부모이므로, 만민과 나는 형제요 만물과 나는 더불어 지내는 이웃"이라고 말한 영성적 배경이 여기에 있다.

물아일체의 심흉은 진리 인식과 가치판단의 기준을 일반인들의 그것과 크게 달리할 것이다. 그는 나와 너의 대립이나 지배 복종, 종교나 이념의 갈등, 성별과 인종 간의 차별, 동식물의 학대와 착취를 부정할 것이다. 그의 심흉은 자기중심적 사고는 물론, 인간중심주의에서도 벗어나 천하 만물을 평등한 존재로 대면할 것이다. 퇴계의 말처럼 "천하를 한 집안으로, 만민을 내 한 몸처럼 여겨 그들의 가려움과 아픔을 바로 나 자신의 것으로 받아들이는" 우주적 대아의 심흉은 만민과 만물을 마치 자기 자신처럼 존중하고 배려하며 보살필 것이다. 그 심흉은 진리를 모든 존재의 평등과 생명의 존엄성에 입각해서 판단하고, 윤리를 자타 간 상호 존중의 정신 속에서 실천할 것이다. 우리는 이에 입각하여 만사만물이 전후좌우로 존재의 대연쇄를 이루고 있음을 자연의 섭리정신으로, 신의 눈빛으로 통찰하여 범생명적인 윤리를 모색하고 제창할 수도 있다. 『심경』에 실린 아래의 글을 한번 읽어보자.

이천(伊川)이 부주(涪州)로 귀양을 가는 길에 적림(翟林)이 그를 전송했다. 도중에 절에서 유숙하는데 적림이 불상을 등지고 앉자 선생이 그에게, 의자를 돌려 앉아 불상을 등지지 말도록 충고했다. 적림이 "불교도들이 숭배한다고 해서 우리도 그래야 하는 것입니까?" 라고 하자, 선생이 말했다. "하지만 사람의 모습을 갖추고 있으니 그를 업신여겨서는 안 됩니다." 양구산(楊龜山)이 이천의 이 말을 전해 듣고는 다음과 같이 경탄했다. "공자의 말씀에 '사람이 죽었을 때 순장용(殉葬用)으로 쓰이는 나무 인형을 만든 사람은 후손이 끊길 것이다.' 하셨는데, 이는 사람 모양을 본떠서 그것을 순장에 이용하도록 했기 때문이다. 사람 모양을 본떠서 그것을 순장에 이용하다 보면 나중에는 틀림없이 산 사람을 순장하게 될 것이다. 군자는 외경의 마음을 갖지 않는 일이 없으니, 인형도 소홀히 하지 않는데 하물며 사람에 대해서야 더 말할 것이 없다. 만약 인형에 대해서 경시하고 소홀히 여기는 마음이 싹트면, 종국에 가서는 틀림없이 사람을 경시하고 소홀히 여기게 될 것이다."[44]

---

44) 『心經』, 164-165쪽. 참고로 퇴계는 불교를 비판했지만 승려들과 교류하고 또 그들에게 시들을 지어 보내기도 하였다. 그중 한 편을 읽어보자. 여기에서 우리는 불교에 대한 날선 의식을 전혀 찾아볼 수 없다.

쇠를 깎은 듯 연꽃 봉우리의 기이한 모습이
높은 곳의 암자를 병풍처럼 둘러쳤네
좌선하며 공(空)의 묘리를 관조하는 스님은
몇 대 조사(祖師)의 의발을 전수받았는가
鐵削蓮敷詭狀姿
高高蘭若作屛圍

이처럼 불교도가 아님에도 불상 앞에서 갖는 외경의 마음은 참으로 넉넉하고 아름답다. 그는 이미 종교와 이념과 사상의 대립 분별을 벗어나 있으며, 당연히 만민과 만물에게 생명 외경의 마음으로 다가갈 것이다. 이 일화는 『심경』을 신령처럼 받들었던 퇴계에게도 커다란 울림을 주었을 것이다. '만민을 내 한 몸처럼 여겨 그들의 가려움과 아픔을 바로 나 자신의 것으로 받아들이는' 그의 예민한 생명감각은 인간을 넘어 만물에 대해서까지 존재의 외피를 벗은 '벌거벗은' 존재로 나서서 생명 존중과 외경의 마음을 품었을 것이다. 이 점은 그가 매화나 국화 등과 시를 주고받았던 사실이나, 또는 소나무와 대나무와 매화와 국화와 연꽃을 자신과 동일한 존재의 위상에 올려놓고서 벗으로 여겼던 데에서 어렵지 않게 읽힌다. 그가 영적인 행로 속에서 매화와 주고받았을 아름다운 시를 읽어보자.

고맙게도 매화 신선이 쓸쓸한 나를 벗해주니
객창(客窓)이 맑아지고 꿈속의 혼조차 향기롭다
그대를 데리고 고향으로 돌아가지 못하는 것이 아쉽구나
한양의 먼지 속에서 아름다움을 잘 간직하거라
頓荷梅仙伴我凉
客窓蕭灑夢魂香
東歸恨未携君去
京洛塵中好艶藏

不知宴坐觀空妙
傳得渠家幾祖衣 (『退溪全書 三』, 「巖巒遙屛」, 33쪽)

듣자하니 도산의 매화 신선도 우리처럼 쓸쓸하다는데
임 오시길 기다려서 하늘 향기를 피우겠지요
바라건대 임께서는 마주 대할 때나 헤어져 그리울 때나
옥빛의 눈송이같이 맑고 순결한 정신을 함께 고이 간직해주오
聞說陶仙我輩凉
待公歸去發天香
願公相對相思處
玉雪淸眞共善藏[45)]

　그러면 물과 아의 하나됨을, 자타의 상통을 가로막는 요인은 무엇일까? 퇴계는 그것을 '사욕(私欲)'에서 찾았다. 사욕이란 '나'(개체적이고 자기중심적인 자아)의 존재를 충족하고 강화하려는 마음을 말한다. 원래 욕망은 모든 생명체의 생존원리요, 인간사회에서는 의식주를 비롯한 문화 전체의 동력인만큼 그 자체를 부정할 수는 없다. 하지만 그것이 남을 배제한 채 자기중심적이고 유아독존적으로 작동된다면 자타 간 대립과 충돌을 면할 수 없으며, 사회는 "만인의 만인에 대한 투쟁"의 장이 될 수밖에 없다.

　아니 그 이전에 자타 간 장벽을 높이 세워 타자와 공감하고 상통할 능력을 잃어버림으로써 존재의 고립과 빈곤에 빠지게 될 것이다. 남에 대해 무감한 '돌처럼 딱딱한 마음'이 어느 누구를, 아니 어떤 무엇을 받아들일 수 있겠는가. 퇴계의 말을 들어보자. 그는 임금에게 "불인(不仁)한 사람은 사욕에 갇혀 물(物)과 아(我)가 상통함과 측은지심을 확충할 줄 모르니, 그 마음이 마치 돌처럼 딱딱하다"고 하면서 다음과 같이 잇는다.

---

45) 『退溪全書 一』, 「漢城寓舍盆梅贈答」, 148쪽.

횡거(橫渠)의 「서명」은 내가 천지 만물과 이치상 본래 하나인 이유를 반복적으로 추론하여 사랑의 본질을 밝혀내고, 이에 입각하여 유아(有我)의 사(私)를 깨뜨려 무아(無我)의 공(公)을 넓혀 나가게끔 해줍니다. 그것은 그렇게 해서 돌처럼 딱딱한 마음을 융화하고 투명케 하여, 물과 아 사이의 간격을 없애 그 사이에 사(私) 의식이 조금도 깃들지 못하게 함으로써, 천지가 한 집안이요 인류가 형제로서 만인의 가려움과 아픔이 모두 내 몸의 것처럼 여기는 사랑의 정신을 얻게 해줍니다.46)

여기에서 말하는 '돌처럼 딱딱한 마음'이란 생명정신을 자신 안에 폐쇄함으로써 자타 간 생명적 공감과 상통의 정신을 잃어버린, 개체적이고 자기중심적인 자아의 의식을 뜻한다. 퇴계는 그것을 '유아(有我)의 사(私)'라고 말한다. 여기에서 '사'란 자신을 '나' 안에 가두어(有我) "나와 남 사이에 현격한 거리를 만드는"47) 일상의 자아의식을 뜻한다. 원래 '나'란 '남'과 마주하고 있는 자신을 지칭하는 상대적인 말인 만큼, '나'는 본질적으로 타자와의 거리감 속에서 자타 간 존재의 분단과 격절의 의식을 지어낸다. 그처럼 '나'는 자기중심적이고 자타대립적이며, 자폐적이기까지 하다.

자기중심적인 '나'의 모습은 우리의 일상생활에서 수시로 드러난다. 우리는 일에 임해서 손익 여부를 저울질하고 이해득실을 타산하는 버릇이 있다. 평소에는 대범하고 관대하다가도 어떤 일이 '나'와 관련되면 갑자기 생각이 복잡해지고 편협해지면서 자기 보호와

---

46) 위의 책, 「西銘考證講義」, 218쪽. 횡거는 중국의 성리학자 장재(張載)의 호다.
47) 정자는 '사의(私意)'를 이렇게 정의한다. 『近思錄』, 44쪽.

방어의 사고기제를 발동시킨다. 그 일이 (재산, 신분, 권위, 명예상) '나'의 존재에 위협이 된다고 여겨지기 때문이다. 그러므로 설사 다수에게 좋은 일이라도 '나'에게 손해가 된다면 못마땅하다. 결국 뜻대로 되지 않는 세상에서 '나'는 갖가지의 욕망과 근심, 걱정, 불평, 불만을 지어내고, 또 자타 간 갈등과 대립을 불러일으키면서 나쁜 짓까지 마다하지 않는다. 말하자면 '나'는 모든 투쟁과 고통, 불행의 근원이다. 퇴계가 "사(私)는 마음의 해충이요, 모든 악의 근원"48)이라고 말한 까닭이 여기에 있다.

　퇴계가 부정했던 '유아의 사'란 이처럼 자기중심적이고 자타대립적인 '나'를 뜻한다. 이는 오늘날 개인의 '사'생활을 존중하고 개인주의를 숭상하는 사고로는 도저히 납득될 수 없을 것이다. 하지만 "나 자신을 주변의 모든 것과 분리된 별개의 존재로 간주"49)하는 '개인'은 상상 속에서나 있지 현실적으로는 불가능하다. 학자들은 말한다. "개인주의는 인간의 개인성을 공동화(空洞化)시켰고, 인격에서 형태와 내용을 빼앗아버리며 파편화시켜버렸다."50) "사(私)는 타인과의 객관적 관계의 박탈이다." "완전히 사적인 생활을 한다는 것은 우선 진정한 인간에게 필수적인 것이 박탈되어 있음을 의미한다."51) 그러므로 '사(私)는 마음의 해충이요, 모든 악의 근원'이며, '유아의 사를 깨뜨려야 한다'는 퇴계의 주장은 역시 만고의 진리가 아닐 수 없다. '진정한 인간'이 되고자 한다면 말이다.

---

48) 『退溪全書 一』, 「戊辰經筵啓箚二」, 195쪽.
49) 알랭 로랑, 김용민 옮김 『개인주의의 역사』(한길사, 2001), 73쪽.
50) 위의 책, 104-105쪽.
51) 한나 아렌트, 이진우 · 태정호 옮김, 『인간의 조건』(한길사, 1996), 112쪽.

사사로운 '나'를 버려야 한다는 퇴계의 주장은 우리가 자신을 완전히 부정하면서 아무런 존재감도 없이 살아야 한다고 말하려 했던 뜻이 아니다. 그것은 삶을 완전히 허무 속에 빠트리려는 것이 아니었다. 그는 사적인 '나'를 넘어 궁극적으로 본래적인 자아(참자아)를 회복하고자 하였다. 그는 그 길을 '무아(無我)의 공(公)'에서 찾았다. 여기에서 '공'이란 단지 공변되고 공정하다는 윤리적 의미에 불과한 말이 아니다. 그것은 존재론적인 의미를 갖는다. 즉 그것은 사적인 '나' 의식이 사라져 자타 간 존재의 장벽이 무너진 물아일체의 지평을 열어 보여준다. 정자는 말한다. "공심(公心)은 만물을 일체로 여기고, 사심(私心)은 자타를 전혀 다른 존재로 여긴다."52)

그러므로 '무아(의 공)'란 나의 존재 자체를 부정하는 말이 아니다. 오히려 그것은 일상에서 경험할 수 없는 차원 높은 참자아의 정신을 깨어나게 해준다. 그는 더 이상 타자와 분별 대립된 자기중심적인 존재가 아니며, 세계의 한 중심에서 만물을 품 안에 깊이 아우르는 우주적 대아로 나선다. 앞서 인용한 퇴계의 표현을 다시 빌리면, "천하를 한 집안으로, 만민을 내 한 몸처럼 여겨 그들의 가려움과 아픔을 바로 나 자신의 것으로 받아들이는" 말할 수 없이 드넓은 사랑의 존재로 세상에 나선다.

우주적 대아의 영적인 세계가 여기에서 펼쳐진다. 아우구스티누스는 말한다. "영혼은 생명의 장소보다 사랑의 장소에 존재하며, 사랑의 대상 속에서 무화되면 될수록 더욱 완벽하게 자신을 되찾게 된다." 역사 속의 석가모니와 공자, 예수의 삶이 이를 본보기로 보여준다. 이는 물론 한순간의 깨달음으로 터득되는 경지가 아니며,

---

52) 『近思錄』, 44쪽.

평생에 걸쳐 부단한 수양을 통해서만 이루어질 수 있다. 공자는 이를 '극기복례(克己復禮: 자아의 초월과 예의 회복)'라는 말로 가르쳤다.

5) 초월의 정신

퇴계의 물아일체의 심흉에는 초월의 정신이 내재해 있다. 그는 개체적인 자아를 초월하여 '만물 생성의 처음 근원'으로 진입, 거기에서 '만인(과 만물)의 가려움과 아픔을 자신의 것처럼 여기는' 물아일체의 영성으로 삶에 나섰다. 이는 보통사람들의 안목으로는 이해하기 어려운 모습일 것이다. 그들의 눈에 퇴계의 초월은 세상사를 모두 잊고 자연 속에 파묻혀 지내는 은자로만 비쳐질 것이다. 아닌 게 아니라 선생을 옆에서 지켜본 한 제자는 이렇게 말한다. "선생님은 꽃 핀 아침이나 달 뜬 밤이면 으레 혼자서 작은 배를 타고 물길을 따라 오르내리다가 흥이 다하면 돌아오셨다. 독서에 침잠하고 또 산천을 즐기기도 하면서 세상에 대해서는 전혀 마음을 두지 않으시는 것 같았다."[53]

하지만 퇴계가 세상을 외면하거나 부정했던 것은 결코 아니다. 사실 사람은 누구나 현실에 발을 붙이고 살면서도 한편으로 초월을 염원한다. 그것은 우리가 살아가면서 겪는 온갖 불안과 두려움과 번민과 외로움을 벗어나게 해주기 때문이다. 오늘날 과학자들은 '초월의 신경학'을 주장하기까지 한다. 동물과 달리 인간은 진화과정의 어느 순간 죽음의 의식을 갖게 된 때로부터, 죽을 수밖에 없

---

53) 『退溪全書 四』, 「言行錄」, 58쪽.

는 자신을 초월하여 영원한 무엇과 일체감을 느끼려는 두뇌의 신경 구조를 발달시켜왔다는 것이다. 어느 신경과학자의 말을 들어보자.

실제로 사람은 쉽사리 자기초월을 할 수 있는 타고난 재능을 지닌 선천적인 신비주의자다. 예를 들어 여러분이 아름다운 음악에 빠져 '자신을 잊은' 적이 있거나 흥분을 불러일으키는 애국적인 연설에 '압도된' 적이 있다면, 여러분은 신비적 일체의 본질을 조금이나마 맛본 것이다. (중략) 그것들은 자신이라는 감각이 사라지고, 자신이 더 큰 현실감 속에 흡수된 결과로 일어난다.[54]

이뿐만이 아니다. 사실 인의예지의 도덕 충동도 따지고 보면 자기초월의 한 가지 양상이다. 자기중심적이고 자타대립적인 사고에 젖어 있는 한 사랑과 의로움과 진리는 물론, 자타 분별의 예의의 정신조차 깨어날 수 없다. 타자와의 만남에서 요구되는 예의도 자기중심을 넘어 남을 고려하고 배려하는 마음속에서만 행해질 수 있다. 그처럼 우리는 도덕생활 속에서 크고 작은 자기초월을 수시로 행한다.

이는 이성의 명령이나 강요로 이루어지는 것이 아니다. 도덕심은 그야말로 '충동적으로' 타자를 나의 일부로 여기면서 자타 간 하나됨의 의식 속에서 자연스럽게 흘러나온다. 물에 빠지려는 어린아이를 목격하는 순간 드러나는 측은지심이 그 전형적인 예증이다. 사

---

54) 앤드루 뉴버그 외, 이충호 옮김, 『신은 왜 우리 곁을 떠나지 않는가』(한울림, 2001), 167쪽. 그는 또한 말한다. "과학적 연구는 자아가 없는 마음이 존재할 수 있고 자아가 없는 인식이 존재할 수 있음을 지지해준다."(위의 책, 184쪽)

람은 누구나 그러한 마음을 본래적으로 갖는다. 그 근저에는 역시 이성을 넘어 영성이 작용한다. 초월적인 영성으로부터 도덕심이 자연스럽게 솟아나오는 것이다. 의무로 부과되고 강요되는 도덕은 가식일 뿐이다.

이처럼 보통사람들이 일상생활 속에서 때때로 '신비적 일체의 본질을 조금이나마 맛보는' 초월을 경험한다면, 그리고 도덕생활 속에서 크고 작은 초월을 행한다면, 영적인 스승들은 그 이상으로 자신의 개별성을 무한히 초월하여 우주만물에까지 자아를 확대한다. 그들은 우주적 대아의 정신으로 삶에 나선다. 이는 참자아가 극대하게 실현된 모습이다. 지난날의 성인들이 이의 역사적 실례다. 우주적 대아를 그들에게서만 바라볼 일이 아니다. 우리가 자기 안에 갇혀 지내면서도 한편으로 그들을 우러르고 존모하는 것은 우리 자신에게도 그들과 같은 참자아의 열망이 내면 깊숙이 잠재해 있기 때문이다. 다만 우리가 그것을 자각하여 실현하지 못하고 있을 뿐이다.

'성인(聖人)을 배운다[聖學]'는 퇴계의 학문정신은 이러한 참자아의 열망에서 나온 것이었다. 그의 학문은 단순히 성현들의 사상을 글로 배우고 말로 외우는 낮은 차원의 것이 아니었다. 퇴계는 성현들의 사상과 행적을 통해 자신의 실존의 의문을 풀고 참자아를 성취하려 하였다. 그의 '물아일체'와 '천인합일'의 이상이 말해주는 것처럼, 개체적 자아를 초월하여 우주적 대아를 실현하려 하였다.

그런데 그의 초월의 궤적을 따라 올라가보면 그 최상의 지점에 상제와 하늘이 있다. 혹시 거기에 서려 있는 종교적 분위기가 마음에 걸린다면, '만물 생성의 처음 근원'인 자연의 섭리가 있다. 퇴계는 신(상제)의 눈빛으로, 또는 섭리정신으로 세상에 나서 만물을 품에 아우르려 하였다. 그렇게 '스스로를 잊고 자연의 일체 속으로 돌아가' 최대의 안식과 삶의 환희를 얻으려 하였다.

이러한 염원과 기쁨을 퇴계는 많은 시들에서 노래하고 있다. 특히 신선을 상상하며 희구하는 시들이 이를 잘 보여준다. 시는 상상력의 고급스러운 언어유희에 불과한 것이 아니다. 모든 상상이 원래 그러하지만 시적 상상에는 시인의 실존적 염원이 깊게 담겨 있다. 말하자면 그것은 현실 속에서 억압되고 실패한 꿈을 주장하고 실현하려 한다. H. 마르쿠제는 말한다. "상상은 근본적이고 독립적인 심적 과정으로서, 그 자체의 경험에 대응하는 그 자체의 진리가치를 갖는다. 즉 그것은 적대적인 인간 현실의 정복인 것이다. (중략) 예술적인 상상은 실패한 해방과 배반된 약속에 대한 무의식적 기억을 형성해준다."[55] W. 블레이크 또한 말한다. "상상은 상태가 아니라 인간의 실존 전체다."[56] 이 점을 유의하면서 퇴계의 시를 한 편 음미해보자.

서쪽 언덕 밝고 넓은 곳에 올라
고개를 들고서 안개 노을을 바라본다
어떡하면 세상을 벗어나서
신선 사는 집을 찾아볼까
西隴上寥朗
矯首望煙霞
安得陵八表

---

55) H. 마르쿠제, 최현·이근영 옮김, 『미학과 문화』(범우사, 1989), 80쪽.
56) 앙드레 베르제즈·드니 위스망, 남기영 옮김, 『인간과 세계』(삼협종합출판부, 1999), 280쪽.

仍尋羽人家57)

　이처럼 퇴계는 현실에서 충족되지 않는 실존의 염원을 신선의 상상 속에서 노래하였다. 하지만 신선의 상상은 역시 충족될 수 없는 꿈일 뿐이다. 게다가 '세상을 벗어나는' 것은 그의 소망도 아니었다. 결국 그는 이 세상을 살면서도 신선과도 같이 초월적이고 자유로운 정신을 자연 속에서 펼치고자 하였다. 그는 한 제자에게 말한다. "이 땅 위에 신선이 있으니, 벼슬을 버리고 돌아오는 날이 그렇습니다. 어찌 적성산(赤城山) 아래에서 연단(鍊丹)을 해야만 신선이라 하겠습니까."58) 그가 중국의 갈홍(葛洪)이나 도홍경(陶弘景)과 같은 선가풍(仙家風)의 인물들을 흠모했던 것도 이 같은 염원의 무의식적인 발로일 것이다. 아래의 시를 읽어보자.

　　장마 개어 화창한 날 초목 색깔 선명하고
　　외진 시내 맑은 바람 시원키도 하구나
　　여러분의 사랑으로 심한 책망 면하고
　　임금님은 널리 감싸 버리지를 않으시네
　　하늘 위의 신선은 내 골상(骨相)이 아니니
　　산골짜기 이곳을 마음 깊이 사랑하네
　　어찌하면 이 몸이 세상만사 벗어나
　　만경창파 배 띄우고 자유롭게 노닐까
　　積雨新晴物色鮮

---

57) 『退溪全書 一』, 「寥朗」, 105쪽.

58) 위의 책, 「答黃仲擧」, 488쪽. '적성산'은 신선이 산다는 전설적인 산이며, '연단'이란 도사(道士)가 연금술을 이용하여 불로장생의 약을 만드는 것을 말한다.

淸風幽澗政冷然
羣公見愛宜深責
聖主包荒不頓捐
天上神仙非骨法
眼中丘壑自心憐
何能身世渾無累
萬頃沿洄不繫船59)

이처럼 '세상만사 벗어나 만경창파 배 띄우고 자유롭게 노닐고
자' 했던 그의 염원은 일견 전혀 유가적이지 않다. 한 제자의 말대
로 '세상에 대해서는 전혀 마음을 두지 않는' 신선의 꿈을 여전히
갖고 있는 것처럼 보인다. 하지만 그 이면에는 초월의 눈빛으로 삶
을 조망하면서 천명 또는 자연의 섭리를 따르려는 뜻이 깔려 있다.
  이를 살피기 전에 저 앞의 시에 나왔던 '신선 사는 집[羽人家]'
의 글귀를 되짚어보자. '우인(羽人)'이란 신선을 뜻하는 말인데, 이
는 우화등선(羽化登仙)의 우화에 어원을 갖는다. 마치 나비가 누에
고치의 허물을 벗고 하늘로 날아오르듯, 사람의 몸에 날개가 돋아
신선이 되어 하늘나라로 올라간다는 것이다. 이러한 상상은 터무니
없는 것이 아니며, '그 자체의 경험에 대응하는 그 자체의 진리가
치'를 갖고 있다.
  저 우화가 사람들에게 전하고자 하는 '진리가치'란 다른 게 아니
다. 그것은 세속적 자아의 '허물'을 벗고, 즉 자아를 초월하여 자연
의 섭리에 따라 삶을 소요하고 자재한다는 영적인 가치를 뜻한다.
신선은 그러한 진리가치를 구현하는 사람이다. 이런 유형의, 즉 나

59) 위의 책, 「滉近再蒙召命云云」, 90쪽.

비와 누에고치의 은유에 담긴 진리가치는 흥미롭게도 서양의 정신사 속에서도 발견된다. 참고로 아래의 글을 한번 읽어보자.

이제 이 누에가 어떻게 되는지 보자. 누에가 이런 상태에 있고(지멸/몰입) 세상에 대해 단연코 죽어버리면 누에는 작고 하얀 나비를 내보낸다. 오, 신의 위대함이여. 그토록 짧은 시간 동안 가깝게 결합한 후에 이처럼 혼이 나타날 수 있다니, 내 생각에 (지멸 속에서) 반 시간도 채 지나지 않았다. 추한 벌레와 하얀 나비의 차이를 생각해보라. 그것이 여기서는 똑같다. 혼은 어떻게 벌레가 그런 축복을 받을 가치가 있는지 생각할 수가 없다. 정말이지 어디에서 그런 축복이 올 수 있는지, 벌레는 그런 축복을 받을 가치가 도무지 없다는 걸 잘 알기 때문이다.[60]

아빌라의 테레사(1515-1582) 수녀의 글이다. 이는 나비가 신을 향해 날아올라 신과 합일한다는 점에서 우화등선과 사고의 결을 달리하지만, 초월의 열망은 동서양을 막론하고 인류의 공통적인 주제가 아닐까 싶다. 위의 글에서 '벌레'란 세속적인 자아를 은유한다. 그것이 '추한' 까닭은 다른 데 있지 않다. 세속적 자아는 일정한 자동 시스템을 갖고 있다. 그는 본능적으로 자신의 존재와 정체성을 지키고 입지를 강화하기 위해 온갖 노력을 다한다. 그의 삶은 온통 '나'에 집중되어 있다. 자기중심적이며 자기본위적이다. 그러므로 그는 결코 자기를 '지멸시키고' '죽여버리지' 못한다. 그가 '추할' 수밖에 없는 까닭이 여기에 있다. 그는 애벌레처럼 자기 껍질에 갇혀 자신에게 집착함으로써 남과 대립 투쟁하는 것은 물론, 신을 향

---

60) 켄 윌버, 조옥경 · 김철수 옮김, 『성, 생태, 영성 上』, 376쪽.

해 날아오를 줄 모르기 때문이다. 이는 창조주인 신을 부정하는 것이나 다름없다.

이러한 논리는 신선의 세계에서도 그대로 통한다. 그것이 신의 존재를 염두에 두지 않는 것은 그 자신이 이미 '신과의 합일'을 이루고 있기 때문이다. 그는 세속적 자아(누에)의 시스템(허물)을 탈각하여, 달리 말하면 자기중심적이고 개체적인 자아를 '지멸시키고' 초월하여 섭리정신으로 살아가는 '신적인' 사람이다. 퇴계는 이러한 염원을, "어찌하면 이 몸이 세상만사 벗어나 / 만경창파 배 띄우고 자유롭게 노닐까." 하고 드러냈다. 물론 그는 그러한 '신선'의 길을 이미 알고 있었다. 그것은 '적성산(赤城山) 아래에서 연단(錬丹)을' 하는 신선술(神仙術)이 아니라, 이미 살핀바 영성수행과 상제신앙과 물아일체의 정신에서, 멀리는 진리정신의 함양법에 있었다.

초월의 정신은 공자의 '극기(복례)' 사상에서도 잘 드러난다. 그것은 사랑[仁]의 정신을 체득하는 긴요한 방법으로 제시된 것이었다. '극기'란 자아의 초월을 뜻한다. 자기중심적인 사랑은 자신의 욕망을 채우기 위한 이기적인 술책일 뿐이다. 참다운 사랑은 '나'를 버리고 상대방의 인격을 존중하면서 그와 영혼을 교감하는 가운데에서만 이루어질 수 있다. 공자가 (공경지심의) 예를 갖출 것을 강조한 뜻이 여기에 있다. 그런데 뒷날 주자는 도덕적인 차원을 넘어 그 이상으로 지극한 자기초월의 관점에서 '극기'를 해석하였다. 그는 말한다. "사사로운 뜻과 기필하는 마음과 집착하는 마음과 '나' 의식을 없애는 것이 극기의 일이다."[61] 이 네 가지에 관해서는 공

---

61) 『心經』, 78쪽.

자의 "무의(毋意), 무필(毋必), 무고(毋固), 무아(毋我)"를 고찰하는 자리에서 이미 상론하였다.

'극기'는 자기중심적인 태도를 버리고 만인과 만물의 보편적 중심 속에서 세상을 바라보고 삶을 영위하려는 수행의 노력이다. 극기의 중요한 방법으로 '충서(忠恕)'가 등장하는 이유가 여기에 있다. 이미 상론한 것처럼 충서란 역지사지 속에서, 즉 입장을 바꾸어 타자의 처지를 헤아리고 배려하며 보살피는 마음을 말한다. 이를테면 "적의 숨겨진 과거를 읽을 수 있다면 우리는 그들 각각의 삶에서 그 어떤 적의라도 내려놓게 만들 만큼 가득한 슬픔과 고통을 발견하게 될 것이다."(롱펠로)

이러한 연민은 자기중심적인 태도를 벗어나 상대방과 동일체 의식을 갖는 충서의 마음에서 나온다. 물론 이는 자아 자체를 부정하지 않는다. 그는 자기중심적인 소아(小我)로 사는 것을 거부하는 것일 뿐이며, 우주적 대아로 세상에 나서 인류의, 더 나아가 모든 생명의 보편적 가치(진리)를 직관 통찰하고 그것을 실현하려 한다. 공자가 '(극기)복례(復禮)'를 말한 까닭이 여기에 있다. 이미 살핀 것처럼 예(禮)는 보편적 가치를 일상의 도덕규범으로 제시해놓은 것이었다.

하지만 충서의 정신은 자아의 초월에 어떤 한계를 갖는다. 그것은 역지사지의 이성적 추론을 거치기 때문이다. 내가 이 세계의 중심이듯이 남도 그의 세계의 중심이라는 사실을 생각함으로써 '나'를 벗어날 수는 있지만, 거기에는 여전히 나와 남이라는 이분법적 사고의 흔적이 남아 있다. 이와는 달리 완전한 초월은 영적이다. 하늘(신)이 만물의 존재 근원이라는 영적인 깨달음은 나-남의 이분법을 넘어 자기초월의 정점에서 섭리정신으로, 또는 신의 눈빛으로 세상을 내려다보며 만물을 자신의 존재 안에서 발견할 것이다. 그야말로 '만물이 모두 나의 존재 안에 내재되어 있음'을 깊이 깨달을 것이다.

'극기'는 인간학적이고 인류 보편적인 문제의식을 담고 있다. 동서고금을 막론하고 인류의 스승들은 상제, 하늘, 신, 불성 등 존재의 신성한 바탕에 입각하여 자아의 초월과 물아일체의 정신을 강조해왔다. 진정한 깨달음을, 영원한 안식의 길을 거기에서 발견하였다. 아래의 글들을 읽어보자.

　　고독의 슬픔이 신성(神性)에 넘친 생(生) 속에 녹아들어가듯이 전체로서 하나가 되는 것, 그것이 신성에 충실한 생이며, 그것이 인간의 최고의 경지이다. 살아 있는 모든 것과 하나가 되는 것, 스스로를 잊고 자연의 일체 속으로 돌아가는 것, 그것은 인간의 사상과 환회의 정점이며, 성스러운 산정이요 영원한 안식처이다. (프리드리히 횔덜린)[62]

　　진정한 진리의 길로 들어서 세상의 혹독한 고난 속에 뛰어든 사람은 결코 자신에게 위안과 안식처를 주고 자신의 과거 자아가 생존하도록 돕는 편안한 친구에 의지하려 하지 않는다. 오히려 그는 자신을 위험에 맞서도록 가차 없이 밀어대는 누군가를 찾으려 한다. 그래야 그 사람은 괴로움을 견뎌내고 담대히 돌파할 수 있다. 오직 수없이 반복해서 자신이 소멸될 정도가 되어야만 자기 안에 파괴되지 않는 무언가가 생겨날 수 있다. 고결한 힘과 진정한 깨달음의 정신은 이런 용맹함 속에 놓여 있는 것이다. (칼프리트 폰 뒤르크하임)[63]

---

62) 이규성, 「이성의 탄식」, 『철학과 현실』(철학문화연구소, 1998), 248쪽.

인간과 만물을 향한 지고의 사랑은 이처럼 '스스로를 잊고' '자신이 소멸될 정도가 되어야만' 이루어질 수 있다. 물론 자아의 초월은 세속적 욕망이나 힘에의 의지를 부정하므로 수많은 불편과 괴로움, 고통 등 고행을 수반한다. 하지만 영적인 삶을 추구하는 사람이라면 고행의 길을 강요로 받아들이지 않고 오히려 자발적으로 선택할 것이다. 그는 고행을 통해 열리는 자기초월의 세계야말로 '인간의 사상과 환희의 정점이며, 성스러운 산정이요 영원한 안식처'임을 예상하고 또 기대하기 때문이다. 이에 더하여 초월의 정신 속에서 '천하를 한 집안으로, 만민을 내 한 몸처럼 여겨 그들의 가려움과 아픔을 바로 나 자신의 것으로 받아들이는' 우주적 대아의 사랑은 그 어떤 세속적 행복과도 비교할 수 없는 삶의 환희를 안겨줄 것이다.

퇴계의 초월적 사고를 알려주는 또 한 편의 시를 읽어보자. 이야말로 그의 초월의 정신을 극명하게 드러낸다. 이 시에서 '상대가 없고 안팎도 없는 세계'와 '환중의 심법'은『장자』의 글에서 따온 것이다. 퇴계는 시를 짓는 데 종종 장자의 말들을 자유롭게 구사한다. 이는 그가 장자의 사상에 정통했을 것임을 짐작케 한다. 그렇다고 해서 그것이 그의 유학정신에 흠이 되는 것은 아니다. 오히려 그는 다른 사상들을 녹여 자신의 철학을 완성하였다. 그 시를 한번 읽어보자.

상대가 없고 안팎도 없는 세계를 말하기는 어렵지만
그윽한 삶 즐기며 조화의 근원을 음미한다

---

63) 잭 콘필드, 이한철 옮김,『마음의 숲을 거닐다』(한언, 2021), 218쪽.

오늘은 그대들과 책을 읽으며

환중(環中)의 심법(心法)을 깊이 찾아 논한다

無倫無外縱難言

尙慊幽居翫化原

此日況同諸子讀

環中心法妙尋論[64]

여기에서 '상대가 없고 안팎도 없는 세계'란 나와 너, 이쪽과 저
쪽, 안과 밖을 나누어 서로 다투는 속세를 초월한 경지를 말한 것
이고, '환중의 심법'이란 끝없이 물고 물리는 시시비비의 순환고리
[環]를 벗어난 절대의 경지(環中: 순환고리의 한 중심)에서 노니는
마음의 수행법을 은유한다. 퇴계는 그처럼 초월적인 절대의 경지에
서 '그윽한 삶 즐기며 조화의 근원을 음미'하였다. '조화의 근원'이
란 우주만물의 존재 근원, 존재의 근본 바탕, 또는 자연의 섭리를
뜻한다. 그는 그렇게 섭리정신으로 삶에 나섰다. 그는 거기에서 '인
간의 사상과 환희의 정점이며, 성스러운 산정이요 영원한 안식처'
를 발견했을 것이다.

이러한 초월적 사고는 중요한 정신지평을 열어 보여준다. 자유의
정신이 그것이다. 일반적으로 사람들은 안과 밖을 구분하고 이쪽과
저쪽, 나와 남을 가르는 각종의 상대적 관념들에 습관적으로 자신
을 속박시키며, 그에 더하여 호불호의 감정이나 욕망과 혐오의 심
리를 끊임없이 지어내고 부채질한다. 그것이 일상적 자아의 생존방
식이며, 이를테면 정치와 종교와 이데올로기의 현장에서 횡행하는

---

64) 『退溪全書 三』, 「溪上與金愼仲惇敍金士純琴壎之禹景善同讀啓蒙二絶
示意兼示安道孫兒」, 40쪽.

'진영의 논리'다. 하지만 그러한 사고방식은 자신을 가두고 묶는 올가미와도 같아서 정신의 자유를 결코 누릴 수가 없다. 참다운 자유는 '상대와 안팎'을 지어내는 생각들을 벗어나 '환중의 심법'으로 '조화의 근원'에 머무는 가운데에서만 향유될 수 있다. 자유로운 영혼의 세계가 여기에서 펼쳐진다.

위의 시는 그러한 자유의 지평을 열어 보여준다. 퇴계의 한 제자가 기록한 선생의 모습을 상상해보자. "선생님은 담박하고 무욕하여 마음을 항상 만물 위에 펼치셨다. 이 세상에 선생님의 마음을 얽어매는 것은 아무것도 없었다."[65] 이는 문면상으로는 퇴계의 담박 무욕이 무애(無碍)의 자유정신을 펼쳐내고 있음을 말하고 있지만, 그 저변에는 '상대도, 안팎도 없는 환중의 심법으로 조화의 근원'에 들어서 있는 그의 초연한 정신이 작동하고 있음을 주목할 필요가 있다. 그러한 경지에서 현실의 욕망과 세속적 의지는 힘을 잃으며, 그리하여 무욕의 담박한 마음은 '세상만사 벗어나 만경창파 배 띄우고 자유롭게' 노닐 것이다. '상대와 안팎'을 나누는 한 자유정신은 질식당할 수밖에 없다.

퇴계의 자유정신은 자기 안에 갇혀 사는 개체적 자아를 탈각하여 세계만물을 아우르는 우주적 대아를 향한다. '상대와 안팎'의 현실에 집착하며 시시비비하는 소아(小我)가 사라지고 우주만큼이나 넓게 열려 만물을 따뜻하게 품어 안는 대아(大我)의 정신이 깨어나는 것이다. 사실 퇴계에게 학문 활동은 이를 위한 여정이었다. 그것이 구도(求道)의 궁극적인 지점이었다. 그의 외경의 정신도 어쩌면 이의 산물이었을 것이다. 나와 남, 이쪽과 저쪽을 가르는 사고방식은

---

65) 『退溪全書 四』, 「言行錄」, 30쪽.

자기 안에 갇힌 나머지 상대방을 존중하고 공경할 줄 모른다. 이에 반해 '상대와 안팎'의 분별을 넘어 '환중의 심법'으로 '조화의 근원'에 들어선 사람은 만물에서 천명(신성)을 깨달아 삶에 경건히 나설 것이다.

퇴계의 자유정신은 사고 활동 자체를 부정하는 것이 아니었다. 그는 상대적일 수밖에 없는 개념의 함정에 빠지거나 그것에 속박되는 것을 경계했을 뿐이다. 이를 위해 그는 '환중의 심법으로 조화의 근원을 음미'하였다. 달리 말하면 '상대'와 '안팎'을 인정하면서도 그러한 상대(안팎)적 개념들을 근원적으로 아우르는 초월적인 안목으로, 섭리정신 또는 신의 눈빛으로 세계를 내려다보며 삶에 나섰다. 그는 그렇게 초월과 내재의 변증법을 구사하였다. 그러므로 그의 초월의 정신은 현실도피적인 것이 아니었다. 그에게 초월은 오히려 이 땅의 삶을 건강하고 의미 깊게 해주는 사고기제요, 정신적 여정의 길목이었다.

혹자는 이에 대해, 그가 고봉과 벌인 사단칠정(四端七情) 논쟁을 꺼내면서 반론을 제기할지도 모른다. 하지만 다 아는 것처럼 그는 그 논쟁을 일방적으로 중단하였다. 그것이 상대와 안팎을 나누면서 벌이는 "말(개념)의 숨바꼭질"[66]처럼 여겨졌기 때문이다. 그러고는 아래의 시를 지어 보냈는데, 이는 끊임없이 물고 물리는 시비의 순환고리에서 벗어나려는 그의 의도를 보여준다. 그는 그 순간 '조화의 근원'을 상념했을지도 모른다. '조화의 근원'을 외면하고 시비의 순환고리 위에서 서로 뒤쫓기만 하면 그 논쟁은 끝없이 이어질 것이기 때문이다.

---

66) 그는 고봉의 끈덕진 비판에 대해 위와 같은 말로 충고하였다. 『退溪全書 一』, 「答奇明彦」, 418쪽 참조.

두 사람이 수레에 짐을 싣고서 경중을 다투지만
생각해보니 짐들의 높낮이가 같아져버렸네
그런데도 다시 이쪽을 덜어 저쪽으로 모두 돌린다면
어느 때나 짐의 형세가 균등해질까
兩人馱物重輕爭
商度低昂亦已平
更剋乙邊歸盡甲
幾時馱勢得勻停[67]

퇴계의 초월적 사고를 다른 측면에서 살펴보자. 그는 몇 편의 시에서 '이름을 멀리하고' '이름을 감추고자' 하는 바람을 드러내고 있다. 그가 말하는 '이름'이란 단순히 명예(望)에 그치지 않으며, 일상의 호칭까지 포함된다. 원래 '이름'은 그것에 해당되는 존재를 표상한다. "언어는 존재의 집"(하이데거)인 셈이다. 예컨대 아버지라는 이름에는 아버지의 존재가 담겨 있다. 말하자면 "내가 그의 이름을 불러주기 전에는 / 그는 다만 / 하나의 몸짓에 지나지 않았다. // 내가 그의 이름을 불러주었을 때 / 그는 나에게로 와서 / 꽃이 되었다."(김춘수) 퇴계가 몇몇의 시편들에서 화두처럼 꺼낸 '이름'은 그와 같은 존재론적 의미까지 담고 있는 것처럼 보인다. 그중 두

---

67) 『退溪全書 一』, 「與奇明彦」, 428쪽. 한편 다른 자리에서 퇴계는 자신의 사단칠정론을 전폭적으로 지지할 뿐, 한마디도 지적해주지 않는 한 제자에게 오히려 아쉬움을 표명하고는 다음과 같이 말한다. "만약 명언(明彦: 고봉의 자)이 승복하지 않는다면 그와 더 이상 논쟁하기 어려울 것 같습니다. 그것을 깊은 곳에 넣어두었다가 후세의 공론을 기다리는 것이 어떨까 싶습니다."(위의 책, 「答黃仲擧」, 493-494쪽) 이 역시 시비분별에 집착하지 않는 그의 초연한 마음을 보여준다.

편을 읽어보자.

지난날 성안의 속세에선 꿈에도 놀라 깨더니
이제 숲속에서 지내니 온전한 삶이 즐거워라
잠잘 때는 푸른 들창을 열어 바람을 맞이하고
술동이를 두드리고 노래하며 새 울음에 화답한다
산에 숨은 표범은 안개가 짙어도 아랑곳 않고
몸을 사린 용은 바위 연못 맑아지자 기쁨에 젖는다
소나무와 대나무의 골짜기에 이 한 몸 감추었으니
인간세상 향하여 내 이름을 말하려 할까
昔在城塵夢亦驚
林居今日樂全生
睡開翠牖迎風至
歌擊瓠尊答鳥鳴
豹隱不嫌山霧重
龍蟠自喜石潭淸
松筠一壑藏身世
肯向人間道姓名68)

기쁘구나 도산서당 하마 반은 이뤄지고
산중에 살지만 농부 일은 면했네
옛 서실에 쌓아둔 책 점차 다 옮기고
옮겨 심은 대나무엔 새 죽순이 돋아나네
샘물 소리 크다 한들 밤의 고요 못 해치고

---

68) 『退溪全書 三』, 「寄閔景說」, 24쪽. '산에 숨은 표범'과 '몸을 사린 용'
이란 산림에 숨어 사는 은자를 은유한다.

산 빛이 아름다워 비 갠 아침 더욱 좋네
알겠거니 예로부터 숲속에 숨은 선비
세상만사 다 잊고서 이름조차 흐리려는 뜻
自喜山堂半已成
山居猶得免躬耕
移書稍稍舊龕盡
植竹看看新箏生
未覺泉聲妨夜靜
更憐山色好朝晴
方知自古中林士
萬事渾忘欲晦名[69]

우리는 여기에서 '인간세상을 향해 내 이름을 말하려' 하지 않고, '세상만사 다 잊고서 이름조차 흐리려' 했던 퇴계의 의중을 깊이 들여다볼 필요가 있다. 앞서 말한 것처럼 사람들이 일상의 인간관계에서 주고받는 각종의 이름(호칭)들은 서로의 존재됨을 밝혀주기도 하지만, 동시에 그것을 한정하고 또 은폐하며, 심지어 왜곡하기도 하는 부정적 기능도 갖고 있다. 이름의 역설이다. 자타 간 수많은 분별과 갈등, 대립, 다툼들이 여기에서 일어난다.

예를 들어보자. '아버지'라는 이름(호칭)은 자식 앞에서 나의 존재됨을 드러내지만, 한편으로는 양자를 아버지-자식의 위계적 관계로 묶어버림으로써 둘이 동등한 인격체라는 사실을 잊게 만든다. 부모의 권위적이고 위압적인 태도가 여기에서 비롯된다. 이러한 현상은 그 밖에 남자(남편)와 여자(부인), (연령이나 신분상) 윗사람과

---

69) 『退溪全書 一』, 「陶山言志」, 114쪽.

아랫사람, 자국인과 외국인 등 모든 인간관계에서 일상적으로 비일 비재하게 나타난다. 언론에 종종 오르내리는 것처럼, 백화점에서 고객이 점원에 대해 부리는 '갑질'도 따지고 보면 이름의 횡포에 다름 아니다. 사람들이 초면의 자리에서 상대방을 '사장님', '사모님'이라고 부르는 것 또한 그러한 호칭(이름)을 통해 존재를 부풀려 왜곡하는 현상에 다름 아니다. 상대방의 호의를 얻기 위해서다.

이는 한 사람의 존재됨을 그의 이름만으로 평가해서는 안 됨을 일러준다. 우리 주변에서 일상으로 목격하는 것처럼, 아무리 큰 이름을 갖고 있다 하더라도 사회적, 인간적 비난을 받는 사람들이 수없이 많다. 이와는 반대로 생전에 얻은 이름은 보잘것없지만 후세에 위대한 명성을 얻는 이도 있다. 그러므로 한 사람의 존재(사람)됨을 이름으로 규정하려는 것은 그 자체 문제가 있다.

퇴계가 '지난날 성안의 속세에서 꿈에도 놀라 깬' 것도 이러한 문제의식의 산물이 아니었을까? 조정에서 인간관계를 맺어주는 각종의 이름들이 그를 불편하고 불안하며 고통스럽게 만들었던 것이다. 사실 조직생활 속에서 자타의 존재됨을 규정해주는 이러저러한 직함(이름)들은 인간관계를 위세(힘)와 위계와 업무로만 엮는다. 거기에서 사람들의 순수 인격과 본래적인 존재됨은 무시되고 은폐되며, 나아가 왜곡되기까지 한다. 말하자면 사람들은 명함상의 이름으로만 행세할 뿐, 사람됨(인격)은 거의 고려하지 않는다. 이름은 그렇게 사람을 비인격화하고 사물화하여 인간소외를 야기한다.

결국 퇴계는 벼슬생활을 접고 물러나 '숲속에서 지내면서 온전한 삶을 누린다.' 그는 소나무와 대나무와 시냇물과 새들 앞에서 자신의 사회적 명함은 말할 것도 없고, 인간이라는 '이름'을 내세울 필요가 없다. 그들에게 자신의 존재를 주장하고 방어하고 입증하려

하면서 서로 대립, 경쟁, 갈등하지 않아도 된다. 오히려 '이름을 말하려' 하지 않고 '이름을 흐리니' 저들이 그에게 다가온다.

'술동이를 두드리고 노래하며 새 울음에 화답'하는 등 환희로운 삶의 세계가 여기에서 펼쳐진다. 그가 매화나 국화 등과 주고받은 시들도 이처럼 '이름'을 흐려 저들의 마음을 얻게 된 물아일체 의식의 산물일 것이다. 우리는 여기에서 독일 시인 횔덜린이 말한, "살아 있는 모든 것과 하나가 되는 것, 스스로를 잊고 자연의 일체 속으로 돌아가는 것, 그것은 인간의 사상과 환희의 정점이며, 성스러운 산정이요, 영원한 안식처"에 이르는 길임을 발견한다. 퇴계의 삶이 그러하였을 것이다. 아래의 시를 읽어보자.

> 남새밭 손수 갈아 봄나물 심었더니
> 고운 잎 붉은 싹이 비를 만나 탐스럽구나
> 한음(漢陰) 노인 부지런을 본받지 않아도
> 이름에서 벗어나니 가난도 족하다오
> 手開幽圃種春苗
> 嫩葉丹荑得雨饒
> 不待漢陰勤抱甕
> 逃名猶足慰簞瓢[70]

여기에서 '한음 노인'은 『장자』에 나오는 인물이다. 한음 땅의 한 노인이 물동이로 우물물을 힘겹게 퍼 올려 밭작물에 뿌리고 있었다. 혹자가 이를 보고는, 편리한 도르래를 이용할 것을 권유하였다. 그러나 노인은 이를 거부하였다. 기구(기계)에 대한 관심은 교

---

70) 위의 책, 「采圃春雨」, 117쪽.

묘한 심술과 얕팍한 요령만 조장하여 사람의 순박한 마음을 타락시킨다는 이유에서였다. 오늘날의 기계문명까지도 겨냥하는 우화다. 이제는 인공지능의 개발로 인해 인간 자체가 소외되고 부정당하게 생겼다.

그런데 퇴계는 '한음 노인'의 꾸밈없이 질박한 삶 이상의 세계에 발을 딛고 있었다. 그 세계는, 자신의 존재를 스스로 은폐하고 타자의 존재를 왜곡하며, 심지어 타자에게 존재의 폭력까지 가하는 '이름'에서 벗어난 영적인 마음자리에 있었다. 그러한 마음의 눈은 '비를 만나 탐스러운 고운 잎과 붉은 싹'의 모습을 보면서 환희로운 감동에 젖었다. 그의 삶은 가난의 어려움까지 초월하여 그렇게 평화로울 수가 없었다.

지금까지 퇴계의 초월의 정신을 살펴보았다. 이는 물론 그의 정신지평의 일부일 뿐이다. 그는 은둔주의자들과 달리 현실의 삶에 발을 굳건하게 내리고 있었다. 그리하여 그는 초월과 내재, 초속과 환속의 변증법을 삶 속에서 구사하였다. 이 점은 이미 살핀 바 있는 '이일분수(理一分殊)'의 철학에도 잘 나타난다. 그는 '이일', 즉 섭리의 정신으로 세계와 삶을 내려다보면서도, 동시에 섭리가 작용하는 '분수'의 현실을 잊지 않았다. 하지만 초월과 내재의 정신이 어떻게 공존할 수 있을까? 한쪽에 기울면 다른 쪽은 소홀해지거나 부정될 수밖에 없지 않을까?

이러한 의문은 자연(신)의 섭리와 현상세계를 이원화하는 오해에서 비롯된다. 만약 어떤 사람이 현실의 삶 너머 사후의 천국에서 영원한 안식처를 찾으려 한다면 그의 초월의식은 현세를 소홀히 하거나 극단적으로는 부정할 수밖에 없을 것이다. 하지만 신의 뜻(섭리)이 현실세계 속에서 펼쳐지고 있다고 여긴다면 문제가 달라진다.

그는 그 뜻을 지금, 이 자리의 삶에서 실현하려 할 것이다.

퇴계의 철학도 그러하였다. 그는 자연의 섭리가 현상세계에서 만물의 생성에, 인간사회와 자신의 삶에 한순간도 쉬임 없이 작용하고 있음을 분명히 알고 있었다. 그러므로 그의 초월의 정신은 이 세계와 삶을 등한시하거나 떠나지 않고 오히려 이 세계 안에서 펼쳐졌다. 말하자면 그것은 내재적 초월이었다. "만민은 나의 형제요, 만물은 나와 더불어 사는 이웃"이라는 삶의 정신이 이를 단적으로 말해준다. 그는 인간애와 생명애를 섭리의 정신 속에서 펼치려 했던 것이다. 그가 아이들이나 천민에게까지 예의를 다한 것도 규범적인 차원을 넘어 고도의 섭리정신에 입각한 경의의 표현이었다. 그들도 천명(하늘의 뜻: 신성)을 타고난 존재인 만큼 (마치 하늘을 섬기듯이) 그들을 인격적으로 존중하는 것은 당연한 일이었다. 퇴계의 생명애와 예의의 정신이 보통사람들의 그것과 달랐던 점이 여기에 있다.

퇴계는 초월의 정신 속에서 독자적인 일락의 삶을 가꾸어나갔다. 사실 그는 관료생활 초기부터 이를 동경하였다. 헛된 명망이나 임금의 은총을 얻기 전부터 그는 고향으로 물러나 학문에 전념하면서 조용히 살고 싶어 하였다. 벼슬이 그의 체질에 맞지 않았던 것은 물론, "둥근 구멍에 모난 막대를 박을 수 없다"[71]는 사실을 절감했기 때문이다. 자신이 평소 갈고 닦아온 '모난 막대'의 사회정치적 이념을 버리고 두루뭉술하게 살 것을 요구하는 '둥근 구멍'의 현실에 발을 들일 수가 없었던 것이다. 그가 많은 시편들에서 자신을 '유인(幽人)'이라고, 또 자신의 삶을 '유거(幽居)'라고 지칭한 것도

---

71) 『退溪全書 三』, 「次韻權生應仁山居」, 42쪽.

이러한 문제의식의 산물이었다. 주자는 '유인'을 다음과 같이 풀이한다. "도(道)를 품고 올바른 정신을 지키지만 때를 못 만난 사람이다."[72]

퇴계의 은거생활의 모습은 그의 많은 시편들에서 수없이 읽힌다. 그것들은 그가 69세에 임금으로부터 최종의 사직 허락을 받기 이전 여러 차례의 낙향생활 속에서 쓰인 것들이다. 도산은 그 과정에서 모색된 최후의 은거지였지만, 그 시기와 거처는 그의 은거의 정신을 살피는 데 중요한 요소가 아니다. 그의 마지막 귀향은 정치적 인연의 마침표일 뿐이다. 먼저 그의 시를 한 편 읽어보자.

> 돌 틈의 우물물 달고도 시원하네
> 찾는 이 없으나 마음 어찌 상하리오
> 유인(幽人)으로 여기에 집을 지어 사니
> 표주박 한잔 물에 뜻이 서로 맞는구나
> 石間井洌寒
> 自在寧心惻
> 幽人爲卜居
> 一瓢眞相得[73)]

『주역』의 「정(井)」괘를 소재로 하고 있는 이 시는 그의 은거생활의 한 모습을 잘 보여준다. 우물이 그러한 것처럼, 그는 남들이 자신을 찾아주거나 알아주지 않는다고 해서 불만하거나 서운해 하지 않는다. 끊임없이 솟아나는 '달고도 시원한' 우물물처럼, 부단한

---

72) 『周易』, 「歸妹」卦, 九二爻 本義.
73) 『退溪全書 一』, 「洌井」, 104쪽.

수행을 통해 맑게 현전하는 밝은 덕성, 고결한 영혼만으로도 삶을 자족할 수 있기 때문이다. 그는 수많은 시편들에서 그러한 자족의 삶을 마음껏 노래하고 있다. 아래의 시편을 한번 찬찬히 음미해보자. 그는 은자의 삶을 사계절로 나누어 노래하고 있는데, 이 시는 봄철의 것이다.

봄날이라 유인(幽人)의 삶 그윽하고 좋구나
요란한 수레소리 문밖 멀리 끊겼어라
동산의 꽃들은 제 성정(性情)을 펼치고
뜨락의 풀들은 천지조화 머금어라
골짜기엔 노을빛이 아득하게 깃들고
시냇가 마을들은 멀리 멀리 떠 있어라
모름지기 알지니 소요음영 그 즐거움
기수(沂水)의 목욕에만 있는 것이 아님을
春日幽居好
輪蹄迥絶門
園花露情性
庭草妙乾坤
漠漠棲霞洞
迢迢傍水村
須知詠歸樂
不待浴淇存[74]

이 시에서 '요란한 수레 소리 문밖 멀리 끊겼다'는 말은 고관대

74) 위의 책, 「四時幽居好吟四首」, 118쪽.

작들이 그를 찾아오지 않음을 은유한다. 그리하여 그는 한가롭고 조용한 가운데 전원의 삶을 즐기고 있다. 정말 예나 지금이나 '요란한 수레소리'는 우리의 귀를 시끄럽게 할 뿐만 아니라, 거기에 부대되는 고관대작들의 가식적인 힘은 알게 모르게 불편한 자극과 긴장, 위협과 억압을 우리에게 가한다. 게다가 서로의 힘을 견주고 겨룰 수밖에 없는 그 세계에 몸을 담고 있는 한 우리는 상대를 이기기 위해, 아니면 최소한 자신의 존재를 보전하고 입증하기 위해 안간힘을 쓰지 않을 수 없다. 그야말로 "파이팅!"이다. 날선 의식과 불안, 삶의 신산함은 이의 필연적인 결과다.

퇴계가 특히 한양의 벼슬생활에서 그토록 벗어나고자 했던 까닭도 여기에 있을 것이다. 그는 36세의 젊은 나이부터 다음과 같이 탄식한다. "한양에 와서 무얼 하고 있는가 / 벼슬에 매인 삶이 답답하기만 하여라 / (중략) / 어찌 빨리 어리석음을 거두고서 / 돌아가 가난에 편히 지내지 못할까."[75] 그러므로 그의 은거는 벼슬의 굴레를 벗어나 정신의 자유와 삶의 평화를 누리고자 하는 깊은 염원을 담고 있다. 부귀가 정신의 구속과 억압이라면 가난은 자유와 해방을 가져다준다. 부귀에서 자아의 정체성을 찾는 사람에게는 가난이 오히려 억압으로 여겨지겠지만 말이다.

이렇게 하여 퇴계는 벼슬길을 벗어나 '동산의 꽃들', '뜨락의 풀들', '골짜기의 노을빛' 등 자연의 풍경 속으로 들어간다. 그는 거기에서 드디어 삶의 안식과 평화를 얻는다. 그는 한 지인에게 토로한다. "숲과 샘과 물고기와 새들이 주는 즐거움이 아니었으면 세월을 보내기가 어려웠을 것입니다."[76] 그리하여 그는 전원생활 속에서

---

75) 위의 책, 「歲季得鄕書書懷」, 48쪽.
76) 위의 책, 「答鄭靜而」, 340쪽.

즐거움을 노래하는 시들을 많이 짓는다. 아래의 시는 그 즐거움을 극명하게 전해준다.

연하(煙霞)로 집을 삼고 풍월(風月)로 벗을 삼아
태평성대에 병으로 늙어가니
이 중에 바라는 일은 허물이나 없고자 (「도산십이곡」)

퇴계가 이처럼 사랑했던 자연은 단순히 피상적인 구경거리나 미음완보의 배경에 불과한 것이 아니었다. 만약 그러한 것이었다면 삶의 즐거움은 머지않아 한계에 봉착하고 말았을 것이다. 날마다 마주하는 자연의 풍경들은 단조롭고 반복적이어서 이내 싫증을 불러일으킬 수밖에 없겠기 때문이다. 오늘날 많은 사람들이 동경했던 전원생활을 스스로 견디지 못하고 다시 도회지로 돌아가는 까닭도 여기에 있다.

그러나 퇴계에게 자연은 한갓 감상 대상에 불과한 것이 아니라, 만물의 모태요 생성의 요람이었다. 괴테의 말처럼 "영혼의 커다란 진정제"였다. 퇴계는 임금에게 다음과 같이 말한다. 여기에서 '하늘과 땅'은 곧 대자연(NATURE)을 뜻한다. "하늘과 땅은 곧 사람의 큰 부모입니다." "하늘과 땅은 세상 만물의 큰 부모이므로 만민은 나의 형제요, 만물은 나와 더불어 사는 이웃입니다."[77] 그러므로 그에게 고향의 전원은 자애로운 어머니의 품과도 같아 그 안에서 자신이 만물과 더불어 화해롭게 지내면서 즐거움을 나누는 자리였다. 아래의 시를 한번 읽어보자.

---

77) 『退溪全書 四』, 「言行錄」, 74쪽.

도홍경(陶弘景)의 언덕구름 언제나 좋건만
혼자서 즐길 뿐 남에게는 못 전하네
늦게서야 집을 짓고 그 가운데 누워서
한가한 정 절반을 들사슴과 나누노라
常愛陶公隴上雲
唯堪自悅未輸君
晩來結屋中間臥
一半閒情野鹿分[78]

그가 도산을 최종의 거처로 잡으면서 "비둔(肥遯)의 자리로 알맞
다"[79]고 말한 뜻도 여기에 있을 것이다. '비둔'이란 『주역』의 「둔
(遯)」괘 상구효(上九爻)의 글에 나오는 용어다. "초연하게 물러난
다. 풍요로운 삶을 살리라(肥遯 无不利)."[80] 그런데 퇴계는 어째서

---

78) 『退溪全書 一』, 「隴雲精舍」, 103쪽. 도홍경은 중국의 신선가로서, 위에
　　서 '언덕구름' 운운한 것은 그의 시 세계를 차용한 것이다. 그의 시가 유
　　명하므로 한번 읽어보자.

　　　산중에 무엇이 있겠는가
　　　산마루에는 흰 구름이 많다네
　　　다만 혼자서 즐길 수 있을 뿐
　　　그대에게 그걸 보내줄 수 없다네
　　　山中何所有
　　　嶺上多白雲
　　　只可自怡悅
　　　不堪持贈君
79) 위의 책, 「陶山雜詠」, 101쪽.
80) 정자는 이를 다음과 같이 주석한다. "최상의 물러남은 초연히 멀리 벗어
　　나 어디에도 얽매임이 없는 데에 있다. 상구효(上九爻)는 강단진 모습으
　　로 괘의 제일 밖에 있고 , 또 아래로 연루된 것이 없다. 그러므로 이는

자신의 은거를 '아름다운 물러남(嘉遯: 九五爻)'이라 하지 않고 '초연한 물러남'이라고 말하였을까? 아마도 거기에는 모든 세속적인 것들과 멀리 결별하고 존재의 고향으로 돌아간다는 내밀한 뜻이 담겨 있을 것이다. 그 모습은 보기에 아름다움을 넘어 속세 밖으로 초연하다. '연하로 집을 삼고 풍월로 벗을 삼고', '한가한 정 절반을 들사슴과 나누면서' 자연 속에 녹아들어 자연과 하나가 되는 정경이 이를 잘 말해준다.

한편 저 위의 시에서 '기수의 목욕'이란 『논어』의 유명한 고사를 원용한 말이다. 공자는 마침 함께 앉아 있던 네 명의 제자들에게 각자 평소의 뜻을 말해보라고 주문한다. 이에 세 명의 제자들은 모두 정치적 포부를 꺼냈는데, 유독 증점(曾點)만 다른 뜻을 밝힌다. "늦봄에 어른 오륙 명, 아이들 육칠 명과 기수(沂水)에 가서 목욕하고 무우(舞雩)에서 바람을 쐬고는 시를 읊조리면서 돌아오겠습니다." 공자는 이 말을 듣고 감탄하면서 "나는 증점과 함께하겠노라." 하고 화답한다.

퇴계가 이를 원용한 뜻은 어디에 있을까? 표면적으로 살피면 자신도 은거생활 속에서 증점과 같은 즐거움을 누리고 있음을 말하려는 것이었겠지만, 우리는 거기에서 한 걸음 더 들어가 퇴계의 깊은 심흉을 들여다볼 수도 있다. 주자에 의하면 증점의 뜻은 단순한 소요음영에 있지 않았다. 그는 말한다. "증점의 학문 경지가 욕망을 벗어나 일상의 매사에 천리(天理)로 충만하여 조금도 부족한 데가 없었다. 그래서 삶의 뜻이 이와 같이 한가롭고 자연스러웠다."81)

───────────

멀리 물러나 얽매임이 없으므로 넉넉하고 여유롭다고 할 수 있다."(『周易』, 「遯」卦, 上九爻 程傳) 이에 입각하여 필자는 '비둔(肥遯)'을 "초연하게 물러난다"고 풀이하였다.

이에 의하면 증점의 즐거움은 어느 따뜻한 봄날 무료함을 달래기 위해 친구들과 어울려 나들이하는 수준에 불과한 것이 아니었다. 그는 '천리'(섭리)의 정신으로 삶을 영위하려 하였으며, 그리하여 일상의 매사에서 '천리'를 읽으면서 '소요음영하는 즐거움'을 누리려 하였다.

퇴계도 마찬가지였다. 그의 즐거움은 꽃이나 구경하고 노을빛을 감상하는 상식적인 수준에 불과한 것이 아니었다. 그는 '동산의 꽃'과 '뜨락의 풀', '골짜기의 노을빛' 등 만물이 제각기 펼쳐내는 자연의 다채로운 현상 이면에 작용하는 '천지의 조화'를 깨달으면서 깊은 희열을 맛보았을 것이다. 그러고는 '한가한 정 절반을 들사슴과 나누는' 등 그들과 함께 어우러지며 하나로 동화되는 느낌을 가졌을 것이다. 그처럼 그에게 은거는 벼슬의 도피 행각이 아니라 천인합일과 물아일체의 이상을 이루기 위한 구도의 공간이었다.

퇴계의 은거생활은 일견 세상과 담을 쌓고 사는 은둔주의자의 모습처럼 비친다. 아닌 게 아니라 과연 당시에 그를 두고 "자기만을 위한 (이기적인) 학문"을 한다거나, 또는 심지어 숲속에 숨어 사는 '산새'라고 비아냥거리는 사람들도 있었다. 하지만 퇴계는 은둔주의자를 분명히 비판하고 있으며, 자신의 은거는 어지러운 정치풍토를 견디고 이겨낼 역량이 없어서, 그리고 학문을 통해 참자아를 완성하기 위해 택할 수밖에 없었던 삶의 길임을 여기저기에서 변명하였다. 이에 대해서는 이미 논의한 바 있지만, 우리는 여기에서 퇴계의 '비극적 세계관'을 엿본다. 아래에 김우창 교수의 글을 읽어보자. 길지만 퇴계의 삶을 올바로 이해하게 해줄 자료가 될 수 있다.

---

81) 『論語(地)』(학민문화사 영인본), 386쪽.

'비극적 세계관'은 서로 모순되는 요구, 자아의 진실과 세상의 허위 속에 고뇌하는 인간이 생각할 수 있는 태도이다. 세상이 온통 거짓과 부패 속에 빠져 있을 때, 사람은 현실에 굽히고 들어가는 외에 세 가지 방법으로 처세할 수 있다. 하나는 거짓말 세상을 버리고 세상의 저 너머에 존재하는 초월적인 진실 속에 은퇴하는 것이며, 다른 하나는 세상을 진실된 것으로 뜯어고치도록 현실 속에 행동하는 것이다. 그러나 이 후자의 경우 현실과 진실의 거리가 도저히 건너뛸 수 없는 심연에 의하여 단절되었다면 어떻게 할 것인가? 이때에 있을 수 있는 제3의 태도가 비극적인 태도이다. 그것은 진실의 관점에서 세상을 완전히 거부한다. 그러나 현실의 관점에서 그것을 완전히 받아들인다. 비극적인 인간이 요구하는 절대적인 진실의 면에서 볼 때, 그는 있는 그대로의 세계의 진실성을 인정할 수 없다. 그러나 그는 또 세상 밖에 설 수 있는 자리가 없음을 안다. 사실 세상이 완전히 타락한 거라면 비극적인 인간 그 자신에게나마 어떠한 진실이 가능할 것인가? 그의 절대적인 진실에의 요구조차 확신할 수 없는 것이다. 그는 어처구니없게도 진실에 이르는 길이 이 세상을 통하지 않고는 달리 없다는 사실에 부딪치게 된다. 그는 이 세상의 일에 전심할 수밖에 없다. 그러나 이것은 오로지 그 일을 부정하기 위해서다. 비극적인 인간의 절대선에 대한 요구가 크면 클수록 세상이 유일한 존재의 장이면서 타락해 있는 곳이라는 역설에 부딪치고 이 역설 속에서 그의 진실과 부정의 변증법은 계속된다.82)

　확실히 퇴계는 '자아의 진실과 세상의 허위' 사이에서 매우 고뇌하면서, '현실과 진실의 거리가 도저히 건너뛸 수 없는 심연에 의하

82) 김우창, 『심미적 이성의 탐구』(솔, 1993), 187-188쪽.

여 단절되었음'을 마음 아프게 체험하였다. 그렇다고 해서 '세상의
저 너머에 존재하는 초월적인 진실', 예컨대 종교인들처럼 천상(신)
의 세계를 찾아 나설 수는 없었다. 여기에서 그의 '비극적인' 태도
가 시작된다. 인간과 사회에 대한 '절대선'을 확고하게 갖고 있었던
만큼, 그는 현실세상이 타락해 있다는 역설에 강하게 부딪치면서
'진실과 부정의 변증법'을 행할 수밖에 없었다. 그의 은거생활은 그
'부정'의 면모에 해당된다. 초월의 정신도 그 연장선상에 있다. 물
론 그것으로 끝나지 않는다. 위에서 살핀 것처럼 그는 인간애의 정
신으로, 예의와 의로움의 정신으로 다시 현실로 돌아와 참자아의
실현에 전심하는 모습을 보여준다. '이 세상의 일을 부정하기 위해
서다.' 퇴계의 은거생활은 이러한 양자의 변증법 위에 놓여 있다.

6) 직관과 관조의 눈빛

퇴계의 영적인 눈빛은 직관적 통찰과 관조의 자리에서도 유감없
이 드러난다. 앞서 그의 물아일체의 심흉과 초월의 정신에서 인용
된 시들의 거개가 그 산물이다. 그가 세계만물의 본질이나 자연의
섭리를 철학적 이성으로 구성한 것이 이기(태극음양)론이라면, 시
는 그것을 직관적인 예지로 통찰하여 문학적으로 형상화한 것이다.
이제 아래에서는 그러한 시 몇 편을 골라 음미해보자.

솔개 날고 물고기 뜀을 누가 시켜 그런 건가
섭리유행 활발하니 하늘 연못 묘하도다
종일토록 강루(江樓)에서 마음눈이 열리니
『중용』의 명성(明誠)장을 세 번 거듭 외우노라

縱翼揚鱗孰使然
流行活潑妙天淵
江臺盡日開心眼
三復明誠一巨編[83]

이 시는 "솔개는 하늘 위를 날고 물고기는 연못 위로 뛰어오른다 (鳶飛戾天 魚躍于淵)"는 『중용』의 글을 소재로 한 것이다. 이는 원래 『시경』의 노랫말인데, 솔개와 물고기의 한순간 몸짓에도 생동하는 우주적인 기운을 자사(子思)가 포착하여 『중용』에 인용하면서 뒷날 학자들에게 회자되었다. 우주자연의 섭리는 그처럼 어느 한순간, 그 어떤 자리에서도 활발하게 유행한다는 것이다. 이는 심미안을 훨씬 뛰어넘은, 영적인 직관의 산물이다.

여기에서 퇴계가 '연비어약'의 사례를 원용한 것은 일견 모방의 혐의를 받을 수도 있다. 하지만 그에게 성현들의 말씀은 빈 모형일 뿐이었다. 그는 거기에 자신의 시대와 사회, 삶의 정신을 부어 넣어 과거의 성현들과는 다른 그 자신의 세계와 인격, 그리고 생활을 빚어냈다. 그러므로 전원생활 속에서 '마음의 눈이 열려', 즉 영성이 깨어나 자연의 생성섭리를 직관적으로 통찰하고 관조하는 즐거움은 그야말로 그에게 고유한 것이었다.

당연한 이야기지만 퇴계의 영적인 직관은 솔개와 물고기에 국한되지 않았을 것이다. 자연의 섭리는 솔개와 물고기에만 작용하는 것이 아닌 만큼, 그러한 직관의 눈빛은 만사만물에 열려 있었을 것이다. 이 점은 그의 많은 시들에서 잘 드러난다. 이를 자세히 들여다보기에 앞서 참고로 시인 에머슨의 글을 한번 읽어보자. 그는 일

---

83) 『退溪全書 一』, 「天淵臺」, 104쪽.

상으로 마주치는 모든 자연현상에서 신의 섭리를 온몸으로 느끼며 감동하고 있다. 영적인 관조의 환희로운 지평이 아주 잘 드러나는 대목이다.

진실로 말하면, 자연을 볼 수 있는 성인(成人)은 거의 없다. 대부분의 사람들은 해를 보지 않는다. 적어도 그들은 매우 피상적으로 본다. (중략) 벌거벗은 황무지를 가로지르며, 눈이 녹은 웅덩이 속에서, 황혼을 맞으며, 구름 덮인 하늘 아래서, 마음속에 어떤 특별한 행운도 일어나지 않은 상태에서 나는 완전히 충만한 기쁨을 즐긴다. 나는 공포스러울 정도로 기쁘다. (중략) 이 신의 농원에서는 점잖음과 고요함이 지배하고, 영원한 축제가 준비를 갖춘다. 어떻게 천년 안에 그것들에 싫증을 낼 수 있는지 손님은 알지 못한다. 숲속에서 우리는 이성과 신앙으로 돌아간다. 거기에서 나는 삶에서 아무 일도 일어날 수 없음을 느낀다. 자연이 회복시킬 수 없는 어떤 불명예도, 어떤 재난도 일어날 수 없다. 맨땅에 서서 나의 머리는 태평스러운 대기에 젖어 무한한 공간으로 들어 올려진다. 저열한 자기본위성이 모두 사라진 채 나는 투명한 눈알이 된다. 나는 아무것도 아니다. 나는 모든 것을 본다.[84]

이 글의 핵심은 "나는 아무것도 아니다. 나는 모든 것을 본다."는 말에 있을 것이다. 만약 내가 '무엇'이라고 여긴다면 나의 생각과 시선은 그 '무엇'에 갇히고 만다. 예컨대 내가 누군가에게 "나는 남자다"라고 말한다면 나는 남성 중심의 이데올로기를 무의식중에 드러내는 셈이다. 이는 나를 남성의 영역에 가둠으로써 남녀를 아우

---

84) 켄 윌버, 조옥경·김철수 옮김, 『성, 생태, 영성 上』, 365쪽.

르는 드넓은 인간존재의 세계를 외면하게 만든다. 다른 예로 "나는 인간"이라는 생각은 동식물을 아우르는 '무한한 (생명과 존재의) 공간'을 알 턱이 없다. 이러한 사례는 모두 영적인 성찰을 모르는 '성인(成人)'의 일상적인 모습이다. 불교식으로 말하면 그는 헛되게도 명상(名相), 즉 이름과 형상의 그 '무엇' 속에서 자아의 정체성을 찾아 헤매는 사람이다.

하지만 그도 '나는 아무것도 아니'라는 깨달음을 얻는 순간 '저열한 자기본위성이 사라진 투명한 눈알'을 되찾게 된다. 여기에서 '자기본위성'이란 '내가 무엇'이라는 생각에 갇혀 있는 자기중심적인 성향을 뜻한다. 그것이 '저열한' 까닭은 매사를 자기의 관점에 따라서만 판단하고 이해득실을 따지려 하기 때문이다. 이는 자타 간 분열과 대립, 투쟁을 필연적으로 야기한다. 이러한 자기본위성을 초월할 때 '나는 아무것도 아니'게 된다. 그 순간 나는 '신의 농원'에 들어가 신의 눈빛으로 하늘과 해와 황무지와 웅덩이와 황혼 등 온 세계를 '투명한 눈알'로 바라보면서, 역설적으로 '나는 모든 것을 본다.' '(공포스러울 정도로) 완전히 충만한 기쁨'의 원천이 여기에 있다. 명상(名相)의 세계를 벗어난 열반의 경지다.

퇴계의 영적 직관과 관조도 이와 다르지 않을 것이다. 앞서 그의 시에서 음미한 것처럼 그가 '마음을 비워 만물 생성의 처음 근원'을 직관한 것은 달리 말하면 '자기본위성을 벗어나 신의 농원'에 들어섰음을 뜻한다. 그가 '소나무와 대나무와 매화와 국화와 연꽃과 내가 벗'이라고 고백한 것도 '신의 농원'에서 '자기본위성이 사라진 투명한 눈알'로 세계의 모습을 관조한 결과다. 그의 시를 한 수 더 음미해보자.

풀은 나와 생명의 뜻을 함께 갖고
시냇물은 끊임없이 소리를 머금고 있네
이를 믿지 못하는 나그네가 있다면
소쇄하고 텅 빈 이 정자에 올라보라
草有一般意
溪含不盡聲
遊人如未信
瀟灑一虛亭85)

이 시 역시 고사를 인용하여 퇴계 자신의 의중을 노래한 것이다.
옛날 주렴계의 집 정원에 잡초가 많이 자라 있었다. 그의 한 제자
가 "왜 잡초를 제거하지 않으십니까?" 하고 묻자, 그는 대답하였다.
"저들도 나와 생명의 뜻을 함께 갖고 있다." 뒷날 이는 물아일체의
생명애를 전하는 고사로 학자들에게 널리 인용되었다. 퇴계가 이
시에서 이를 환기한 것은 정자의 이름이 "주렴계를 흠모한다"는 뜻
을 갖고 있었기 때문이다. 그 정자의 주변에는 아마도 잡초가 무성
하게 자라고 있었던 모양이다.

한편 '시냇물' 운운한 것은 "모든 생성 변화가 마치 물이 흘러가
는 것과도 같구나. 밤낮으로 그침이 없도다!"라고 찬탄한 공자의
말을 염두에 둔 것으로 보인다. 이미 말한 것처럼 공자는 밤낮으로
끊임없이 흐르는 물에서 자연의 무궁한 생성섭리를 직관하였다. 퇴
계가 올랐던 정자의 가까이에도 아마 시내가 있었던가 보다. 그는
그 시냇물 소리를 들으면서 역시 "모든 것은 끊임없이 흘러간다"는
자연의 이치를 깊이 깨달았는지도 모른다. 세상만사가, 그리고 자신

85) 『退溪先生文集 八』, 「景濂亭」, 389-390쪽.

의 삶도 그렇게 흘러간다는 사실을 자각하기도 했을 것이다. 이것이 저 시구의 함축이다.

그런데 이 시의 주제는 물아일체의 생명애와 자연의 생성섭리를 말하려는 것이 아니다. 그 초점은 '소쇄하고 텅 빈 (이 정자)'에 있다. 이는 정자의 모습만을 형용한 말이 아니다. 그것은 수행으로 닦인 마음을 은유한다. '소쇄하다'는 말은 세속의 굴레를 초연히 벗어나 그 무엇에도 얽매이지 않고 자유로운 영혼의 기상을 뜻한다. 전통 조경의 전형으로 일컬어지는 전남 담양의 '소쇄원'의 그 '소쇄'다. 한편 '텅 빈'이란 선입견이나 자타 분별적인 사고, 세속적인 욕망과 의지 등을 모두 씻어버린 초탈한 마음을 은유한다. 그러므로 '소쇄하고 텅 빈'이란 요컨대 관조적인 초월의 정신을 함의한다.

그처럼 '소쇄하고 텅 빈' 초월의 심흉은 정원의 풀들을 제거되어야 할 잡초로 바라보지 않을 것이다. 또 시냇물 소리를 귀에 거슬리는 소음으로 듣지도 않을 것이다. "인식의 문이 정화되면 모든 것이 있는 그대로, 무한하게 보인다."(W. 블레이크) 그리하여 그는 피아를 구분하고 주객을 대립시키는 통속적인 안목을 넘어 섭리정신으로 잡초의 생명과 시냇물의 흐름에 동참하고 공명할 것이다. 퇴계는 그처럼 '소쇄하고 텅 빈' 심흉으로 정자 주변의 풍경을 관조하고 있다. 이 역시 '나는 아무것도 아니다. (그러므로 역설적으로) 나는 모든 것을 보는' 모습을 보여주고 있다.

퇴계의 섭리정신은 일상생활에서 개체적인 자아가 겪는 각종의 의심과 불만과 번민과 고통 등 모든 부정적인 정념들을 없애주는 근원적인 처방책이요, 삶에 지극한 행복을 가져다줄 영적인 지혜다. 하늘에서 이 땅을 내려다보듯 영원한 섭리의 눈빛으로 바라보면 부귀영화의 소망도 '꿈속의 꿈'일 뿐이며, 생로병사의 여정도 한순간의 파노라마에 지나지 않는다. 순전히 관념적이고 상상적인 것처럼 보이는 섭리정신이 현실적으로 발휘하는 강력한 힘이 여기에서 드러난다. 그것은 일상의 삶에 파묻혀 남들과 대립 다툼을 일삼는 사납고 피곤한 개체적 자아를 잠재워 내면의 지극한 평화 속에서 세계만상을 관조하며 누리게 해준다. 퇴계는 「도산십이곡」에서 그 경지를 아래와 같이 읊조린다.

춘풍(春風)에 화만산(花滿山)하고 추야(秋夜)에 월만대(月滿臺)라
사시가흥(四時佳興)이 사람과 한가지라
하물며 연비어약(鳶飛魚躍) 천광운영(天光雲影)이야 어느 끝이 있을고

이 시는 개체적 자아를 완전히 탈각한 우주적 대아의 지평을 열어 보여주고 있다. 퇴계는 화창한 봄바람 속에 만발한 꽃들과, 가을 밤 누각에 투명한 달빛 등 사계절 만사만물이 다채롭게 펼쳐내는 아름다운 정경을 '사람과 한가지'라는 물아일체의 정감 속에서 음미하고 있다. 그것은 자기중심적인 '나'를 벗어나 '천광운영'(하늘빛과 구름 그림자)의 우주만상을 고요하게 비추는 티 없이 맑은 마음속에서만 가능한 일이다.86) 그러한 마음은 '연비어약' 즉 하늘을

---

86) '천광운영(天光雲影)'은 「관서유감(觀書有感)」이라는 주자의 시에서 따온 말이다. 걸작으로 유명하므로 한번 읽어보자. 아래에서 '연못'은 마음을, '근원에서 솟아나오는 물[活水]'은 깨어 있는 영성을 은유한다.

조그만 연못은 네모나게 펼쳐진 하나의 거울
하늘빛과 구름그림자가 함께 배회하네
그에게 묻노니 어찌 그리도 맑은가
근원에서 물이 솟아나오기 때문이라네

나는 솔개와 연못을 뛰어오르는 물고기에까지 생기롭고 활발하게 작용하는 섭리를 직관하면서, 초월적인 안목으로 현실의 모든 구속을 벗어나 내면 깊이 무한한 자유와 심미적 쾌감을 누릴 것이다.

여기에서 잠깐 퇴계의 심미적 쾌감에 주목해보자. 그것은 현실세계로부터 주어지는 온갖 번뇌와 욕구불만에서 해방되어 유쾌한 자유의 감정이다. 혹자는 말한다. "미적 기능은 모든 강제를 지양하고 도덕적으로나 육체적으로나 인간을 자유 안에 자리매김해줄 것이다."[87] 퇴계가 많은 시를 쓰게 된 심리적 배경을 이러한 관점에서 추측해볼 수 있다. 그의 학문적, 도덕적 이성은 자신의 행동거지를 끊임없이 억압하고 구속했을 것이다. 그의 표현을 빌려 말하면 그의 이성은 자신의 삶을 "호랑이 꼬리와 봄철의 살얼음을 밟듯이"[88] 하도록 만들었기 때문이다. 그의 시작(詩作)은 이러한 억압과 구속으로부터의 해방을 가져다주었을 것이다. "시작(詩作)은 어떤 것에도 얽매임이 없이 자기의 세계를 형상으로 이루어낼뿐더러, 상상해낸 사물의 세계에 침잠되어 머물러 있게 된다. 따라서 이 놀이라는 시작은 무슨 수를 써서라도 책임을 지우려 드는 결단이라는 엄숙함을 노상 모면하기 마련이다."[89]

퇴계의 시정신 역시 마찬가지다. 그는 많은 시작(詩作)을 통해

半畝方塘一鑑開
天光雲影共徘徊
問渠那得淸如許
爲有源頭活水來

87) H. 마르쿠제, 최현·이근용 옮김, 『미학과 문화』(범우사, 1989), 115쪽.
88) 『退溪全書 一』, 「答奇明彦別紙」, 426쪽.
89) M. 하이데거, 전광진 옮김, 『하이데거의 시론과 시문』(탐구당, 1979), 10쪽.

학문적, 도덕적 이성이 가하는 억압과 강제를 벗어나 자유의 기쁨을 맛보았을 것이다. 더 나아가 시인에 그치지 않고 초월적인 섭리 정신 속에서 세계와 만물을 관조했던 그의 영적인 눈빛은 "합리적으로 나아가는 이성의 법칙과 방법을 버리고 다시 한 번 황홀한 환상의 혼란, 인간성의 근원적인 혼돈"(F. 슐레겔)[90])에 뛰어들어 영원한 안식을 취했을 것이다.

퇴계의 관조정신을 잘 보여주는 또 다른 사례를 들어보자. 그는 한 제자로부터 소강절(邵康節)의 유명한 시, 「청야음(淸夜吟)」에 대해 질문을 받는다. 그 시는 다음과 같다. "달은 하늘 한가운데 떠오르고 / 바람은 호수 위에 잔물결을 일으킨다 / 이 가운데 청신한 뜻과 맛을 / 아는 사람 적으리라(月到天心處 風來水面時 一般淸意味 料得少人知)." 이에 대해 퇴계는 아래와 같이 평론한다.

욕망을 벗어나 맑고 고상한 마음을 가진 사람이 때로 화창한 바람과 비온 뒤의 달을 만나면, 마음이 자연히 바깥 풍경과 합치되어 천인합일을 이루어서 그 흥취가 이루 말할 수 없을 것입니다. 그 청정하고 심오하며 한가롭고 상쾌한 기상은 말로 표현하기 어려운 것이고, 그 즐거움 또한 끝이 없기 때문에 이러한 뜻을 소강절이 읊은 것일 겁니다.[91])

이는 평소 '욕망을 벗어나 맑고 고상한 마음'으로 '천인합일을 이루어' '청정하고 심오하며 한가롭고 상쾌한 기상'을 직접 체험해

---

90) 에른스트 카시러, 최명관 옮김, 『인간이란 무엇인가』, 247쪽. 이것이 시의 근본정신이라 한다.
91) 『退溪全書 二』, 「答李宏仲」, 235쪽.

본 사람만이 할 수 있는 평론일 것이다. 퇴계의 관조정신이 유감없이 드러나는 대목이다. 이를 단순히 심미적 쾌감으로만 풀이할 수 있을까? 그는 '화창한 바람, 비온 뒤의 달'이나, 그 밖에 '연비어약(鳶飛魚躍)' 등 일상에서 마주치는 풍경들을 하나도 놓치지 않고, 거기에 생동하는 자연의 섭리를 영적으로 직관 통찰하면서 혹자의 이른바 '살아 있는 형상의 왕국'에로 진입하는 기쁨을 느꼈을 것이다. '말로 표현하기 어려운 기상'과 '끝이 없는 즐거움'은 바로 그러한 것이었다.

4. 세상의 연민과 삶의 열락

퇴계는 생전에 자작의 묘비명을 지어두었는데, 다음과 같이 끝을 맺는다. "천지의 조화(자연의 섭리)를 타고 삶을 마치리니 더 이상 무얼 바라리오(乘化歸盡 復何求兮)." 이 역시 그의 초월의 정신을 잘 보여준다. 사실 섭리정신으로, 또는 신의 눈빛으로 세상을 내려다보면 우리가 살아가면서 갖는 갖가지의 '바람'(소망, 욕구, 기대)들은 모두가 부질없고 덧없다. 퇴계의 말처럼, "부귀는 허공에 뜬 연기나 다름없고 / 명예 역시 날파리와도 같다."92) 물론 삶은 본래 각종의 크고 작은 소망들로 영위되는 만큼 그것들을 전적으로 부정할 수는 없는 일이다. 하지만 아무리 정당한 소망이라 하더라도 그것은 불안과 근심 걱정, 번민, 의혹, 불만족 등 부정적인 감정과 생각을 야기하기 마련이다. 가령 젊음과 건강은 누구나 품고 있는 절

---

92) 같은 책, 「秋懷十一首讀王梅溪和韓詩有感仍用其韻」, 91쪽.

실한 소망이지만, 그것은 늙음과 질병이라고 하는 자연의 이치(섭리)를 거역하려 함으로써 이러저러한 번민과 불안을 초래한다.

소망의 역설이 여기에 있다. 그것은 삶의 동력이면서 동시에 부정적 정념과 심리적 고통의 온상이다. 소망하는 것이 많을수록 걱정과 고통이 커진다. 이에 대해 혹자는 고통을 줄일 방안으로 소망을 적게 가질 것을 권하기도 하지만, 소망 자체를 포기하지 않는 한 고통을 피할 길은 없다. 설령 소망의 일상 현장인 정치, 경제, 사회의 자리를 벗어나 깊은 산속에서 '자연인'으로 혼자 산다 하더라도, 거기에서도 건강하고 평온한 삶의 소망은 그를 이러저러한 번민과 걱정에 빠트릴 것이다. 그렇다면 차라리 아픔을 감수하고서라도 소망을 적극적으로 추구하는 것이 낫지 않을까? 그것이 삶의 정석일 것이다.

하지만 그렇다고 해서 소망을 막무가내로 긍정만 해서는 안 된다. 자신의 소망거리들이 '허공에 뜬 연기'와도 같은 것은 아닌지 반문해보아야 한다. 자신이 소망하는 것이 참삶의 정신에서 발로된 것인지, 아니면 기껏 세속적이고 표피적인 욕망의 유형인지 깊이 생각해보아야 한다. 그 기준은 바로 진리에 있다. 진리의 정신으로 소망의 허실을 따져야 한다. 진리를 내팽개치고 그저 일신의 영달이나 바라는 삶은 남을 해칠 뿐만 아니라 자신의 존재를 빈곤하게 만들 것이다. 물론 진리의 소망에도 고통이 뒤따르겠지만, 그것은 삶을 의미 깊게 해주면서 고통을 충분히 이겨내게 해줄 강력한 힘을 갖는다. 사화 당시에 선비들이 죽음의 위협 속에서도 버리지 않았던 진리의 정신이 그 극단적인 예에 해당된다.

그런데 진리에는 여러 범주와 충차가 있다. 인문학적인 진리와 과학적인 진리가 있는가 하면, 일상의 도덕세계에서 준거되는 진리와 순수이성이 발견한 진리도 있다. 그 최상위에는 섭리(하늘, 신)의 눈빛으로 통찰하는 영적인 진리도 있다. 그 모두 고통을 이겨낼 힘을 갖고 있지만, 그 힘의 강약은 진리의 성질에 따라 다르다. 예컨대 도덕적 진리의 정신은 일말의 긴장과 피로감, 마음 아픔 등 부정적 흔적을 남겨 때로는 자진하게 만들기도 하지만, 영적인 진리의 정신은 바람대로 되지 않는 고통의 현실을 초월적인 시각 속에서 전폭적으로 수용하고 달관한다.

예수가 박해의 고통에 굴복하지 않고 여전히 인류를 아우르는 따뜻한 마음으로 세상에 나섰던 것은 하느님의 섭리를 깊이 통찰했기 때문이다. 만약 인류애를 단지 양심의 명령으로만 실현하려는 사람이 있다면, 그는 불의가 지배하는 타락한 현실에 좌절하면서 그것을 포기하거나 아니면 그 뜻이 무뎌지고 말 것이다. 영적인 진리정신의 위대한 힘이 여기에 있다. 그것은 고통은 물론 개인적인 소망으로부터까지 우리를 해방시켜준다. 그러므로 "진리가 너희를 자유케 하리라." 위대한 과학자 아인슈타인은 이러한 진리정신의 감격을 다음과 같이 토로한다.

과학에서 성공적으로 진전을 이뤄낸 강렬한 경험을 해본 사람이라면 누구나, 존재로 현시된 합리성에 대해 깊은 경건함에 사로잡힌다. 그 합리성을 이해함으로써, 그 사람은 개인적인 희망과 욕망의 족쇄로부터 원대한 해방을 이루어낸다.[93]

여기에서 '존재로 현시된 합리성'이란 만물에 작용하는 우주자연

93) 디팩 초프라·레너드 믈로디노프, 류운 옮김, 『세계관의 전쟁』(문학동네, 2013), 359쪽.

의 합리성을 뜻한다. 자연의 섭리는 만물(존재)의 생성과 변화를 매우 '합리적으로' 주재해나간다는 것이다. 우리는 자연(신)의 섭리에서 일말의 불합리도 상상할 수 없다. 불합리가 있다면 우주만물은 일찍이 파탄을 면치 못했을 것이다. 예수의 십자가를 비롯하여 젊은이의 요절과 착한 사람의 박해 등 우리가 이해할 수 없는 비합리적인 현상도 섭리의 관점에서는 '합리적'일 수 있다. 아인슈타인은 그것을 깨달으면서 "우주와 자기가 영적으로 이어져 있다는 느낌에 미칠 듯이 기뻐했다"고 한다.94) 그야말로 영적인 진리의 각성이다.

퇴계가 각득했던 자연의 섭리도 이와 다르지 않다. 그가 그 이치를 아인슈타인처럼 실험과 검증을 통해 깨달은 것은 아니지만(사실 아인슈타인의 깨달음도 실험과 검증을 넘어 영적인 차원의 것이었다), 그 역시 만사만물의 존재로 현시된 우주자연의 합리성을 영적으로 직관 통찰하였다. 그의 '주리(主理)'의 철학은 이의 결정판이다. 저 '리'는 단지 도덕적인 것을 넘어, 하늘 섬김의 정신에서 포착된 영적인 진리까지 포함한다. 그러므로 '주리'란 최상의 차원에서는 자연의 섭리[理]를 준거로[主] 일상생활을 영위한다는 뜻을 내포한다. 우리는 그의 주리철학을 이러한 관점에서 재구성해볼 필요가 있다.

퇴계는 자기 내면의 '리'인 도덕성과 영성을 밝히고, 만사만물의 '리'인 진리를 실천하며, 나아가 '자연의 섭리를 타고' 살아가는 것을 평생의 이념으로 삼았다. 그의 섭리정신은 자기중심적인 소망을 모두 떨쳐버리고, 즉 '개인적인 희망과 욕망의 족쇄로부터 원대한 해방을 이루어' 우주적 대아로 나서고자 하였다. 물론 도덕적 진리

---

94) 위와 같음.

의 바람까지 버렸던 것은 아니지만, 그것이 초래하는 근심 걱정과 고통까지도 자연의 섭리로 치유하면서 영적인 각성 속에서 삶의 열락을 누렸다. 이러한 뜻은 그가 고봉에게 보낸 충고의 편지에서도 잘 읽힌다. 당시 정치적 울분 속에서 고향으로 돌아가 술로 소일했던 그에게 퇴계는 "세상을 근심하는 뜻[憂世之志]과 천명을 즐기는 지성한 마음[樂天之誠]은 모순되지 않고 양립한다"는 주자의 말을 인용한 다음 아래와 같이 매섭게 나무란다.

지금 공의 행동대로라면 고향에 돌아가서도 오두막의 거처에 편히 지내지 못하고, 한 그릇 밥과 한 바가지 물의 맛을 달게 받아들이지 못하여, 우울한 마음에 슬픔과 근심으로 허랑방탕하게 생활함으로써 학문은 성취되지 않고 허물만 쌓이게 될 것입니다. 그렇게 되면 공을 몰아낸 사람들의 큰 비웃음을 어찌 받지 않겠으며, 이른바 "진리에 뜻을 확고하게 세운다"는 말이 과연 무슨 의의가 있겠습니까. 바라건대 우리 명언(明彦: 기대승의 자)은 이 점을 세 번 되풀이하여 깊이 생각하십시오.95)

사실 올바른 정신을 가진 사람이라면 부조리하고 불의가 넘치는 세상을 살면서 울분과 실의를 떨치지 못할 것이다. 예나 지금이나 그러하다. 하지만 그 때문에 자신의 정신을 흐트러트리고 삶을 피폐하게 만들어서는 안 된다. 그것은 자기 자신에 대한 도리가 아니다. 어떤 상황에서든 자아를 고결하게 가꾸고 존엄하게 세워야 한다. 흐트러지고 피폐한 자신의 삶을 궁핍한 시대와 불의한 세상 탓으로 돌려서는 안 된다. 세상이 어떠하든 간에 삶은 온전히 나 자

95) 『退溪全書 一』, 「答奇明彦」, 460쪽.

신의 것인 만큼 어느 순간, 어떤 자리에서도 지성한 마음으로 삶을 고결하게 가꾸어나가야 한다. 그것이 두 번 다시는 없을 자신의 존재와 삶을 사랑하는 최선의 방법이다.

나아가 천명 또는 신의 소명을 믿는 사람이라면 더 말할 것이 없다. 그러므로 밖으로 '세상을 근심하는 뜻'을 가지면서도, 안으로 돌아와 자신의 삶을 진리의 정신으로 지성스럽게 가꾸어나가야 한다. 심층의 영성을 부단히, 밝고 맑게 일깨워야 한다. 어지러운 세상 속에서도 '천명을 즐길' 수 있는 길이 여기에 있다. 삶에 불성실하게 나서는 사람은 결코 안심입명(安心立命)하지 못할 것이다.

우리는 세상을 바라보는 시선을 교정할 필요가 있다. 생로병사와 마찬가지로 사회의 치란과 문명의 흥망성쇠 역시 역사상 '존재로 현시된' 자연의 이치를 벗어나지 않는다. 영원히 흥성하는 사회와 문명은 없으며, 거기에도 기복과 굴곡과 흥망이 있는 법이다. 『주역』의 말처럼 "한 번 음(陰)하고 한 번 양(陽)하는 것이 도(道)다(一陰一陽之謂道)." 자연현상은 물론 세상만사가 어둠(의 힘: 음)과 밝음(의 힘: 양)의 상호 길항과 추동 속에서 전개된다. 그러므로 섭리의 정신으로, 또는 신의 눈빛으로 세상사에 초연히 나설 필요가 있다. 섭리정신의 눈은 더 이상 흥망성쇠나 부귀빈천의 세상사를 따라가지 않고, 자신의 마음 깊은 곳에서 하늘의 뜻(천명)을 내밀히 깨달으면서 삶에 지성을 다하려 할 것이다.

영성이 여기에서 눈을 뜨면서 힘을 발휘한다. 그는 '개인적인 희망과 욕망의 족쇄로부터 원대한 해방을 이루어' 궁핍한 시대, 불우한 삶 속에서도 열락의 정신을 잃지 않을 것이다. 울분과 실의는 자연의 섭리나 하늘(신)의 뜻을 영적으로 깨치지 못한 데에 기인한다. 하늘의 뜻을 마음속 깊이 깨닫는 사람은 '오두막의 거처'에서

'한 그릇 밥과 한 바가지 물'로 연명한다 해도 자신의 신세를 한탄하거나 남을 원망하지 않고, 지금 이 자리에 성실하게 나서면서 삶의 열락을 누릴 것이다. 『중용』은 말한다.

군자는 지금 머무르고 있는 자리에서 자신의 도리를 다할 뿐, 그밖의 일은 바라지 않는다. 부귀의 자리에서는 부귀에 마땅한 도리를 다하고, 빈천의 자리에서는 빈천에 마땅한 도리를 다하며, 야만의 자리에서는 거기에서 마땅한 도리를 다하고, 고난의 자리에서는 거기에서 마땅한 도리를 다한다. 그리하여 군자는 어떤 자리에서나 안락 자족의 삶을 산다.

여기에서 군자가 지금, 이 자리에서 최선을 다하는 '자신의 도리'란 일상의 진리를 뜻한다. 이는 지적, 도덕적인 가치는 물론 영적인 것까지 포함한다. 그리하여 하늘의 뜻을 내밀하게 깨닫는 그는 자신에게 주어진 '지금, 이 자리'의 상황을 아무런 유보 없이 전적으로 받아들인다. 그는 진리정신과 영성에 입각한 존재 활동 자체에서 삶의 열락을 얻는다. '안락 자족의 삶을 산다.'

군자의 열락이 보통사람들의 그것과 다른 점이 여기에 있다. 사람들은 흔히 권력, 재물 등 외재적인 사물의 획득에서 기쁨을 얻지만, 그것은 표피적이고 즉물적이며, 따라서 일시적이다. 그것은 득실이 무상하기 때문이다. 이와는 달리 군자의 열락은 바깥의 조건과는 무관하게 순수한 존재 활동에서 주어지므로 심층적이며 지속적이다. 게다가 그것은 섭리정신 또는 신의 눈빛까지 담고 있다. 『중용』은 위의 글에 이어 다음과 같이 말한다. "군자는 평화로운 마음으로 하늘의 뜻을 기다리지만, 소인은 험한 행동으로 요행수를 찾는다." 『주역』 또한 말한다. "하늘의 섭리를 즐기고 자신에게 주어진 하늘의 뜻을 안다. 그러므로 근심을 갖지 않는다(樂天知命 故不憂)."

정말 하늘의 뜻을 깊이 자각하는 사람이라면 아무리 야만의 시대에 빈천과 고난의 길을 걷는다 하더라도 지금, 이 자리에 고요하고 평화로운 마음으로 초연히 나서 '자신의 도리'를 다하면서 '안락 자족의 삶'을 살 것이다. 그렇다고 해서 그가 세상을 외면하고 일신의 안락만을 도모하는 것은 아니다. 그는 그 순간에도 만민을 사랑으로 아우르는 열린 마음을 잃지 않는다. 『주역』은 위의 글에 이어 다음과 같이 말한다. "주어진 자리에 편안히 머무르면서 사랑의 마음을 두텁게 갖는다. 그러므로 만민을 사랑한다(安土敦乎仁 故能愛)."

퇴계가 견지했던 외경의 정신이 여기에서도 어김없이 작용한다. 그것은 지금, 이 자리의 삶에 오롯하게 머무르는 정신이다. 그의 마음은 과거의 고통에 몸을 떨고 영광을 잊지 못하거나, 또는 미래의 불안에 초조하고 희망에 들떠 있지 않다. 그는 지금, 이 자리의 현존에 '맑게 깨어 있으며', 그리고 '오롯이 나선다.' 이것이 이른바 '상성성(常惺惺)'이며 '주일무적(主一無適)'의 정신이다. 그는 지금, 이 자리를 구성하는 모든 조건들과, 나아가 이 세계의 삼라만상 전체까지도 자신의 존재 내부에서 자각하면서, 그처럼 풍요로운 우주적인 자아를 성취하는 일에 깨어 있는 마음으로 오롯이 나설 것이다. 아무리 야만의 사회가 그를 핍박한다 해도 안락 자족의 마음을 빼앗지 못할 것이다. 물론 이는 지적, 도덕적인 진리정신만으로는 안 되며, 역시 하늘의 뜻을 온몸으로 자각하는 영성에서 비롯된다.

퇴계는 '승화귀진(乘化歸盡)'의 글귀에 앞서 "근심 가운데 즐거움이 있고 즐거움 가운데 근심이 있다(憂中有樂 樂中有憂)"고 말한다. 그처럼 그는 '천명을 즐기는 지성한 마음'을 갖고 있으면서도 한편으로 '세상을 근심하는 뜻'을 버리지 않았다. 이는 그가 세상과 담을 쌓고 자연 속에 파묻혀 사는 은둔주의자가 아니었음을 일러준다. 그는 개체적 자아가 빚어내는 걱정과 번민을 떨쳤을 뿐이지 세상에 대한 근심은 여전하였다. 그것은 우주적 대아로서 만민에 대한 연민과 사랑에서 비롯되었다.

그의 초월적인 섭리정신은 그러한 즐거움과 근심이 서로 '모순되지 않고 양립'될 수 있음을 잘 알고 있었다. 그리하여 그는 어둡고 혼란한 세상을 걱정하면서도 그것을 우주만큼이나 광대한 마음으로 조망하고 아우르면서 지금, 이 자리에 경건히 나서 삶의 기쁨을 누렸다. 그의 한 제자는 이러한 선생의 모습을 아래와 같이 기록한다. "선생님은 담박하고 무욕하여 마음을 항상 만물 위에 펼치셨다. 이 세상에 선생님의 마음을 얽어매는 것은 아무것도 없었다."

그런데 석연치 않은 의문이 또다시 고개를 든다. 섭리정신이 삶의 의지를 약화시키지 않겠는가 하는 것이다. 그것은 삶의 동력인 각종의 욕망이나 꿈 등 모든 소망을 하찮은 것으로 여길 수도 있기 때문이다. 그리하여 초월적인 섭리정신은 일견 아무런 감각도 감동도 없는, 핏기 없이 메마르고 단조로운 삶의 모습만 드러낼 것처럼 보인다. 그것은 마치, 수많은 생물들이 다채롭게 생명활동을 펼치는 푸르른 초원을 눈이 어지럽다는 이유로 외면하고, 불모의 사막지대에서 밤하늘의 별들이나 바라보며 적막하게 사는 것과도 같아 보인다.

하지만 인간은 생물권 내에서 유일하게 초월의 성향을 타고난 존재다. 앞서 소개한 어느 신경과학자의 말처럼, "사람은 쉽사리 자기

초월을 할 수 있는 타고난 재능을 지닌 선천적인 신비주의자다.” 여타 동물들과 달리 인간은 죽음의 불안과 공포를 극복할 두뇌의 생리학적 기제를, 즉 초월의 성향을 진화의 과정에서 자연스럽게 마련하였다는 것이다. 이를 통해 그는 삶의 허무와 죽음을 넘어, 또는 일상의 핍박과 고난을 모두 떨치고 영원히 안심입명할 길을 찾는다. 인류의 역사 속에서 출몰하고 지속되어온 각종의 종교 신앙이 이를 잘 예증한다. 그러므로 초월의 섭리정신은 삶의 의지를 약화시키기보다는 오히려 건강하게 해주는 고도의 심리기제가 아닐 수 없다.

퇴계의 섭리정신은 이러한 초월의 성향을 학문적으로 연마하고 영성으로 이루어낸 최고의 결실이다. 그는 현실생활에서 피할 수 없는 크고 작은 아픔들을 섭리정신으로 치유하였다. 고봉에게 충고한 것처럼 '세상을 근심하는 뜻' 속에서도 '천명을 즐기는 지성한 마음'으로 삶에 나섰다. 일견 상반적으로 보이는 현실성과 초월성을 그는 일상의 삶 속에서 융통적으로 구사하였다. 그는 현세의 삶 속에서도 초월을 지향하였으며, 초월의 정신 속에서도 현실을 외면하지 않았다.

이러한 뜻을 압축적으로 담고 있는 것이 바로 그의 이일분수(理一分殊)의 철학이다. 이미 살핀 바 있지만 그것은 현실성과 초월성의 관념을 동시에 함축하고 있다. "섭리는 하나[理一]이지만 그것이 구현되는 방식은 다양하다[分殊]." 이에 의하면 섭리는 현실의 사물들과 동떨어진 초월적 실체가 아니다. 그것은 제각각의 사물들 속에서 다양한 모습으로 전개되고 구현된다. 그러므로 우리 자신의 삶과 현실의 사물들을 외면하고 섭리를 찾아서는 안 된다. 섭리는 지금 이 자리, 내가 감각하고 접촉하는 모든 것에 내재해 있다.

퇴계의 섭리정신은 바로 이러한 것이었다. 그는 현실을 외면하기는커녕, 오히려 현실 속에서 섭리를 발견하고 그것을 따르려 하였다. 달리 말하면 '분수(分殊)'의 현실인 지금, 이 자리의 삶을 중요시하였지만 그 속에 붙박이거나 매몰되지 않고, '이일(理一)'의 섭리정신으로 삶을 영위하려 하였다. 그러므로 그의 섭리정신은 공허한 관념에 머무르지 않고 일상의 구체적 현실 속에서 역동적으로 작용하였다. 이는 그의 사물 인식과 처사가 세계내적인 차원에 그치지 않고 우주적인 눈빛을 띠고 있었음을 일러준다.

하지만 이러한 우주적 대아를 얻는 일이 정말 가능한 일일까? 인류의 성인들이 실제로 그렇게 살았기 때문에 불멸의 존재성을 얻었다고는 하지만, 일반인들에게 그들은 기껏 상상적으로 가공된 허상에 불과한 모습처럼 보인다. 설사 그러한 존재성을 얻는 것이 가능하다 하더라도, 그들은 개체적 소아가 행세하는 현실에서 삶의 실패를 면할 수 없을 것이라는 비판을 듣기도 할 것이다.

그러나 퇴계가 우주적 대아를 완벽하게 성취했던가 하는 문제는 중요하지 않다. 정작 우리가 관심을 기울여야 할 부분은 그가 우주적 대아를 목표로 일상에서 영위했던 삶의 정신이다. 그는 범속하고 부박한 세상에서 남들과 부귀영화나 다투는 허무한 삶을 거부하고, 숭고하고 성스러운 이상을 향해 평생 발걸음을 멈추지 않았다. 그러므로 그의 진리정신과 영성의 삶은 현실에 붙박여 덧없이 살아가는 사람들에게 빛나는 사표가 된다.

예컨대 '만민의 가려움과 아픔을 바로 나 자신의 것으로 받아들이는' 그의 순결한 인간애는 바로 그러한 이상의 여정이었다. 그러한 '가려움과 아픔'으로 세상을 연민하면서 만민과 만물을 품에 따뜻하게 아우르고 보살피는 드넓은 사랑은 그의 삶에 최상의 환희를 가져다주었을 것이다. 이는 역시 천명(신의 뜻)을 온몸으로 깨닫는 영성으로만 이루어낼 수 있다. 퇴계가 갖고 있었던 이러한 영성의 눈빛을, 옛날과 사고 및 언어문법은 다르지만 신동엽 시인(1930-1969)의 아름다운 시, 「빛나는 눈동자」에서 한번 느껴보자.

그의 눈은
밤 깊은 얼굴 앞에
빛나고 있었다.

그 빛나는 눈을
나는 아직
잊을 수가 없다.

검은 바람은
앞서 간 사람들의
쓸쓸한 혼(魂)을
갈가리 찢어
꽃 풀무 치어오고

파도는,
너의 얼굴 위에
너의 어깨 위에, 그리고 너의 가슴 위에
마냥 쏟아지고 있었다.

너는 말이 없고,
귀가 없고, 봄(視)도 없이

다만 억천만 쏟아지는 폭동을 헤치며

고고(孤孤)히
눈을 뜨고
걸어가고 있었다.

그 빛나는 눈을
나는 아직
잊을 수가 없다.

그 어두운 밤
너의 눈은
세기(世紀)의 대합실 속서
빛나고 있었다.

빌딩마다 폭우가
몰아쳐 덜컹거리고
너를 알아보는 사람은
당세에 하나도 없었다.

그 아름다운,
빛나는 눈을
나는 아직 잊을 수가 없다.

조용한,
아무것도 말하지 않는,

다만 사랑하는
생각하는, 그 눈은
그 밤의 주검거리를
걸어가고 있었다.

너의 빛나는
그 눈이 말하는 것은
자시(子時)다, 새벽이다, 승천(昇天)이다.

이제
발버둥하는
수천 수백만의 아우성을 싣고
강물은
슬프게도 흘러갔고야.

세상에 항거함이 없이,
오히려 세상이
너의 위엄 앞에 항거하려 하도록
빛나는 눈동자,
너의 세상을 밟아 디디며
포도알 씹듯 세상을 씹으며
뚜벅뚜벅 혼자서
걸어가고 있었다.

그 아름다운 눈,
너의 그 눈을 볼 수 있은 건

세상에 나온 나의, 오직 하나
지상(至上)의 보람이었다.

그 눈은
나의 생(生)과 함께
내 열매 속에 살아남았다.

그런 빛을 가지기 위하여
인류는 헤매인 것이다.

정신은
빛나고 있었다.
몸은 야위었어도
다만 정신은 빛나고 있었다.

눈물겨운 역사마다 삼켜 견디고
언젠가 또다시
물결 속 잠기게 될 것을
뻔히, 자각하고 있는 사람의,

세속된 표정을
개운히 떨쳐버린
승화된 높은 의지 가운데
빛나고 있는, 눈

산정(山頂)을 걸어가고 있는 사람의,

정신의 눈
깊게, 높게,
땅속서 스며나오듯한
말없는 그 눈빛.

이승을 담아버린
그리고 이승을 뚫어버린
오, 인간정신 미(美)의
지고(至高)한 빛.

궁핍한 시대에 퇴계의 참자아의 눈빛은 이처럼 '빛나는 눈동자'가 아니었을까? "세속된 표정을 / 개운히 떨쳐버린 / 승화된 높은 의지 가운데 / 빛나고 있는, 눈", "조용한 / 아무것도 말하지 않는 / 다만 사랑하는 / 생각하는, 그 눈", "산정(山頂)을 걸어가고 있는 사람의 / 정신의 눈 / 깊게, 높게 / 땅속서 스며나오듯한 / 말없는 그 눈빛", 그리고 "세상에 항거함이 없이 / 오히려 세상이 / 너의 위엄 앞에 항거하려 하도록 / 빛나는 눈동자" 말이다. 퇴계의 진리정신과 영성의 눈빛은 수많은 굴곡의 세월을 넘어 지금까지도 그렇게 빛나고 있다. 이러한 문학적 수사가 마음에 들지 않을지도 모른다. 하지만 퇴계 또한 뛰어난 시인이었음을 감안한다면 오늘날의 시어를 매개로 그의 정신세계를 들여다보는 것도 괜찮을 것이다. 그래도 역시 마음에 걸린다면 아래의 글을 읽어보자. 일본에 퇴계학을 전파하는 데 공을 세운 아베 요시오(阿部吉雄)라는 학자의 글이다.

마음을 외계로 돌리기보다 우선 내계로 돌려 자성(自省), 체찰(體

察)을 쌓아가면서 항상 마음속에서 움직이는 존엄한, 그러면서도 따스한 생명의 존재를 인지하고 그것이 우주의 생명력에 연결됨을 자각하며 이것을 존양하고 함양하는 것을 학문의 출발점으로 하고 목표로 하는 학문, 인간정신의 존엄성과 사랑하지 않고는 배길 수 없는 생명을 자각하고 존양하는 것을 제일의로 하는 학문, 선철(先哲)의 책을 읽고 절기근사(切己近思), 진실한 자기를 탐구하고 자기의 심혼과 기질을 순화하여 인격을 도야하고 생명의 환희를 얻으려고 하는 실천학, 수양학— 이 같은 사상이 이퇴계(李退溪)의 사상의 대본(大本)이다.96)

우리는 퇴계의 이러한 정신세계를 얼마나 알고 있는가? 우리는 기껏 그를 이기심성론의 대가로만 주목하면서 메마르게 연구해온 것은 아닌가? 정작 그 이론을 넘어 그가 평생 온몸으로 추구했던 우주적 대아의 세계에 대해서는 외면하지 않았는가? 마치 술의 진국은 맛보려 하지 않고 그 찌개미만 이리저리 뒤적거리는 것처럼 말이다. 이렇게 생각하면 위의 글은 퇴계의 철학사상을 전면적으로 재고찰하는 데 하나의 출발점이 될 수 있다. 자신의 존재가 '우주의 생명력에 연결됨을 자각하면서' '인간정신의 존엄성과 사랑하지 않고는 배길 수 없는' 마음으로 만민과 만물을 깊이 보듬어 안았던 그의 심혼과 인격을, 그의 '빛나는 정신의 눈'을 연구 당사자는 말할 것도 없고, 그 결과물을 읽는 일반인들이 온몸으로 느낄 수 있도록 해야 한다. 퇴계의 철학사상을 박물관 진열장 속의 전시품으로 두지 않고, 저속하고 부박한 이 시대의 빈곤한 정신에 풍부한 자양분으로 활용할 수 있는 길이 여기에 있다.

---

96) 『퇴계학보』 제8집, 이상은의 「권두언」에서 재인용.

퇴계의 구도정신만 해도 그렇다. 우리는 퇴계의 족적을 추적하는 일에 그쳐서는 안 된다. 퇴계 자신이 그러했던 것처럼 우리도 도(道)의 현재성을 재량하여 일상의 삶에서 구현해야 한다. 도가 진, 선, 미, 성의 가치를 총괄하는 근본진리요 '영원의 철학'을 떠받쳐 주는 근간이라면, 우리는 그것을 이 시대의 언어와 사유문법으로 풀어내야 한다. 오늘날의 삶의 가치로 재량하고 활용해야 한다. 실제로 도는 시대와 사회에 따라 끊임없이 각색되고 변주되어왔다. 이를테면 공자는 요순(堯舜) 이래 성인들의 사상을 도로 새롭게 조명하여 유학을 개창하였고, 퇴계는 공맹(孔孟)의 도를 성리학의 사유체계 속에서 소화하여 자신의 삶에 용해하였다.

마찬가지로 우리는 그것을 우리 사회와 삶의 언어로, 시대정신에 부합하는 지혜로 '온고지신(溫故知新)'해야 한다. 그렇게 하지 않으면 퇴계의 철학과 삶의 정신은 사상사의 한 조각 화석으로만 덩그러니 남게 될 것이다. 이러한 잘못을 면하기 위해서는 그의 철학을 단지 책상머리에서 연구하는 것에 그치지 말고, 온몸으로 인식하고 성찰하며 실험하고 실천하는 주체적인 공부정신을 동원할 필요가 있다. 퇴계가 그러했던 것처럼 '절문근사(切問近思)'의 정신을 놓아서는 안 된다. 이에 더하여 현대사상의 폭넓은 조망은 퇴계 철학을 재량하고 활용하는 데 우리의 안목을 한층 높여줄 것이다. 이렇게 하여 퇴계를 빛바랜 종이와 문자의 틀에서 해방시켜 이 시대의 정신으로 살려낼 수 있는 길을 부단히 모색해야 한다. 진리가 천대받고 외면당하는 궁핍한 사회에 "짐은 무겁고 갈 길은 멀다(任重道遠)"(『논어』)는 것을 잘 알지만, 그것이 이 공부를 하는 사람들이 짊어져야 할 과제다.

참고문헌

『大學』

『論語』

『孟子』

『中庸』

『詩經』

『書經』

『周易』

『禮記』

『春秋左氏傳』

『小學』

『退溪先生文集』(학민문화사 영인본)

『退溪先生文集考證』(학민문화사 영인본)

『退溪全書』(성대 대동문화연구원 영인본)

『朱書節要 附 講錄刊補』(태학사 영인본)

『朱子書節要』(학민문화사 영인본)

『心經 近思錄』(경문사 영인본)

『近思錄釋疑』(正文社 영인본)

『古文眞寶 後集』(학민문화사 영인본)

『性理大全 一』(山東省出版對外貿易公司 영인본)

『朱子語類』(曹龍承 영인본)

고범서, 『사회윤리학』(나남, 1993)

김우창, 『심미적 이성의 탐구』(솔, 1993)

김기현, 『선비』(민음사, 2009)

_____, 『선비의 수양학』(서해문고, 2014)

_____, 『마음의 성찰』(비봉출판사, 2021)

이규호, 『사람됨의 뜻』(좋은 날, 2000)

이규성, 「이성의 탄식」, 『철학과 현실』(철학문화연구소, 1998)

오경웅(吳經熊), 서돈각·이남영 옮김, 『선학(禪學)의 황금시대』(천지, 1997)

E. 카시러, 최명관 옮김, 『인간이란 무엇인가』(서광사, 1991)

E. 카시러, 심철민 옮김, 『상징, 신화, 문화』(아카넷, 2012)

올더스 헉슬리, 조옥경 옮김, 『영원의 철학』(김영사, 2014)

올더스 헉슬리, 권정기 옮김, 『지각의 문』(김영사, 2017)

디팩 초프라·레너드 믈로디노프, 류운 옮김, 『세계관의 전쟁』(문학동네, 2013)

미조구찌 유조 외, 동국대 동양사연구실 옮김, 『중국의 예치 시스템』(청계, 2001)

에모토 마사루, 양억관 옮김, 『물은 답을 알고 있다 1』(나무 심는 사람, 2002)

R. 브루베이커, 나재민 옮김, 『합리성의 한계』(법문사, 1985)

앙드레 베르제즈·드니 위스망, 남기영 옮김, 『인간과 세계』(삼협종합

298

출판부, 1999)

앙드레 베르제즈·드니 위스망, 남기영 옮김, 『지식과 이성』(삼협종합
출판부, 1999)

앙드레 베르제즈·드니 위스망, 남기영 옮김, 『실천과 목적』(삼협종합
출판부, 2000)

존 브룸필드, 박영준 옮김, 『지식의 다른 길』(양문, 2002)

마루야마 도시아키, 박희준 옮김, 『기(氣)란 무엇인가』(정신세계사,
2001)

잭 콘필드, 이재석 옮김, 『마음이 아플 땐 불교심리학』(불광출판사,
2020)

잭 콘필드, 이한철 옮김, 『마음의 숲을 거닐다』(한언, 2021)

알랭 로랑, 김용민 옮김, 『개인주의의 역사』(한길사, 2001)

한나 아렌트, 이진우·태정호 옮김, 『인간의 조건』(한길사, 1996)

H. 마르쿠제, 최현·이근영 옮김, 『미학과 문화』(범우사, 1989)

앤드루 뉴버그 외, 이충호 옮김, 『신은 왜 우리 곁을 떠나지 않는가』
(한울림, 2001)

M. 하이데거, 전광진 옮김, 『하이데거의 시론과 시문』(탐구당, 1979)

켄 윌버, 조옥경·김철수 옮김, 『성, 생태, 영성 上, 下』(학지사, 2022)

켄 윌버, 김철수·조옥경 옮김, 『아이 오브 스피릿』(학지사, 2020)

찾아보기

ㄱ

가치 합리적 정신 134, 137, 141
가훈 28
개인주의 131, 239
개체적 소아 43
격물치지(格物致知) 100, 222, 223
견성(見性) 182
겸허 18, 20
계신공구(戒愼恐懼) 202
고요 184, 200, 207
공(空) 183
공경지심 164
공동체적인 존재 127, 128
공동체적인 존재관 222
공심(公心) 240
「관물(觀物)」 22
관조 183, 270
구도(求道) 14, 253
구도정신 16, 18
군자 36

ㄴ

군자유(君子儒) 28
궁리(窮理) 221, 222
권도(權道) 145, 146
극기(克己) 160, 249, 250
극기복례 248
기수의 목욕 267
꾸밈 125, 126

나 238, 239, 247
나와 너 155
'나' 의식 188, 196

ㄷ

덕성 92, 93
도(道) 17, 61, 65, 185, 186
도덕 39
도덕성 39, 201, 207
도덕정신 40
동잠(動箴) 120

ㄹ

리(理) 221
리즉천(理卽天) 220

ㅁ

마음의 고요 94-96, 98, 185
마음의 비움 233
만물의 영장 163
명경지수 94, 200
명덕(明德) 206
명망 30
명명덕(明明德) 202
명상(冥想) 199, 203
명상(名相) 273
무아(無我) 188, 190
무아(無我)의 공(公) 238, 240
무욕 89, 90
무차별적인 사랑 165
물아일체 172, 175, 176, 179, 218,
  274, 276

ㅂ

발병구약(發病求藥) 147, 148
방심 84-86
벌거벗은 존재 155, 179
본성 91-93
분별의 정신 132, 163
비극적 세계관 268

ㅅ

사(私) 239
사심(私心) 240

사욕(私欲) 237
삶의 열락 60
상달 128
상상 244
상제 210, 212, 213
상제신앙 208
상황윤리적 정신 146
생명애의 정신 149
생명정신 38, 40
생태윤리 197
「서명(西銘)」 224
섭리정신 279, 282, 285, 287, 288
성기성물(成己成物) 194
성악설 78
세속적 자아 247
소옹(邵雍) 22
소인 36
소인유(小人儒) 28
순리(順理) 74
순수의식 92, 99
신명기덕(神明其德) 202
신비주의 173
신선 245, 246, 248
신성한 무관심 188
신앙 182

ㅇ

안빈낙도(安貧樂道) 62
암호언어 67, 68
양주의 눈물 15
언잠(言箴) 120
연비어약(鳶飛魚躍) 22, 271, 279

영성(靈性) 171-173, 176, 182
영원의 철학 181
영적인 각성 177
영적인 진리 281, 282
예(禮) 41, 42, 47, 112, 113
예술 70
예의 112, 115, 116, 118, 119, 126, 132, 133, 137
예의(공경)와 사랑 165
온자연 107
왕척직심(枉尺直尋) 141
외경 15, 210, 215, 228, 235, 253, 286
욕망 87-89
우주적 대아 40, 43, 49, 91, 162, 172, 173, 180, 183, 188, 189, 192, 217, 222, 230, 234, 240, 243, 249, 251, 253, 276, 287, 289
우화등선(羽化登仙) 246
위기지학(爲己之學) 22, 23, 25, 26, 29, 98
위아지학(爲我之學) 34
위인지학(爲人之學) 23
유아(有我)의 사(私) 238
유인(幽人) 261, 263
은거 33, 262
의로움 136, 137
이기(利己)의 사심(私心) 165
이기심성 52
이기심성론 49-51, 53, 55
이름 41-43, 46, 109, 255, 257, 258

이성 173, 175, 186, 209, 211, 218, 232, 233
이일분수(理一分殊) 167, 168, 260, 288
인(仁) 149-151
인심도심(人心道心) 87
인의예지 39, 40, 109, 110
인자(仁者) 160-162
인작(人爵) 36
일상적 자아 36, 37

ㅈ
자기초월 172, 173, 191
자아 36, 37
자아의 초월 179, 181, 183
자연 106
자연의 영 108
자유 122, 123, 252
자포자기(自暴自棄) 79
작은 이름 48
절문근사(切問近思) 25
정신의 풍요 82
정좌 203, 204
존재공동체의 정신 131
존재와 당위 104
존재의 벌거벗음 158
존재의 빈곤 42, 46, 145
종교 68, 181, 209
주리(主理) 282
『주자서절요(朱子書節要)』 17
중(中) 205
지금 이 자리 285, 286, 288

지행합일 56
직관 270
직관적인 전체지 178
직관적인 통찰 178
진리정신 40
진이정(眞而靜) 200

ㅊ
참마음 198, 213
참자아 18, 25, 35, 36-38, 42, 43,
　46, 49, 59, 62, 77, 78, 80, 205,
　243
천명(天命) 27, 37, 38, 40, 80, 82,
　124, 186, 188, 198, 201, 202,
　206, 207, 226-228
「천명도」 38
천명지위성(天命之謂性) 223
천심(天心) 216, 219
천인합일 110, 175, 222
천작(天爵) 36
천즉리(天卽理) 109, 218
천지의 인 152
천지지심(天地之心) 216
천착(穿鑿) 74
철학 71
초월과 내재 254, 260
초월의 신경학 241
초월의 정신 241
충서(忠恕) 195, 196, 249
측은지심(惻隱之心) 161

치국평천하 28

ㅋ
큰 이름 48

ㅌ
텅 빈 충만 95, 99, 185, 206
테레사 247
틸리히 214

ㅍ
풍상계(風霜契) 156

ㅎ
하늘 106, 108, 109
하늘 섬김 198, 216
하늘과 땅의 마음 108
하늘의 마음[天心] 107, 108
하달 128
함양 93, 94, 95, 96, 103, 199
합리성의 의미 138
합리정신 141
향원(鄕原) 125
호연지기(浩然之氣) 191, 192
확연대공(廓然大公) 187
확연대공 물래순응
　(廓然大公 物來順應) 183
환중의 심법 251, 253
횔덜린 250

김기현

서울대학교 법과대학 행정학과를 졸업하고 고려대학교 대학원에서 한국철학으로 석사와 박사 학위를 받았다. 전북대학교 윤리교육과 교수(1983)로 부임한 이후 플로리다 주립대학교 방문교수(1995-1996)를 지냈고 전북대학교 대학원장(2010-2012)을 역임했다. 현재 전북대학교 명예교수이다.
주요 저서로 『선비』(성균관 저술상), 『천작』, 『선비의 수양학』(세종도서 우수학술도서), 『주역, 우리의 삶을 말하다(상·하)』, 『마음의 성찰』, 『퇴계』(공저) 등과 다수의 논문이 있다.

퇴계의 진리정신과 영성세계

1판 1쇄 인쇄 2023년 9월 10일
1판 1쇄 발행 2023년 9월 15일

지은이 김 기 현
펴낸이 전 춘 호
펴낸곳 철학과현실사
출판등록 1987년 12월 15일 제300-1987-36호
주소 경기도 파주시 상지석길 133 나동
전화 031-957-2350
팩스 031-942-2830
이메일 chulhak21@naver.com

ISBN 978-89-7775-867-4 93150
값 18,000원